THE ECONOMIC POWER OF CULTURE

文化的经济力量

文化创意产业推动国民经济发展研究

韩顺法　杨建龙/著

中国发展出版社
CHINA DEVELOPMENT PRESS

图书在版编目（CIP）数据

文化的经济力量：文化创意产业推动国民经济发展研究 / 韩顺法，杨建龙著. —北京：中国发展出版社，2014. 7

ISBN 978-7-5177-0182-8

Ⅰ. ①文… Ⅱ. ①韩… ②杨… Ⅲ. ① 文化产业—作用—国民经济发展—研究—中国 Ⅳ. ①G124 ②F124

中国版本图书馆CIP数据核字（2014）第135315号

书　　名：文化的经济力量：文化创意产业推动国民经济发展研究
著作责任者：韩顺法　杨建龙
出 版 发 行：中国发展出版社
（北京市西城区百万庄大街16号8层　100037）
标 准 书 号：ISBN 978-7-5177-0182-8
经　销　者：各地新华书店
印　刷　者：三河市东方印刷有限公司
开　　本：720mm × 960mm　1/16
印　　张：18.75
字　　数：230千字
版　　次：2014 年 7 月第 1 版
印　　次：2014 年 7 月第 1 次印刷
定　　价：45.00元
联 系 电 话：（010）68990646　68990692
购 书 热 线：（010）68990682　68990686
网 络 订 购：http：//zgfzcbs.tmall.com//
网 购 电 话：（010）68990639　88333349
本 社 网 址：http：//www.develpress.com.cn
电 子 邮 件：cheerfulreading@sina.com

国务院发展研究中心基础领域研究
“资源约束与产业结构调整”课题

课题负责人：杨建龙

课题组成员：韩顺法　余　江　张　亮

武　旭　陈　憧　顾　琳

李　军　蔡旺春　等

序言
Preface

当前，中国仍处于重化工业发展的中后期阶段，资源消耗持续快速增长的态势仍将延续较长时期，全球资源赋存和权属分布与我国经济发展形成的资源需求明显错位，资源约束已成为我国经济可持续增长和国家经济安全的重要影响因素。加快经济增长方式转变，促进产业结构升级是我国经济发展进程中亟须解决的关键问题。从这个角度分析，资源约束构成了一国产业结构升级和技术进步的关键推动力量。着眼未来，我们有必要探索资源约束条件下，产业是如何进行升级的，并运用到中国的实际情况中去，使我国的经济得到快速的、持续的发展。面对资源约束，以往研究的重心多是围绕资源供给展开的，包括扩大资源供给渠道、使用新型资源、提高资源利用率等方面。增加资源的有效供给固然重要，但在资源约束压力日益增大的背景下，从消费端入手降低资源消耗才是突破资源制约的终极出路。当前，应从政策、生产、生活三个方面限制高耗能产业的发展，鼓励和发展低耗能产业，并逐步实现产业结构的优化升级。以德国为例，德国通过提高原材料和能源利用效率、大力开发风能和太阳能等可再生洁净能源、利用经济手段来促进节约不可再生能源以及开发和使用可再生能源来促进产业结构的绿色化。除此之外，德国注重发展自己丰富的文化资源，例如，传统手工业和民间工艺的技术含量虽然低，但是作为人文传统却有着很高的文化价值和旅游价值，正是看到这些，德国的文化产业及旅游业作为第三产业才得以快速发展起来。许多发达国家，其在资源约束背景下所进行的产业结构升级都选择了文化创意产业作为自己的路径和方式。20世纪90年代，英国伦敦等老工业城市为克服落后制造业能耗大、污染大、附加值低，转而重点发展文化创意产业。这一经验很快被世界其他老工业基地吸收，像纽约，我国香港、台湾地区等。如今，在发达国家中，文化创意产业正成为改变经济增长方式、促进产业结构升级、解决就业问题和加强社会凝聚力的战略选择。现阶段，我国正处于产业结构调整升级的关键时期。因此，大力发展文化创意产业对我国经济发展有着重要的意义。这也是国务院发展研究中心基础领域研究课题“资源约束与产业结构调整”探讨以文化创意产业促进国民经济发展的重要原因。

文化创意产业是低消耗、低污染、高利润的新兴产业，符合未来经济发展的大趋势。首先，发展文化创意产业有利于消费升级和扩大内需。社会生产力的不断发展和人类物质生活的逐步富裕，使人们的闲暇时间越来越多，大大增加了对文化消费、精神消费的需求。物质需求与精神需求的平衡已经成为现代人类社会生存和发展的必要条件。这是文化与经济互动在消费领域的必然反映。千百年来，人类的消费始终由物质生产所决定，且物质消费始终占据着主导地位。在当代，人们越来越重视对精神消费的投资。从而催生文化创意产业的大发展。在新的消费背景下，人们对物质产品的文化内涵提出新的要求，消费已不仅仅是产品使用功能的消费，还包括产品文化内涵的消费，从而推动整个社会物质消费与文化消费趋向统一。在我国发达地区，城乡居民消费结构开始由生存型向享受型、发展型转化，高新科技产品和娱乐、教育、服务、健身、旅游等方面的消费在家庭消费结构中的支出比重不断上升。因此，文化消费将成为拉动消费结构升级的一支重要力量，从根本上扩大了国内消费需求。

其次，文化创意产业符合产业结构升级的趋势。产业升级是通过不断的产业结构变化、主导产业转换，实现区域和城市各种经济资源在各产业之间的合理化配置（即产业结构优化），从而推动经济快速增长。在国民经济发展中，产业结构升级大致遵循这样的规律：从产业递进层次上看，第一、二、三产业的地位不断变化，顺次由从第一产业向第二产业，再由第二产业向第三产业转移的规律变迁，最终进入所谓“高服务化”阶段；从产业生产要素的密集度上看，则体现为“劳动密集→资本劳动密集→资本技术密集→知识技术密集”的演进顺序；从产出的角度上看，存在着由低附加价值向高附加价值、再向更高附加价值的演进顺序；从采纳新技术革命成果的能力上看，存在着产业技术不断进步，主要体现为传统产业向新兴产业、新兴产业与传统产业相结合的演进顺序；从产业的可持续发展方面来看，主要体现为产业资源利用效率不断提高，投入产出比例不断降低，对环境的不良影响逐渐减弱。文化创意产业是现代服务业的代表，是智能化、知识密集化的高附加值产业，具有很强的渗透力和辐射力。不同于传统制造业对土地、能源等资源的巨大需求，它的投入资源就是人的智慧。文化创意产业能将技术、文化、制造、服务融合为一体，它是一种典型的头脑产业，符合未来产业演化的趋势。

再次，文化创意产业能够促进传统产业升级，提高传统产业的附加值。传统产业升级主要有两种方式，一是通过技术创新提高产品的品质，增加产品的使用价值；二是为产品和服务注入新的文化创意元素，如观念、艺术、情感和品位等，为消费者提供与众不同的体验，从而提高了产品和服务的精神价值。随着经济的不断发展，人们的消费由原来单纯的物质消费上升为文化创意消费或品牌消费。一个知名品牌的商品与一般商品即使成本相差不多，它的价格却会相差几倍、几十倍甚至上百倍，那是因为人们在消费商品的使用价值的同时也消费了其中的创意、品牌等无形的精神价值。在文化需求飞速发展的今天，这种以文化创意为纽带的价值创新的确为陷入技术同质化困境的产品市场注入了一股新鲜的力量。因此，大力发展文化创意产业，使文化创意产业与传统产业协同发展，为普通产品注入文化、创意元素，将大大提高产品的价值，也会使其更具竞争力。我们完全可以设计出中国的“芭比娃娃”，变“中国制造”为“中国创造”，摆脱“为他人作嫁衣裳”的尴尬境地。中国创造，除了需要中国技术，还需要中国创意。

最后，文化创意产业与高科技产业的融合趋势进一步深化。科学技术是文化创意产业的助推器，科技的发展不断拓展着文化创意产业的领域。文化创意产业借助科技手段改变了文化创意生产、传播和消费的方式，提高了文化的传播力和影响力。同时，科技也需要文化，文化创意产业植入高科技行业充分体现了高科技的人文价值。目前，以信息网络为载体的新型文化创意产品大量涌现，比如，网络游戏、数字出版、手机彩铃、手机报纸等。它们是将图像、文字、声音、影像等内容运用数字化技术进行整合和运用的产品或服务，是新经济时代信息技术与文化创意产业相互融合、相互支持的一体化产物。新的数字平台与服务模式的出现，以及快速发展的消费模式的运用，如宽带、3G移动技术、数字电视和数字广播等，都为文化创意产业的发展带来了各种机会。以创意为动力，将各种文化资源与最新数字技术相结合，融会重铸，从而使信息通讯产业的增值业务极大地丰富起来，并搭建起新的生产和消费方式，培育出新的消费人群，进而创造出更多的经济与社会价值。

由此可见，发展文化创意产业的意义不仅在于行业自身的壮大，而且还要关系到它对整个国民经济结构的改造和升级。在全世界范围内，文化创意产业正处于高速发展时期。然而，同蓬勃发展的产业实践相比，国内外有关文化创意产业的理论研究仍显滞后。现阶段，人们对文化创意产业自身的发展规律的认识还不够深刻，对文化创意产业对国民经济发展的作用还不够全面，已有的研究多是对文化创意产业内部各行业的描述，但对文化创意产业如何促进国民经济发展以及如何全面融入整个国民经济体系的研究还非常少见。

从社会经济发展的进程来看，文化创意产业是一个新兴的产业形态，它已经超越了传统物质经济所涉及的范围，而从属于非物质的精神经济范畴。以精神产品生产和消费为主导的精神经济反映了文化创意产业的经济属性，文化创意产业是新经济发展阶段的代表性行业。从这个角度，本书对文化创意产业的内涵和外延做了界定。文化创意产业的核心是精神产品，精神产品的属性决定了文化创意产业具有创新和文化的二向性特征以及规模报酬递增、高渗透性、外部性、高附加值性等特征。产品的多重属性使文化创意产业对国民经济的发展影响更加复杂、更加重要。为此，本书从产业结构、产业关联和经济增长等多个方面对文化创意产业的贡献进行了理论和实证分析。

文化创意产业对产业结构调整和优化升级有着重要的影响。为了说明这个问题，首先运用灰色关联方法对文化创意产业与传统三次产业之间的关系进行了实证分析，结果表明文化创意产业的发展有效促进了产业结构的高级化。另外，作为一个新兴产业门类，文化创意产业在整个产业结构体系中的地位非常特殊，它与传统三次产业之间都存在着交叉融合，可以从横向上整合纵向的产业价值链结构。因此，根据现代产业融合的特征，本书构建了以文化创意产业为中心的产业结构体系。这是对传统产业结构的重塑，突出了文化创意产业在产业结构演化中的重要作用。产业结构超前系数也证明了文化创意产业的先导性。

就产业关联来说，本书运用投入产出法，对我国文化创意产业的产业关联和波及效应进行了定量分析。研究结果表明，文化创意产业与许多产业部门有着密切的投入产出关系，特别是高技术制造业和知识密集型服务业。根据文化创意产业中间需求和中间投入状况，可以得知，我国文化创意产业不但对下游产业有较强的渗透性，而且对上游产业也有较大的带动能力。同时，我国文化创意产业的逆向波及效应和顺向波及效应较为显著，具备作为支柱产业或者先导产业进行培育的条件。文化创意产业除了对其他产业的发展有带动作用外，更重要的是它的价值创造功能，与传统产业融合后能够提高传统产业的附加值，推进传统产业的升级。

就经济增长来说，本书首先分析了文化创意产业影响经济增长的机制；然后运用多维视角设定了文化创意产业本身贡献于经济增长的直接路径，以及文化创意产业通过人力资本状况、技术创新能力、文化价值观来影响经济增长的三条间接路径；最后，运用PLS路径分析方法对所提出的概念模型进行验证。研究结果表明，文化创意产业对经济增长的贡献更多地体现在其引致效应上面。这一结论深入地揭示了文化创意产业对经济增长的潜在的作用。

为进一步说明文化创意产业对经济增长的实际贡献，本书运用我国的时间序列数据和省域尺度的截面数据，从动态和静态两个方面进行了实证说明。实证结果表明，文化创意产业分别与人均GDP、全要素生产率存在长期的均衡关系。格兰杰因果关系检验表明，在短期内存在着文化创意产业与人均GDP和全要素生产率的单向因果关系。文化创意产业与经济增长的向量自回归模型也验证了协整分析的结果。这表明我国文化创意产业对经济增长的动态影响比较大，并且具有一定的持续性。因此，在制定产业发展的政策上，应注重文化创意产业的长期效应。在文化创意产业与经济增长关系的静态研究中，本书首先构建了文化创意指数，以此为反映文化创意产业发展状况的指标；然后对省域尺度的文化创意产业发展的状况运用因子分析进行了综合性评价。在此基础上，运用相关分析和回归分析两种方法对区域文化创意指数与区域经济增长的关系进行了实证研究。结果表明，区域文化创意产业的发展状况与区域经济增长之间存在显著的正向关联性，并且对区域经济增长的贡献非常明显，说明文化创意产业有力地推动了区域经济的发展。

在上述研究的基础上，本书最后有针对性地提出了我国发展文化创意产业促进国民经济发展的若干政策，包括培育文化创意产业生产要素、加强与传统产业互动、发挥文化创意产业外部性等政策建议。

在“十二五”期间，推动文化产业成为国民经济支柱性产业是我国要实现的重要经济目标。能否成为支柱性产业，不仅要看文化产业自身产值的经济贡献，还应看它对整个国民经济的综合影响力，包括是否显著改变产业结构升级，是否有效改变经济增长方式，是否对其他产业起到带动作用等。因此，支持文化创意产业发展必须要有更为宏观的视野，从整个国民经济发展的角度审视文化创意产业，把文化创意产业融入到整个国民经济体系之中，使其渗透到国民经济的各个行业。唯有如此，才能发挥文化创意产业的支撑和引领作用，才能实现文化与经济的深度融合，才能真正使其成为国民经济支柱性产业。希冀文化创意产业能够成为资源约束条件下中国经济增长的新生力量和可持续发展的重要出路，这是课题组研究“文化创意产业与国民经济发展”的主要目的。当然，我们的研究是探索性的，仍然有许多不足之处，希望能够引起更多学者的关注，大家携手合作，共同推进我国文化创意产业的发展。

目录
Contents

第一章
文化创意产业对国民经济发展的影响

文化创意产业是国民经济体系中的一个新兴产业，在人们还没有充分认识它的时候，它就以惊人的速度快速发展起来。如今，文化创意产业受到许多国家和地区的广泛关注和大力推崇，尤其在发达国家，文化创意产业已经成为改变经济增长方式、促进产业结构升级、解决就业问题和加强社会凝聚力的战略选择。即使在发展中国家，文化创意产业也受到了空前的重视。以中国为例，随着社会主义文化强国建设步伐加快，以及推动文化产业成为国民经济支柱性产业的目标定位，文化产业在国民经济发展中的重要性日益显现。我们不禁要问：文化创意产业是怎样的一种产业形态？它为什么如此备受重视？它是在怎样的背景下产生的，又遵循怎样的产业运行规律？它的出现对整个国民经济的发展有着怎样的影响？以及它是通过何种途径促进经济增长的？这些问题是本书关注的焦点。

一、文化创意产业发展的宏观背景

文化创意产业的产生不是偶然的，它是一个国家和地区经济发展到一定水平后的必然产物，与一个国家和地区的经济发展阶段有着紧密的联系。因此，它的提出有着深刻的时代背景。

1. 精神文化需求的快速增加，催生了文化创意产业的蓬勃发展

20世纪80年代以来，经济进入了新的发展阶段，信息技术被广泛应用，文化、知识的流通速度大大加快，新技术和新知识不断产生，文化、知识对经济发展的潜在作用渐渐显现出来。随之，人们的经济生活也发生了重大变化。首先，社会物质生产力迅速提高，物质产品变得极为丰富，物质财富在人们生活中的重要性开始下降，摆脱了物质束缚后，精神文化需求被有效释放出来，精神财富的重要性与日俱增。其次，先进技术和生产手段的运用，使人们的工作时间大幅缩短，人们拥有越来越多的时间从事休闲娱乐活动，大大改善了生活质量，精神文化消费已经成为人们日常生活中必不可少的组成部分。需求创造财富，需求催生产业。这些外部需求环境的变化为文化创意产业的发展创造了良好的条件，或者说文化创意产业是适应消费需求变化新趋势的产业。

美国是世界上文化创意产品的出口大国，文化创意产业产值最大。早在2000年，美国电影、电视、网络、软件和出版等总收入已达700亿美元，成为美国出口创汇仅次于航天产业的第二大产业。英国是最早提出并把文化创意产业作为国家战略产业的国家，自1998年以来，英国创意产业产值年均增长6%，大大超过传统工业2.8%的增长率，并成为雇佣就业人口的第一大产业，

从业人口以每年3%的速度递增[1]（DCMS，2004）。除此之外，文化创意产业在澳大利亚，日本，韩国，法国，新加坡，加拿大，瑞士，我国台湾、香港等国家和地区得到了充分发展，并产生了巨大的经济效益。

就我国来说，改革开放30年来，人民生活快速走出了物质短缺时代，向全面小康社会迈进。到2008 年，我国人均 GDP已经超过了3000美元。根据钱纳里的理论，当人均GDP达到3000美元时，居民文化消费支出应该占到总支出比重的23%。目前来看，我国许多地区已经达到或超过这个水平。从我国恩格尔系数看，各年份的数值也呈逐年走低的趋势。然而，实际数据显示（见表1.1），尽管随着时间的推进，我国人均文化消费支出的实际数额逐年增长，但其在消费型支出结构中所占有的比例却有走低的趋势。数据表明，我国居民家庭收入增加幅度较大，并且大于文教娱乐消费的增加幅度，而10%左右的城市居民和农村居民的文化消费支出比例大大低于国际23%的平均水平。这说明未来文化消费市场还有着巨大的提升空间；也说明我国整体的文化创意产业化水平不高，文化市场不能有效释放潜在的消费力。现阶段，要想解决文化需求与文化供给之间的矛盾，必须大力发展文化创意产业。特别是我国正面临世界性金融危机的冲击，扩大内需已经上升为国家既定的宏观经济政策，它为文化创意产业的发展提供了巨大的历史性机遇。

表1.1　近年来居民恩格尔系数及居民家庭文教娱乐支出比重

年份	恩格尔系数		居民家庭文教娱乐支出比重（%）	
	城镇居民	农村居民	城镇居民	农村居民
1998	44.7	53.4	11.5	10.0
1999	42.1	52.6	12.3	10.7
2000	39.4	49.1	12.3	11.2
2001	38.2	47.7	13.0	11.1
2002	37.7	46.2	15.0	11.5

续表

年份	恩格尔系数		居民家庭文教娱乐支出比重（%）	
	城镇居民	农村居民	城镇居民	农村居民
2003	37.1	45.6	14.4	12.1
2004	37.7	47.2	14.4	11.3
2005	36.7	45.5	13.8	11.6
2006	35.8	43.0	13.8	10.8
2007	36.3	43.1	13.3	9.5
2008	37.9	43.7	9.9	8.1
2009	36.5	41.0	9.9	8.2
2010	35.7	41.1	9.8	7.8
2011	36.3	40.4	9.9	7.0

数据来源：历年《中国统计年鉴》。

事实上，我国文化创意产业大发展的时期已经到来。在国家政策的支持下，北京、上海、广州、深圳、天津、南京等国内各大城市纷纷把文化创意产业作为支柱产业进行培育。江苏、福建、山西、广东、云南等多个省份提出了“文化强省”建设的战略目标。可见，文化创意产业已经受到许多省份的重视。与之相适应，文化创意产业在我国发达地区快速成长起来。以北京、上海为例，截至2007年，文化创意产业增加值分别为2034.2亿元、1234.4亿元，占两地区GDP总额的21.7%、10.13%，年增长率都在两位数以上[①]。同时，全国各地大大小小的创意产业园如雨后春笋般涌现出来，如上海的张江创意产业园、北京的中关村创意产业园等，大有与高新技术产业园比翼齐飞之势。在文化消费市场方面，文化消费的爆发力也显现出来。世界奢侈品协

① 数据根据2008年《上海统计年鉴》、《北京统计年鉴》整理而得。

会发布报告显示，截至2009年1月，中国奢侈品消费总额达86亿美元，占全球市场的25%，首次超过美国，成为世界第二大奢侈品国。如此庞大的国内市场，为我国文化创意产业奠定了良好的需求条件。虽然与发达国家相比，文化创意产业在我国只有短短几年的发展历史，但其发展规模、发展势头以及发展前景是其他产业所无法比拟的。

2. 经济增长方式的转变和产业结构的调整，创造了文化创意产业的发展空间

世界发达国家的发展模式相继发生了以知识为核心的变革，人们不再追求对资源、能源和农产品的更大消费，而追求智慧的价值，强调创新对经济发展的带动力。文化、知识和技术等创新成果在生产环节中的应用更为广泛，创新能力构成了一个国家和地区竞争优势的核心要素。伴随着经济发展方式的转变，发达国家的产业结构发生了重大调整，服务业由原来的依附性产业上升为主导性产业，服务业产值所占比例大多超过了60%，形成了“三、二、一”产业发展格局。以日本为例，二战后，日本创造了世界的经济奇迹，但随着经济泡沫的破灭，日本开始考虑新的增长方式。日本学者日下公人在《新文化产业论》中指出：基础工业复苏的奇迹不会再出现，日本的产业结构应转向以最终需要为主的产业，这种产业结构重心的转移是各国经济发展的必由之路；文化产业是最终需要产业中最有前途的产业之一[2]。为此，日本制定了有效推进文化产业发展的政策。目前，日本文化产业的许多领域在全球范围居于领先地位，尤其是动漫、游戏这些新兴文化产业，给日本带来了巨大的收益。1997年金融危机后韩国经济的复苏得益于文化创意产业的发展。因此，在新的经济背景下，文化创意产业有着天生的优势，它是一种推崇创新、推崇个人创造力、强调知识文化对经济的支持与推动的新兴服务业，包含文化、研发、设计、咨询、时尚消费等部门。它与经济发展方式转变和产业机构调整的思路是相通的。

改革开放以来，我国经济连续多年保持两位数增长，创造了世界经济发展史上的又一奇迹，中国在短短30年内从一个贫困大国转变为如今的制造业大国，“中国制造”已享誉全球。但多年来，中国的发展采取的是追赶战略，通过发挥后发优势，引进国外先进技术和产业资本，借助我国劳动力极大丰富的优势，大力发展加工工业。当前我国大多数产业处于相应产业链的低端，只能依靠劳动力成本低的比较优势占据国际市场，只有少量的产业可以进入相应产业链的中端，能够进入产业链高端的非常少。时至今日，我国经济面临的形势不容乐观。目前，在供给方面，我国可开发资源的储量有限，国外资源价格也在节节攀升；在需求方面，我国大多数领域结束了短缺经济时代，已形成买方市场，步入过剩经济的微利阶段，而国际市场在全球金融危机的影响下大幅萎缩，数量扩张型发展方式已经没有多少市场空间。显然，这种以资本、土地、资源等物质生产要素投入的经济增长难以为继，未来的经济增长必须更加依赖知识、文化、技术及其创新的无形生产要素。转变经济增长方式、调整产业结构、向价值链高端环节升级是我国经济发展需要面对的必然选择。因此，我国今后的经济增长必须减少对土地、资源等物质生产要素的过度依赖，转而依靠文化、知识和技术等无形的精神生产要素以发展集约型经济。

在我国转变经济发展方式和调整产业结构的大背景下，新兴的文化创意产业势必会发挥更大的经济带动作用，将是促使中国经济由“制造”向“创造”道路过渡的有效途径。文化创意产业是依靠发挥创造力，将文化、科技、信息高度融合的高附加值产业，符合资源和环境约束条件的产业选择目标。创新是创意产业的本质特征，大力发展创意产业有利于提高国家的自主创新能力。文化创意产业在自身对经济增长产生贡献的同时，还能与其他产业融合，通过对传统产业的改造，提高其附加值，从而达到产业升级的目标。随着全球化进程的加快和知识经济的发展，作为国际产业分工和价值链的高端行业，文化创意产业在全球蓬勃兴起，成为国际产业发展的一个重要新趋势。当前，自主创新已经上升为我国的国家战略，从“中国制造”迈向“中国创造”，从“文化之邦”走向“创意之邦”的转型系于中国经济发展的前途，与之相适应，很多大城市也纷纷提出要建立“创意之都”、“创新型城市”。因此，文化创意产业在中国大有用武之地，其发展前景极为广阔。

3. 文化全球化的来临，凸显了文化创意产业的战略地位

当今世界正处于全球化的时代，国际社会日益加强的全球化趋势给各个国家的政治、经济、文化诸领域带来了深刻的影响。其中，经济全球化表现得最为突出，它使全球变成一个巨大的统一市场，商品、服务、资本、劳动、信息可以在全球范围内自由流动，每个国家都是世界经济体系的一个部分。但是，全球化的影响和扩散不仅停留在国际交往和经济贸易方面，在人员和信息复杂的联结下，文化的全球化正日益凸显。随着通信和互联网技术日新月异的发展和广泛的应用，文化全球化的趋势进一步加深。文化的全球化不是世界各国各民族平等地携手共进，而是一种以西方为主导的不平衡的全球化。其中，美国文化在全球的影响力最大。美国凭借强大的资本后盾和先进的传播技术，以好莱坞电影、商业电视节目、百老汇歌剧和音乐为代表的大众文化产品充斥全球文化市场。美国传媒巨头大规模进军国际市场，文化贸易赤字持续增加，欧亚各国深感“文化侵略”的威胁。为了抑制美国大众文化的入侵，许多发达国家制定了文化产业国家发展战略。正是基于国家

利益和国家文化安全的高度上，文化创意产业的发展受到越来越多国家的重视。因为，文化全球化的一个重要载体就是文化创意产品，它是全球文化市场的核心以及新的世界文化秩序重建的关键性因素，生产文化创意产品的文化创意产业自然成为各国关注和角逐的重点。

文化创意产业在国民经济体系中的作用与传统产业有着很大不同。因为，它已经超越了单纯的经济范畴，在具备经济效益的同时，它还具有社会效益，它可以影响人的价值观、思想及其行为方式。对国家或者地区来说，文化创意产业的振兴，在提高人们对文化需求的同时，还能够在全球化背景下确立对自身国家和地区的认同性。如果文化创意产业落后，那么，国家很有可能沦为发达国家文化商品的消费市场，其结果就是引起自身文化体系的变质和文化认同性的降低，其中危害不言而喻。正如美国学者约瑟夫·奈所说，相对于政治经济的“硬实力”，文化是一种“软实力”，而它对经济社会的影响力和渗透力却是持续不断的。文化“软实力”与经济、政治、军事一样，决定着一个国家和地区的综合实力[3]。发展文化创意产业是有效提高国家文化“软实力”的最佳途径。所以，文化创意产业是一项战略性产业。

二、文化创意产业对经济发展的战略价值

在文化与经济相互融合发展的背景下，文化创意产业在经济发展格局中的地位日趋重要。然而，我国在推动文化创意产业发展时，往往过多强调文化创意产业的意识形态、政治、社会、文化等功能属性，它所具有的经济战略价值常被弱化。世界经济的发展已经表明，当一国经济发展到一定水平

后，非常依赖文化创意产业的引领作用。文化创意产业在促进经济发展方面有着广阔的发挥空间。当前，我国经济已进入转型升级的关键时期，经济发展存在着对文化的巨大需求，如何认识和发挥文化创意产业的经济战略价值是亟须解决的问题。

1. 文化创意产业是塑造经济发展精神动力的有效手段

文化是经济的灵魂。经济越发达，越需要文化作为精神支撑。如果没有相应的精神道德境界，则承载不了更高水平的物质文明存续。精神文化的缺失会造成经济发展的障碍，反之，精神文化会是引领经济发展的长效动力。现代经济发展中，需要灌输和渗透一种理性精神、创业创新精神，或者说如果缺乏一种精神动因和思想动机，则必然缺乏持久的动力支持。尤其在经济衰退时期，文化创意产业能起到催化剂作用。在美国经济最糟糕的1929年，以百老汇和好莱坞为代表的演艺、影视业却成为萧条时期的经济增长点。更为重要的是，它们也成为普通美国人精神与梦想的救助站与孵化器。

从国内看，我国经济领域文化缺失的负面效应开始显现。一方面，贫富差距过大、生态环境破坏严重、资源枯竭、商业道德的丧失及社会凝聚力下降等已威胁到经济建设；另一方面，企业的创新动力不足，国民的创业热情不高，已影响到我国经济转型升级的前景。面对这些问题，我国必须加强文化建设，通过文化创意产业发展，推广可行的经济发展理念，塑造与之相适应的国民价值观念，如创新精神、企业家精神等。文化创意产业是基于大众文化之上的经济形态，它拥有广泛的受众；同时，文化商品通常是寓教于乐的，这种形式的传播远胜于政治宣传和道德说教，容易引起大众的共鸣。比如，电影《中国合伙人》就很好地诠释了中国人创业的“中国梦”，激发了国人的创业热情。

2. 文化创意产业增加经济的文化含量，提升经济发展质量

文化含量是经济质量的一种体现。一个经济大国，当其产品含有更多文化含量时，其产品才有竞争力。举例说，世界上的知名品牌，大约有一半来自技术研发，另一半是靠文化内涵而形成的。如法国香水、意大利服装、瑞士手表等各种名牌，它们的科技含量并不高，但在文化内容支持下却形成了工业产权。没有文化内容，旅游、娱乐、餐饮等诸多子行业会大为逊色；没有文化内容，工业产品的需求和附加值也会明显减少。而且，文化创造的财富是能够永远保值并且不断增值的财富，比如历朝历代保留下的诗书字画、精品瓷器和古家具等，保留时间越长，其价值就越高。

现阶段，中国制造单纯依靠低成本、高消耗的扩张发展道路已经走到了尽头。这种模式资源浪费大，经济附加值小，与我国追求的经济发展目标相悖。我国实现经济强国的目标离不开高端产业的支撑，高端产业离不开文化的支撑。文化的渗透性和广泛应用性，使文化创意产业具有极强的融合性和开放性，它能与任何行业交叉融合。今后，需要将发展文化创意产业的理念和方法融入经济质量提升的过程当中。发挥文化创意产业对第一、第二、第三产业的带动提升作用，促进文化创意产业与传统产业、高科技产业融合，丰富产业中的文化因素，创造跨界性新生产业，比如创意农业、工艺品制造业等。

3. 文化创意产业具有诱导效应，能够拓展产业发展空间

对那些直接面对消费者的下游产业来说，每个产业对应着一种产品，每种产品的消费意味着一种生活方式，任何生活方式又是文化存在状态的表现形式。所以，一些商品的生产和消费本质是一种文化现象，先是制造一种生

活方式，然后销售这种生活方式。从早期的收音机、电视机、卡拉OK，到现在的互联网、智能手机、3D电影，无不如此。文化的变迁与国民消费理念改变是一脉相承的，消费理念往往决定产业的发展空间和前景。举例来说，美国老太和中国老太买房的故事改变了许多中国人的消费观，其直接结果是造就中国房地产行业长达数十年的繁荣。这其实体现了文化和消费观念对产业发展的诱导效应。

就我国来讲，传统产业升级发展的文化氛围较差，国人在消费理念上存在一定的崇洋媚外现象，这是非常不利于我国高端产业发展的，是制约我国经济转型升级的软力量。当前背景下，我国经济发展战略急需文化战略的配合，转型升级绝不仅仅是埋头苦干能解决的问题，需要创造出良好的人文环境。在消费观念引导上和国产品牌的塑造上，文化创意产业领域中的媒体、报纸、杂志、广告等宣传媒介有着不可推卸的责任和义务。由于其受众广大，并且渗透于居民日常生活的方方面面，对新消费理念的形成有着潜移默化的作用。从这个角度讲，文化创意产业担负着各类企业品牌塑造和产品宣传的重任。

4. 文化创意产业提升国家软实力，增强国际贸易竞争力

文化创意产业是一国软实力的重要体现。文化商品输出能使一国获取商业利润的同时，还可输出该国的生活方式和价值观念，扩大国际文化影响力，起到变相宣传该国商品的作用，促进出口贸易的增长，增强国家的综合国力和国际贸易竞争力。美国在现代国际贸易中的地位，不仅取决于硬实力，更取决于软实力，主要表现为其消费文化的渗透力和诱导力、国际经济规范制定上的控制力等。日本、韩国非常重视文化输出，两国都提出了“文化立国”的战略，充分发挥文化的主导作用，一是为增强“硬实力”，文化

联手产业，扩大海外出口，获取经济利益；二是为提高“软实力”，文化传播世界，配合外交战略，提升国家形象。

在过去10年中，中国GDP总量从全球第六位上升到了第二位，然而文化实力的提升幅度却没有与之匹配。巨大文化贸易赤字说明中国“软实力”还相当薄弱。若要改变这种现状，最根本的办法就是发展文化创意产业，以文化商品输出提高我国文化的传播力，增强我国文化的国际影响力。通过文化创意产业的发展真正让中国优秀的文化走出去，展示出中华文化高贵优雅的一面，改变中国制造低廉的形象，促进出口贸易，增强国际贸易竞争力。比如一部《舌尖上的中国》，火了中国餐饮文化，提升了中国餐饮业的国际声誉。

5. 文化创意产业有效扩大内需，促进消费结构升级

当居民基本物质生活条件得到满足之后，人们的精神文化消费不断增加。文化消费代表着消费结构升级的方向，是值得鼓励的消费类型。首先，文化消费能产生巨大的经济价值，除带动文化创意产业发展外，还拉动文化用品如电视机、摄像机等行业的发展；其次，文化消费基本上属于绿色消费，有助于缓解经济增长与资源、环境之间的矛盾；再次，文化消费也是一种投资，是居民在人力资本上的投资，消费文化能够陶冶情操，增长知识，提高自身的文化素养；最后，文化消费能起到精神抚慰、疏导和凝聚作用，进而促进社会和谐，提高生活质量。事实上，人的消费欲望是无限的，但资源是有限的，唯有文化消费才能填满无尽的消费欲望，文化消费所拥有的空间是无限的。

近年来，我国文化消费需求旺盛，市场潜力巨大，文化消费已经成为扩大内需的最佳选择。消费结构变动决定了产业结构调整的方向，我国迫切需

要把文化创意产业作为战略产业进行培育。另外，我国人口多、资源少、文化资源丰富的国情，也决定了我国应当把文化消费和文化创意产业作为拉动经济增长的主要动力。同时，文化创意产业可以通过劳动者文化素养、科学知识的提高，间接影响经济增长，提升经济增长效率。因此，发展文化创意产业是转变经济发展方式、推动经济转型升级的一条有效路径。

三、研究文化创意产业与国民经济发展关系的意义

文化创意产业作为一种新兴的产业形态，它的发展对国民经济产生了重大影响。因此，对这样一个新的经济现象，我们没有理由继续忽视它。同时，文化创意产业的繁荣和发展还代表了一个新时代的来临，它是在特定经济历史背景下产生的，从一定程度上反映了未来经济发展方向和产业发展演化的趋势。尤其是我国，经济发展正处于一个特殊的时期，经济领域内发生着激烈的变革，相对应的产业领域也加快了更新换代的速度。在这种背景下，以文化创意产业为研究对象，一方面有着非常重要的理论意义；另一方面则有着非常重要的现实意义。

从理论上看，文化创意产业有着自身的特殊性，它对国民经济发展的影响也相对比较复杂。对该问题探讨的理论意义具体表现为：

第一，有益于确立文化创意产业发展的理论根基。文化创意产业被提出的时间并不长，它是近几十年来发达国家经济发展到一定程度后发生转型的产物。在这一点上，它与传统的产业有很大不同，因为，传统产业是建立在物质产品生产基础上的，注重物质资源的开发利用；而文化创意产业是建立在精神产品生产基础上的，注重人的创造性资源的开发与利用。因此，现

阶段的建立在物质产品基础上的经济理论并不能完全解释文化创意产业的发展，这就使文化创意产业缺少相应的理论支持和指导，而这势必会阻碍文化创意产业的长远发展。本书尝试运用精神经济观点对文化创意产业的本质及运作规律进行研究，从理论上把握文化创意产业，具有一定的理论价值。

第二，有益于从理论上理清文化创意产业影响国民经济发展的内在作用机制。文化创意产业是新经济形态下涌现出的产业，其产业结构特征、产业关联、产品价值组成、产品功能及其对经济增长的作用机制等各方面都有着自身的特殊性。它所具有的特征决定了文化创意产业影响国民经济发展的复杂性，它的产业总值对经济增长贡献仅仅是它作用于经济发展的一部分，它还通过重塑产业结构、扩展经济增长路径等方式发挥潜在的作用。不认清这些问题就无法理解文化创意产业在国民经济体系中的重要地位，更不会知道如何能够通过文化创意产业带动国民经济的发展。现有的针对于这个问题的研究还比较肤浅，多数是对文化创意产业所产生经济现象的描述和总结，没有上升到经济理论的分析层次上来。本书围绕这个问题，依据现有经济学理论对其进行深入探讨，能够丰富文化创意产业的相关理论根基，这对于文化创意产业和国民经济发展都有着重要的意义。

从实践上看，文化创意产业已经在许多国家和地区快速发展起来，逐渐成为影响当地经济发展的重要因素。特别是在我国转变经济发展方式和调整产业结构的时代背景下，文化创意产业将具有独特的优势和不可替代的地位。因此，研究这个问题有着重要的现实意义，具体的表现如下：

第一，有助于我们认识文化创意产业的时代意义，并重视文化创意产业的发展。从整个产业发展史来说，文化创意产业的兴起与发展有着划时代的意义，它标志着人们不再仅囿于物质生产和消费，转而开始关注精神文化的生产和消费，即人们开始从追求物质财富向追求精神财富过渡。物质财富主要形成于对大自然资源的攫取和加工，精神财富则依赖个人的智慧和创新精神。文化创意产业就是创造精神财富的产业，它以科技、文化作为双引擎，倡导把文化要素作为推动经济增长的主导要素，鼓励个人创造力的无穷释放，创造新的产品和新的市场需求。因此，它可以冲破传统物质资源的硬约束，并寻求科学的、以人为本的经济发展方式。

第二，有助于改善现有的经济运行方式，提高经济运行的质量。由于资源的稀缺和环境的制约，客观条件决定不能再发展低端制造业，传统的经济增长模式越来越不为社会经济发展所容，经济发展必须以高附加值的产业为主要方向，需要将创造作为经济发展的新动力和新资源。文化生产要素可以与其他任何经济生产方式和运营方式紧密交融结合在一起，通过渗透、吸引、聚集、提升、催化等作用，推动其他行业展翅腾飞。文化创意产业除能改善人们生活条件、增强人们生活信心外，更能增强其他产业的文化含量、科技含量，具有提升产品附加值的共振效应。大力发展文化创意产业，可以帮助我国传统制造业完成升级换代，由“中国制造”提升为“中国创造”；在保增长、扩内需、调结构、惠民生过程中，文化发挥着不可替代的重要作用。文化创意产业是实现工业化和信息化融合的推进器，应当高度重视。我国政府非常重视文化产业的发展，文化产业已呈现出健康向上、蓬勃发展的良好态势，正在成为经济发展新的增长点，成为产业结构调整升级、转变经济增长模式的重要推动力。

第三，有助于通过发展文化创意产业促进文化建设与经济建设相协调。30年改革开放，我们以经济建设为中心取得了巨大的成就，但文化产品还满足不了广大群众的需要。我们的劳动密集型产品出口到了全世界，文化产品却是大量的进口，出现大额的逆差。文化建设滞后于经济建设这个问题相当突出，而发展文化创意产业能够带动文化的建设。现在我国已经到了重视文化产业的发展的时候，应通过发展文化创意产业，在使我们的物质产品大量出口的同时，让文化产品走出去，由此获得相应的影响力。而且，发展文化创意产业可以提升文化消费质量，使公民修养和素质得到提高，易于形成符合时代精神的新礼仪、新风俗、新时尚，有利于精神文明的建设。

四、课题研究内容和技术路线

1. 课题研究内容和结构安排

本书共分为八个章节，根据研究问题的逻辑关系依次展开了论述。

第一章为绪论部分。本章以文化创意产业发展的大背景为基础，提出了文化创意产业对国民经济发展影响的研究目的和意义，认为此项研究具有较强的理论和现实意义。另外，从总体上概括了本书研究的主要内容和使用的具体研究方法、技术路线。

第二章为文化创意产业文献研究综述及理论分析部分。本章首先回顾了国内外有关文化创意产业的研究现状，并把研究总结为4个方面：① 文化创意产业研究内涵和范畴的界定；② 文化创意产业发展的影响因素分析；③ 文化创意产业对经济增长影响的研究回顾；④ 对文化创意产业与其他产业关系的研究进行了分析说明。然后，在前人研究成果的基础上，本章运用与文化创意产业有关的一些经济理论重新对文化创意产业内涵、特征、结构以及分类等内容进行了理论分析，为接下来的研究奠定理论根基以及为本书主体内容设定研究框架。

第三章为文化创意产业对产业结构调整的影响。这部分内容主要建立产业结构相关理论之上。首先，分析了当今经济发展的阶段和经济增长的特征；然后，分析了在新的经济发展阶段中，文化创意产业所发挥的作用，特别说明了文化创意产业对产业结构高级化的带动。除此之外，文化创意产业的提出对整个产业结构有着重要的影响，它可以创造性地重塑传统产业结构，对产业结构调整和优化升级有着重要的促进作用。最后，在定性分析的基础上运用定量分析方法进行了实证研究。

第四章为基于产业关联的文化创意产业的经济贡献。本章内容是针对文化创意产业广泛的产业关联特征而展开的。文化创意内容本身是精神产品，它有着很强的渗透性和应用价值，同许多产业有着密切的投入产出关系。所以，发展文化创意产业一方面能够带动其他产业的发展，另一方面可以促进传统产业向更高级层次升级，而且还可以引领产业演变的新趋势。为了定量分析它的产业关联效应，本章运用投入产出法对相关数据进行了分析，并验证了相应结论。

第五章为文化创意产业影响经济增长的路径及验证性分析。文化创意产业已经成为一个新的经济增长点，它对经济增长的贡献是毋庸置疑的。但是，它对经济增长的贡献绝不仅仅局限于它自身的经济贡献，更重要的是它所提供的精神产品在被消费、传播和转化后所产生的效应。它促进了技术创新，提高了人力资本，影响了人的价值观念等，而它们都是影响经济增长的重要因素，这个过程表明了文化创意产业对经济增长的影响是复杂的。最后，运用偏回归路径分析的方法进行了实证研究。

第六章为文化创意产业影响经济增长的计量分析与实证研究。虽然我们明确了文化创意产业影响经济增长的路径，但我们还没有证实文化创意产业对经济增长的贡献度以及它与经济增长的关联性。为此，本章根据中国文化创意产业发展的数据，分析了文化创意产业对经济增长的动态影响及直接贡献；其次，为了全面地反映文化创意产业发展与经济增长的关联性，选取了省级尺度的数据，从空间角度论证了文化创意产业对区域经济增长的实际贡献。

第七章为文化创意产业促进国民经济发展的对策分析部分。该部分是建立在前文分析的基础之上，根据文化创意产业影响国民经济发展的机制和路径，有针对性地提出了如何通过发展文化创意产业促进我国经济发展的对策。

第八章为结论与展望。通过前文研究所得出一些基本结论，提出了文化创意产业促进国民经济发展的若干对策，并对未来可能继续深入研究的方向进行了分析和设想。

2. 课题研究的技术路线

本书的研究思路是围绕文化创意产业展开的，重点说明现阶段文化创意产业对国民经济发展的主要影响，即文化创意产业的经济属性。为了说明这个问题，首先对文化创意产业的本质属性及其内涵进行了界定；然后在此基础上从它对经济结构调整、传统产业发展、经济增长三个方面的影响进行了理论分析，以说明文化创意产业影响国民经济发展的机理。与此同时，运用灰色关联、产业结构超前系数、投入产出分析、偏回归路径分析、协整、因子分析等研究方法，分别对上述问题进行了实证研究。最后，对我国如何通过发展文化创意产业促进国民经济发展进行了政策分析。该思路决定了本书的研究边界和框架，所有内容都是在这一框架下完成的。

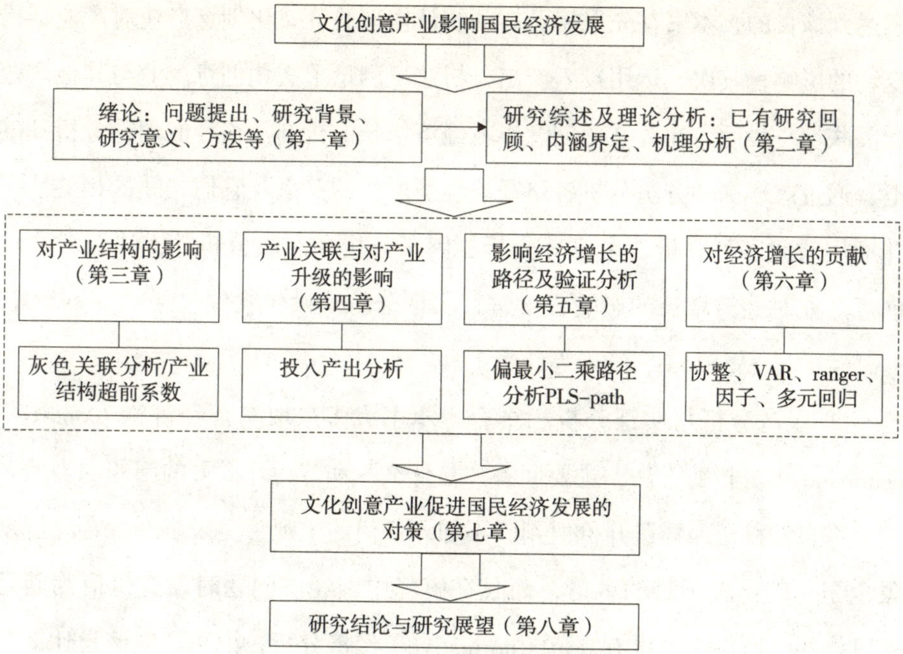

图1.1　研究的技术路线

五、课题研究方法

本书为获得较好的研究结果，在研究过程中特别关注多种研究方法的综合应用，具体方法为以下几个方面：

① 定性分析与定量分析相结合。由于文化创意产业研究的理论基础比较薄弱，因此，进行定性的分析十分必要。虽然，大多数文献多采用定性分析，但很多是对这一经济现象的描述，感性认识的成分居多，而且现有的经济理论并不能给予其合理的解释。本书在前人研究的基础上，特别运用了相关经济理论来解构文化创意产业的性质以及文化创意产业与经济增长、其他产业的相互关系，从理论上进行定性分析。但是，仅仅定性的分析是不够的，不论多么完美的理论分析只有通过数据和模型验证后才具有说服力。为

了达到该目的，本书首先采用已有的统计模型验证文化创意产业对产业结构变动的影响；其次，运用投入产出分析法，测量了文化创意产业与其他产业的关联性。最后，在对文化创意影响经济增长的机制及路径的理论分析基础上，通过PLS-Path方法分析各路径与经济增长的关系及它们之间的相关性，并运用时间序列分析、主成分分析、因子分析和回归分析等方法，对文化创意产业对经济增长的影响程度进行实证分析。操作软件包括EViews5.0、Smart-PLS、SPSS15.0、Libel等计量工具。

② 规范分析与实证分析相结合。本书大多采取实证经济学（positive economics）分析的方法，主要回答"是什么"和"为什么"的问题。当然，完全像自然科学那样避开价值判断不加入任何的主观感受来解释社会经济现象也是一件比较困难的事情，而且在解释中国经济问题时没有价值判断是不可能的，所以本书也有规范（normative）经济分析，说明"应该是什么"的问题。本书的研究手段是建立数学模型和实证分析相结合，主要说明文化创意产业是如何影响国民经济发展的，它的内在机制是什么等问题。运用相关计量方法对基础数据处理后得出的结论从一定程度上论证了我们分析的结论，回答了"是什么"和"为什么"的问题。为了使研究更具价值，本书并没有停留在这个层次上，而是根据分析结果提出了自己的有价值判断即规范（normative）经济分析，说明"应该怎么做"的问题，提出了通过发展文化创意产业促进国民经济发展的若干政策。

③ 静态分析和动态分析相结合。根据研究需要对文化创意产业对经济增长的影响做了静态与动态相结合的研究。运用时间序列分析方法，对两者做了协整分析、Granger因果分析、脉冲响应和方差分解分析，验证了文化创意产业对经济增长的动态影响。另外，运用主成分分析、因子分析和回归分析，在省域尺度上对两者的关联性进行了静态的分析。

第二章

文化创意产业的基础理论分析

一、文化创意产业的研究综述

1. 文化创意产业相关概念的研究回顾

文化产业、创意产业是与文化创意产业紧密相关的两个概念，因此，在了解文化创意产业之前必须明白文化产业与创意产业各自的内涵，以及它们之间的区别和联系。学界关于文化产业与创意产业的争论由来已久，一些学者认为文化产业应该包含创意产业；一些学者则认为创意产业是对文化产业的超越，用文化产业来替代创意产业的说法是不正确的；还有一些学者没有对两者进行明显的区分，多数时候是混合使用或者将两者对等使用。因此，为了弄清两者的关系，我们从文化产业和创意产业各自的发展历史以及它们的内涵、外延入手进行说明。

（1）文化产业与创意产业

“文化产业”这一概念被较早提出，它起源于德国的阿多诺和霍克海默在1947年出版的《启蒙的辩证法》中的“文化工业”（Cultural Industry）。他们是对“文化工业”持批评态度的，但“文化工业”对于社会发展的正面推动作用，却是他们未曾充分估计到的。随着大众文化的兴起，文化产业逐渐代替文化工业的说法，并得到后来的英国伯明翰学派和美国文化学派学者的支持。1982年UNESCO发表报告《文化产业：文化未来的挑战》，文化产业逐步引起国际关注。事实上，文化产业的形成已经有很长的历史，只是在现代社会才被人们关注；我国学者李向民最早研究了中国文化产业的历史①。另外，何传启（2003）从人类文明进程中的文化与文化产业的变迁进行了说明（见表2.1）。文化产业的发展水平，可以看成是文化现代化的一个重要标志。文化产业越发达，文化生活水平越高，经济发展和社会进步越快。

20世纪80年代，日本学者日下公人从经济学理论出发，对文化产业作出定义和阐释："文化产业的目的就是创造一种文化符号，然后销售这种文化和文化符号。"这个定义既体现了文化与经济的结合，也体现了哲学、心理学与经济学的结合。联合国教科文组织认为，文化产业是"按照工业标准生产、再生产、存储以及分配文化产品和服务的一系列获得，采取的经济战略，其目标是追求经济利益而不是单纯为了促进文化发展"[4]。英国学者尼古拉斯·加纳姆（Nicholas Garnham，1983）指出，文化产业是指那些使用工业化大企业的组织和生产模式，生产和传播文化产品和文化服务的社会化机构[5]。我国国家统计局将文化产业定义为："从事文化产品的生产、流通和提供各种文化服务的经营性活动的行业总称。"[6]英国曼彻斯特大学大众文化研究所主任贾斯汀·奥康纳指出："文化产业是指以经营符号性商品为主的那些活动，这些商品的基本经济价值源自他们的文化价值。"[7]提摩·坎泰尔则认为："文化产业指那些使用同类生产和组织模式如工业化和大企业

① 2006年，由湖南文艺出版社出版的《中国文化产业史》，是我国第一本从史学角度研究文化产业的著作。

的社会结构，这些机构生产和传播文化产品和文化服务。如报纸、期刊和书籍的出版部门、影像公司、音乐出版部门、商业性体育机构等等。”我国学者花建（2003）将文化产业概括为：“以生产和经营文化产品和文化服务为主要业务，以创造利润为核心，以文化企业为骨干，以文化价值转变为商业价值的协作关系为纽带，所组成的社会生产的基本组织结构。”[8]施惟达（2009）认为文化产业是生产和提供文化产品和服务的活动，以及与这些活动相关联的活动的集合[9]。虽然一些政府部门和学者对文化产业的定义并不完全相同，但他们关注的核心都是文化的经济属性，并从产业角度对文化进行界定。总体上看，有关文化产业内涵的分歧并不大。在国内外，文化经济学家对文化产业的定义与分类意见都比较一致。

表2.1　人类文明进程中的文化与文化产业的变迁

文明进程	文化	文化产业	备注
工具时代	原始文化，原始宗教、艺术、语言和知识等	原始的文化活动	文化产业尚未形成
农业时代	农业文明，农业文化、高雅文化、通俗文化、专制文化、宗教文化、古典文学、传统艺术和哲学等	图书、艺术、表演等	文化产业逐步形成，但处于依附地位
工业时代	工业文明，工业文化、城市文化、消费文化、民主文化、大众文化、科学文化、现代文学、艺术和哲学等	广播、电影、电视、出版、艺术、表演、文化用品等	文化产业的专业化、工业化和市场化
后工业时代	知识文明，网络文化、生态文化、全球文化、文化多样性、大科学文化、后现代文学、艺术和哲学等	文化内容的创造、生产和商业化，文化商品和文化服务	文化产业的网络化、个性化和全球化

资料来源：何传启，《东方复兴：现代化的三条道路》，商务印书馆，2003年。

到了20世纪八九十年代以后，针对新的社会消费特征，西方社会又催生出新的“创意产业”。最先提出创意产业的是在英国政府支持下成立的英国创意产业特别工作组。布莱尔政府1997年上台以前，新工党的文件中一直使用“文化产业”概念，但这之后变成了“创意产业”。显然这是一个具有布莱尔特色的表述，但同时它也颇符合英国国情。与文化产业不同的是，自创意产业提出后，许多学者都对创意产业的内涵有着不同的看法，其内涵及外延的界定存在很大的争议。

有关创意产业的争论主要有两种观点：一种观点是创意产业与文化产业的内容是重合的，特别指出创意产业是文化产业的一部分，是文化产业发展的高级阶段；另一种观点是创意产业是对文化产业的超越，创意产业已经不仅仅局限于文化领域，它已经突破传统产业的界限，是所有产业的高端部分。R.Caves（2005）从文化经济学的角度将创意产业定义为：提供具有广义文化、艺术或仅仅是娱乐价值的产品和服务的产业，包括：书籍与杂志的出版发行，视觉艺术（绘画与雕塑），表演艺术（戏剧与戏曲、音乐与舞蹈），音响艺术产品，电影与电视艺术，服装、玩具和游戏等[10]。这一定义基本上将创意产业局限在文化产业以内。Scott提出了相类似的定义，认为创意产业是在现代资本体系下，为了迎合消费者的娱乐、修饰、自我等需要而产生的蕴含着审美和符号意义的产品的经济部门，这些产品是和功利主义相关的，具有高度的象征价值[11]。英国创意产业特别工作组（CITF，1998，2001）把创意产业定义为：源于个体创造力技能和才华的活动，通过知识产权的生成和取用，可以发挥创造财富和就业的潜力的行业，广告、建筑、艺术、古董市场、手工艺、设计、时尚设计、电影、互动休闲软件、音乐、电视和广播、表演艺术、出版和软件等行业都划入创意产业部门。英国定义的所谓创意产业（创造性艺术），与文化产业有许多共同之处，只是创意产业一词强调创意的文化性及对其他产业的价值增值作用，角度不同而已。这种观点得到许多国内学者的认同，如汪明强（2004）认为创意产业的概念可以表述为：凝结一定程度的知识产权，并传递象征性意义的创造性的文化产品和服务的生产、扩散、聚合体系[12]。持有相同观点的国内学者不在少数（曹海峰[13]，2007；李魁[14]，2007；解学芳[15]，2007等）。而Simon Roodhouse

（2001）对此提出了异议，他认为英国CITF对创意产业的定义是对艺术文化和创意产业的曲解和歪曲，创意产业已经从上述产业部门中分离出来，成为独立的产业部门。它生产的产品，如广告、建筑、服装、手工艺生产中的设计创意，电影、电视生产中的题材构思，出版和软件制作中的选题策划，艺术表演的导演形式，各种产品的生产工艺、标准以及销售模式等，已经不是大众消费的最终文化产品，而是文化生产，甚至包括所有其他产业生产过程中的中间产品[16]。澳大利亚学者斯图亚特·坎宁安提出创意产业是一个相当新的学术、政策和产业论述范畴。它可以捕捉到大量新经济企业的动态，这是诸如“艺术”、“媒体”和“文化产业”等词汇所无法做到的[17]。

J.Howkins（2002）给出了一个宽泛的定义，他认为创意产业是界定在知识产权法的保护范围内的经济部门，版权、专利、商标和设计等四个部门共同构建了创意产业和创意经济[18]。显然，他的定义拓展了创意产业的内涵，把属于自然科学中各个部门的专利研发活动也纳入创意产业，超越了原有仅局限于文化产业的部分，有效地解决了创意活动中科学与文化艺术相分离的问题。王志成、谢佩洪（2007）认为，R.Caves的定义更多的是从微观层面研究文化创意的商业化路径，缺乏对于商业创意阐述，比较而言，Howkins的定义更加适合作为产业研究的依据；并认为创意产业以文化为基础，以创意为核心生产要素[19]。厉无畏、王慧敏（2006）认为，创意产业是一个与个人创造力、与知识产权相关的概念，它已经超越一般文化产业的含义，不仅注重文化的经济化更注重产业的文化化，更多地强调文化产业与第一产业、第二产业、第三产业的融合和渗透。创意产业的根本观念是通过“越界”促成不同行业、不同领域的重组与合作，是一个全新的产业概念[20]。荣跃明（2004）认为，创意产业脱胎于文化产业，并超越文化产业[21]。陈溪（2006）指出，创意产业的提出抓住了现代文化产业的核心和实质，也调整了现代文化产业的发展方向，使其从单一的个人消费需求导向，转向于既服务个人消费需求，也服务生产领域的新思路。创意产业应指借助一定的科技手段，以创新和创意为其核心价值的文化产品的生产与服务活动[22]。管宁（2008）认为，综合各国的分类来看，创意产业包括的内容有两个方面：一是指文化及相关产业（以我国对文化产业的分类为准），此外还有体育活动（包括借助具有特殊比赛规则的体育活动来推动相关产业的发展）；二是指与传统产业相关的设计、咨询策划等产业，如工业设计、建筑设计、商标设计、会展与房地产业策划乃至农业设计等。从创意产业的两个方面看，它包含了文化产业的内容，又远不止是文化产业，其范围更加广泛[23]。罗兵、温思美（2006）认为，创意产业的含义是不确定的，一种含义是所谓的创造性艺术产业；另一种含义相当于创新型经济或新经济。创造性艺术与创新型经济的含义有很大的差异，创造性艺术仅限于文化产业，而创新的范围则要宽得多，组织创新、科技创新、政治改革创新、企业管理创新都包括在内。上述两个概念有时使用同一个英文词比较容易混淆[24]。施惟达（2009）认为，从产业形态上说，创意产业是对文化产业的扩充和发展，它既保留了传统文化产业的那些带有鲜明创意特征的核心门类和外围门类，又拓展到日常生活品的生产和制造业[9]。但也有人提出相反的意见，胡惠林（2009）认为，文化产业是一个同时包括“创意”和“复制”两个最主要的文化产品生产阶段的系统整体概念[25]。大规模机械复制是界定文化产业最主要的尺度之一，“创意产业”虽然揭示了文化产业的某些本质方面，但是，却不能包括构成文化产业最主要的生产方式和产业制度。

（2）文化创意产业的提出

从已有的研究我们可以看出，有关创意产业与文化产业之间的关系仍存在不少争论，而且在今后一段时间内争论还会继续下去。尽管如此，但没人否认文化产业与创意产业之间的渊源，它们是联系非常紧密的两个概念。刘铁（2007）指出，“文化产业”也好，“创意产业”也好，都在新经济时代有着自身无法概全的局限性，只有结合两者所长，才能得以厘清这个概念的真实意义[26]；而在命名上采取“文化创意产业”，正是出于这样的目的（有学者将“创意产业”内部分为“文化创意”和“科技创意”两大部分，其实也是基于这样的目的[27]）。因此在命名的倾向上，该作者在上述观点的基础上更加认同“文化创意产业”的提法。叶辛、栩大申（2006）认为，“文化创意产业的概念之所以目前有不少人使用，就是因为它集合了文化产业与创意产业这两个概念于一身，涵盖了更为广阔的文化经济活动，在中国语境里有弥补文化产业概念不足的意义。这种弥补主要体现在两个方面：一是更加注重创意源头的作用，更加注重产业链的意义，强调其产业的经济价值主要由文化价值来决定；二是更加重视设计业作为一个整体在文化创意产业中的高端地位和重要价值……这就是文化创意产业这一概念之所以能够存在和流行的主要理由”[28]。

事实上，文化创意产业的提出是符合时代变迁的要求的，传统文化产业在“数字技术”的广泛应用及其新潮流、新思想不断涌现的情况下，文化生产、产品运作、商业模式等方面发生了很大变化。赵继敏（2009）把文化产业划分为两个阶段，以20世纪90年代为界，将此前以“文化产业”为唯一概念的研究阶段称为“文化产业”阶段；90年代之后“文化产业”和“创意产业”共同使用的阶段称为“文化创意产业”阶段[29]。祁述裕（2009）认为，“文化产业”这个概念在当代中国有很强的针对性，继续沿用也可，但使用文化创意产业的概念更有时代感，也更有前瞻性[30]。中国社会科学院张晓明（2005）认为，文化创意产业是文化产业发展到新阶段的产物，文化产业是文化与经济融合的产物，而文化创意产业是文化与经济融合的一个崭新阶段。文化创意产业丰富和完善了我们对文化产业的理解，文化创意产业是传统制造业“服务化”的新形式和新机会[31]。而且许多学者直接将文化创意产业等同于创意产业（王琳[32]，2006；胡晓鹏[33]，2006；金元浦[34]，2009）。

邢华（2009）认为，文化创意产业是指以文化为内涵，以创意为核心，以数字技术为手段，通过知识产权的运用，具有增加就业和创造财富潜力的产业。文化创意产业将文化产业与创意产业等新兴业态结合起来，是一个内涵十分丰富的概念[35]。2008年北京市制定的《北京市文化创意产业分类标准》中，文化创意产业被界定为：“以创作、创造、创新为根本手段，以文化内容和创意成果为核心价值，以知识产权实现或消费为交易特征，为社会公众提供文化体验的具有内在联系的行业集群。其核心是文化与经济融合、文化与科技融合；本质是使文化活动产业化，成为推动经济增长的新动力；基本特征是文化创意和科技创新是提升产业附加值和竞争力的两大引擎。并将其分为九大类文化创意产业分类标准：文化艺术；新闻出版；广播、电视、电影；软件、网络及计算机服务；广告会展；艺术品交易；设计服务；旅游、休闲娱乐；其他辅助服务等。”

文化创意产业概念的提出，并不否定文化产品生产的规模化，但文化创意产业强调，没有创意的生产是没有需求的生产，也是不会产生市场效益的生产。因此，创意是文化产品生产的第一动力，是文化生产能够产生市场效益的关键因素。同时，创意源于每一个个体，每一个个体都应该是文化创造者，同时当然也是文化消费者。亚洲一些国家和地区使用最为广泛的概念是文化创意产业，体现出明显的区域特征。因此，使用文化创意产业比使用创意产业更符合亚洲的实情。中国香港特区政府在其2003年正式发表的《香港创意产业基线研究报告》中使用的是创意产业。然而到了2005年，为了更加清楚地表明努力的方向，香港将创意产业改称为“文化创意产业”（Cultural and Creative Industries），并将其列为新经济增长点，作为香港未来集中推动的发展政策之一。这种命名上的变更，与其说是策略上的变化，不如说是在运用“文化产业”与“创意产业”之后在实践中发现其内在局限性的反馈。胡惠林（2009）指出，“文化创意产业”或“创意产业”被认为是2006年我国使用频率最高的“新名词”之一。这一现象由于2006年12月份“北京国际文化创意产业博览会”的举办而达到高峰。特别是把“文化创意产业”写进《国家十一五文化发展纲要》、上海市和北京市明确把发展“创意产业”和“文化创意产业”正式列为上海和北京的文化发展战略之后，用“文化创意产业”和“创意产业”取代“文化产业”已经成为一个非常令人瞩目的政策导向[25]。我国台湾、北京、江苏等地区也开始使用文化创意产业的概念。单世联（2009）认为，“文化产业”、“创意产业”两个概念都可以用，在文化领域，我们可以多用“文化产业”，这有助于提醒我们，在加快推进文化产业化的同时，注意文化产业的“文化”属性；在经济领域，我们可以多用“创意产业”。但是，我们这里为了更全面地概括两个产业特征和内涵，称之为文化创意产业[36]。不论是从理论研究还是从现实实践来看，文化创意产业似乎更符合我国国情发展的需要，而且它受到的争议也是最小的。就目前来说，已有许多地区突破文化产业与创意产业的差异限制而采取了中间路线，统一称为文化创意产业，比如北京、台湾、香港、上海等地区。因此，本书从文化创意产业的角度进行论述。

2. 文化创意产业与经济发展关系的研究回顾

（1）文化创意产业对经济增长的影响

创新研究的先驱、著名德国经济思想家熊彼得，早在1912年就明确指出，现代经济发展的根本动力不是资本和劳动力，而是创新，而创新的关键就是知识和信息的生产、传播、使用。如今，他当年率先创用的“创造性破坏”、“创新”以及“企业家精神”等三个关键词，已成为全球主流经济学论述中的重要概念。最早认识到文化创意产业对经济发展有重要推动作用的国家是英国，20世纪80年代，英国失去了世界第一制造业大国的地位，在与美、德、法、日等国家的竞争中，英国制造业日显疲态，影响了国家的经济增长，面对这种窘态，如何调整产业结构、控制价值链高端、获取高附加值产品，以及为国内劳动力提供更多、更好的就业机会就成为“日不落帝国”的重要任务。1997年布莱尔就任首相后，提出了“新英国，新工党”的口号，希冀通过发展创意产业改变老迈的英国形象。英国把创意产业作为知识经济时代的一项关键产业和国家战略[37]（Jones，2004）。其意义不仅在于创意产业本身创造财富，更深远的意义还在于由国家战略的“创造性”价值导向所倡导和激发起的全社会创新体系的建立，从而在“创造性”的国家共识上提升和锻造出国家核心竞争力[38]（吕方，2007）。Bataloyal（2008）等通过理论模型验证了区域创意资本积累的条件和对区域经济发展的巨大作用。冯之浚（2006）认为，创意产业是变“头脑创新”为“现实财富”，指出创意产业能够有效促进经济增长，提升产业结构，促进对外贸易以及扩大就业，并且是城市持续发展的永动力[39]。荣跃明（2004）指出，创意产业使当代世界经济的竞争方式发生重要转变，进而导致经济资源的概念发生深刻变化。继农业经济以土地、工业经济以资本和矿产为最重要资源之后，知识经济使技术创新、知识生产和人才资源作为经济资源获得了空前重要的战略地位，技术创新、知识生产和争夺人才资源成为推动经济高速增长的真正动力和维持国民经济安全运行的基本因素[21]。厉无畏、王慧敏（2006）认为，创意产业作为一个新兴产业，却在实践中显示了其强大的生命力和巨大的发展空间，成为世界各个发达国家极力推崇和大力发展的产业部门。一方面，这与创意产业能够为社会创造可观的经济收益密切相关；另一方面，与创意产业具有改变现有经济增长模式的强大功能紧密联系[20]。胡彬（2007）分析了文化创意产业贡献于经济增长的路径：一是制造业通过技术创新，或为产品注入特定的文化内涵和赋予某种象征意义，实现产品附加值增长；二是产业的跨边界融合与创新需要加深了产业之间的横向联系，促进了新的价值链结构与产业组织形式的诞生；三是通过文化竞争树立国家的文化形象，进而带动一国文化与非文化产品出口贸易的大幅增长[40]。荣跃明（2005）认为，创意产业概念强调创意产业作为独立的产业形式及其对整个经济增长和产业结构演变的影响[41]。文化创意产业是将文化资源运用于人类经济活动领域并由此产生巨大经济效益的一种经济行业，它具有产业关联度高、带动作用强、产业链条长、投入产出比例大、资源利用广泛、就业率高的重要产业特征[42]。厉无畏（2008）从产业发展层面分析了创意产业的经济功能，提出了资源转化、价值提升、结构优化和市场扩容都是创意产业结构调整的催化剂，也是促进经济增长方式转变的有效途径。

（2）文化创意产业与其他产业的关系

文化创意产业的核心是基于文化生产过程形成的产业链，也就是文化创意产业与各个产业部门之间基于一定的技术经济关联，并依据特定的逻辑关系和时空布局关系客观形成的链条式关联关系形态。从文化创意产业链可以看出，文化创意产业所涉及的产业部门非常宽泛，相关产业不仅仅局限于服务业的领域，而且还包括了与文化设施设备有关的制造业的部门。在文化创意产业规模不断壮大的情况下，它逐渐成为影响产业结构变迁的重要因素。对此，许多学者做了相关的研究，吕方（2005）对文化产业发展与江苏省文化产业结构调整做了考察，他认为文化产业发展有助于江苏产业结构升级，有助于产业文化化和文化经济一体化发展[43]。胡惠林（2006）认为，中国文化产业是在中国经济结构的战略性调整的战略转型进程中被提出来的[44]。冯子标（2008）认为，在精神文化消费不断增加的背景下，文化产业带动了工业和服务业发展，并且对城市化有促进作用[45]。随着文化产业自身的发展，文化产业经由与相关产业的关联，主要是文化要素在最终产品生产过程中地位的普遍增强，市场供给的最终产品显示出文化魅力，消费需求不断提出文化的诉求，二者的互动不断在经济活动过程中进行，成为文化产业与相关产业共同发展的根本动力。荣跃明（2005）认为，新技术在文化产业领域的应用，使文化产业的生产规模不断扩大，内涵日益丰富，与其他产业的联系更趋广泛复杂，在国民经济和社会生活中的重要性更趋突出，逐渐成为了整合和带动其他产业快速发展的主导产业[41]。

Michael Piore（2001）认为，创意产业会影响传统产业部门，这些产业主要靠占领设计前沿、应用新技术、形成密集但自由的创新者、生产者和消费者新网络而保持竞争优势[46]。厉无畏、王慧敏（2006）认为，由于产业界限的打破，创意产业得以利用其处于价值链高端的优势，重新组织生产、销售流程，并重塑产业结构。这说明与传统产业不同，创意产业在赢得竞争时凭借的不仅是成本上的节约优势，更主要的则是基于价值链治理的组织优势。它以产业融合为依托，使工业化阶段以追求规模经济为主的产业技术范式发生了向后工业化阶段以获得跨领域范围经济为目标的新技术范式的转变[20]。罗玲玲（2008）认为，传统的产业划分是按照不同的生产对象来进行的，如农业工业、服务业等。创意产业的定义打破了传统的按行业和部门对产业进行分类的做法，强调头脑中的创意来定义产业，已经超出了传统的产业分类标准[47]。张京成、刘光宇（2007）指出，创意产业具有横向跨越性。创意产业具有空前的产业关联度，表现为极强的渗透性和整合性，在横向上广泛延伸，跨越了众多传统产业部门，在其未独立之前，创意产业以创新为依托，暂时蕴含在众多传统产业领域之内，但居于传统产业的价值链高端。这一方面能够拓展传统产业的内容，推动其升级进化；另一方面，为创造出前所未有的新型产业门类找到了“母体”[48]。胡彬（2007）分析了文化创意产业对经济增长的贡献[49]。胡晓鹏（2006）认为，在创意产业未形成之前，它是以消费型创意资本的形态附着在相关的产品之中、以生产型创意资本的形态与其他资本共同推动生产效率提高。此时，创意产业是概念形态的，具有显著的资本属性。从事创意资本生产的部门从其他产业中游离出来，实体形态的创意产业最终形成，并表现为生产型创意产业和消费型创意产业两个类别[33]。王如忠（2005 年）认为，创意产业是一种从开发客体资源到开发主体资源（人之头脑）的产业发展模式升级，是一种高度智慧的产业，也是一种典型的“头脑产业”[50]。厉无畏（2007）认为，商品价值由功能价值（function value）和观念价值（concept value）两个部分组成[51]。功能价值由科技创造而成，是商品的物质基础；观念价值因创意渗透而生，是附加的文化观念。随着经济发展和收入水平的不断提高，促进商品价值增殖的基本趋势是沿着功能价值到观念价值的路径展开。从消费者的角度看，创意产业满足了消费者精神文化等更高层次的需求，为消费者创造了观念价值，契合了消费结构的升级；从生产者的角度看，在知识经济时代创意资本已经代替传统的物质资本、技术资本、人力资本，成为推动生产效率提升的主导生产要素，成为提升产业附加值和竞争力的引擎；从价值实现角度看，创意商品的价值需要媒体推介才能充分挖掘出来。随着价值创造的基本思维的不断突破，产业链不断分解整合，创意产业组织模式也不断演变。

在文化创意产业对其他产业拉动方面，许多学者认识到文化创意产业所具有的关联特征和带动能力。莫童（2004）认为，大力发展文化创意产业将有利于产业结构的调整，文化创意产业的发展能够升级消费结构、拉动内需和扩大就业。冯子标（2008）指出，在精神文化消费不断增加的背景下，文化创意产业带动了工业和服务业发展，并且对城市化有促进作用[8]。张京成（2007）指出，文化创意产业具有横向跨越性，跨越了众多传统产业部门，使其具有空前的产业关联度，表现为极强的渗透性和整合性。李思屈（2007）认为，随着人们精神文化消费需求的增加，文化创意产业会很快成为国民经济的支柱性产业[10]。但这些研究多局限于一些概念和现象的定性描述，从定量角度研究文化创意产业与其他产业发展关系的实证研究并不多见。虽然有一些学者（蔡旺春，2010；韩顺法，2010等）尝试把定量方法引入文化创意产业研究，但他们关注的是文化创意产业对经济增长的影响，没有从产业结构特征探讨文化创意产业与其他产业的具体关联性以及带动性。因此，当前定量分析的不足导致无法说明文化创意产业在多大程度上带动经济发展，与其他产业的关联程度多大等问题，从而削弱了在制定文化创意产业政策中的指导作用。

（3）文化创意产业发展的影响因素

朱相远（2006）认为，文化创意产业，方兴未艾，前途无量。影响文化创意产业发展的主要因素有智力资源、文化资源、科技资源、市场潜力等；他主张发展文化创意产业还要优化产业外部环境，比如优化法制环境、优化体制环境、优化生态环境、优化金融环境、优化发展环境等[52]。Scott（2006）强调创意环境需要和地方生产系统的结合，也就是说，有训练有素的劳动力、协调的城市运作环境，以及配套的地方生产者服务业才能具备好的创意环境[53]。王志成等（2007）构筑了创意产业发展条件的概念化模型及各变量与创意产业的动态因果关系[54]。在这个概念化模型中，城市创意经营环境和城市创意资本基础作为城市发展创意产业的两个主要影响因素。城市创意经营环境包括创意氛围、商务环境和知识产权保护状况等要素，城市创意资本基础则由制造业基础、人力资本基础和技术资本基础等要素度量。在这些变量的直接、间接作用下，创意产业发展影响因素对于城市发展创意产业的作用得以构筑和维持。罗玲玲（2008）认为，知识产权制度决定创意产业发展商业化趋势[47]。潘瑾等（2006）认为，随着创意经济逐渐进入全球经济的中心舞台，知识产权保护必将成为几乎所有知识经济活动中的重要因素[55]。尤其对创意产业而言，知识产权保护不仅使创作者、权利人的合法权益得到保障，更是创意灵感产生，创意生产力转换，创意经济价值和社会价值实现的基础，构建起地区创意产业核心竞争力的重要组成部分。邓达（2006）认为，创意产业以创意为核心资源，其核心价值在于知识产权，因此，完善知识产权制度是创意产业发展战略中务必率先解决的核心问题[56]。白远（2007）认为，文化创意产业形成的条件包括：国家的整体经济实力是文化创意产业发展的基础；科学技术水平是文化创意产业发展的支撑要素；文化创意产业聚集和融合产生的规模经济效应是增强企业竞争力的途径；健全的知识产权保护是文化创意产业发展的保障；本国居民对文化产品的消费需求是文化创意产业发展的经济基础[57]。

针对文化创意产业对城市发展的效应，Florida提出“欧洲创意指数”和“创意资本理论”，以此衡量一个国家和地区的创意水平，反映创意产业对社会、经济各个方面的影响，以及发展创意经济所必需的条件[58]。他认为对经济增长起推动作用的主要因素是3TS，即技术（Technology）、才能（Talent）、容忍度（Tolerance）。香港大学许焯权博士领导的香港创意指标研究课题组，在参考国际通行的城市竞争力指数和欧洲创意指数的基础上研究香港的创意指数，认为一个地区能否发展创意产业取决于人才、基建结构、社会、文化。从现有的资料看，国际上对文化创意产业的理论研究更着重于实证分析。

当前国内外对于文化创意产业的研究还刚起步，理论不足和滞后十分明显，已有研究主要集中在产业概念解析、产业自身成长等，且在学理探索方面缺少理论基础。相比之下对于文化创意产业与国民经济的关系、作用机理研究更少，有些只是对产业发展对地区经济增长的作用、个案研究。理论的不足已成为妨碍学科发展的一个大问题，实际需求十分迫切。除此之外，有关文化创意产业的实证研究更是少见，一方面由于文化创意产业作为新兴产业，它的发展还不成熟；另一方面是由文化创意产业统计资料匮乏及不容易定量等特征决定的。实证方面研究不足制约了我们对文化创意产业的深刻认识，从而影响国民经济的发展。

二、文化创意产业的理论分析

1. 文化创意产业相关理论的研究回顾

文化创意产业理论的研究始自于文化经济理论。最早对文化因素对经济影响进行阐释的是历史学派创始人李斯特，他首先提出和使用了“精神资本”的概念。李斯特（1841）认为，近一千年以来在科学与艺术、国家与社会制度、智力培养、生产效能这些方面的进步，以及许多世代的一切发现、发明、改进和努力等累积的结果，都是现代人类的精神资本，并指出“把一国生产力局限在其物质资本上，这一说法是不正确的。生产力的更大的组成部分在于个人的智力和社会条件，对此我称其为精神资本”[59]。在同时期，马克思则从精神生产力的角度阐述了精神因素对经济生产的意义。他在《1844年经济学哲学手稿》中指出，由于人的需要的丰富性，生产的某种新的方式和生产的某种对象就会产生，“宗教、家庭、国家、法、道德、科学、艺术等等，都不过是生产的一些特殊的方式，并且受生产的普遍规律的支配”[60]。在《哲学的贫困》中，马克思把人类“文明的果实”称作“已经获得的生产力”[61]。马克思明确提出了“精神方面的生产力”，并把语言、文学、科学技术包括在这种生产力之中。他认为国家、法律、宗教以及文化不过是人类的精神创造，而它们转化为“精神生产力”，也就是精神资本。这样的论述与李斯特的观点不谋而合，他们都肯定了作为精神产品的艺术、科技等因素在经济发展中的重要作用。他们的首创观点为后来的经济研究者提供了一个新的方向。德国经济思想家熊彼特，早在1912年就明确指出，现代经济发展的根本动力不是资本和劳动力，而是创新，突出强调了创新在经济发展中的重要作用，该理论成为创意产业理念的溯源[62]。20世纪中期，法兰克福学派的阿多诺（Adorno）和霍克海姆（Hockheimer）在《启蒙的辩证法》（1947）中以批判的眼光，把有传播媒介的技术化和商品化推动的主要面向大众消费的文化称之为“文化工业”，认为文化产业是将人们所熟悉的传统文化融入了新特质。布迪厄（Bourdieu，P.）在《资本的形式》（1989）这篇著名的论文中，首次提出了完整的文化资本理论[63]。文化资本这个概念不仅是描述文化与（经济）资本二者之间的关系，而且也用来表示本身即作为一种资本形式的文化。文化资本在形式上表现为一种身体化的文化资源，本质则是人类劳动成果的一种积累，是以人的能力、行为方式、语言风格、教育素质、品位与生活方式等形式表现出来的，包括文化能力、文化习性、文化产品、文化制度在内的文化资源的总和。

在我国，有关文化创意产业的研究，应始于“精神经济”的提出。李向民（1985）呼吁人类需要建立一门崭新的学科——精神经济学，他指出所谓精神经济是指精神产品（包括哲学、宗教、科学理论、科学技术文艺作品等）的生产、再生产活动，它包括生产、传播、消费三个基本环节，是人类经济社会生活中非常重要的一个方面[64]。同时，他认为以精神产品生产、消费、传输为主的精神经济形态已经形成，精神时代已经到来。该概念提出伊始便得到社会的广泛关注和认可，许多学者给出了建设性的评价（钱学森，1986，1988；卓炯，1986；James Cahill，1992；蒋学模，1993）①。精神经济的观点揭示了一些文化经济现象背后的经济规律，并以其独特的理论体系指导精神产品的生产和再生产。该理论最早把文化作为一个产业进行研究，其中许多观点可以作为文化创意产业的理论基础。2004年以来，我国一些学者从多个视角分析了文化与经济的关系，如卫兴华、程恩富、谢名家、李新家、林宗等，指出文化经济的构成以及对中国社会经济发展的意义。刘诗白的《论现代文化生产》（2005）一文，全面探讨了各种艺术形式在市场经济条件下的经济属性和基本特质，并从严谨而深刻的逻辑分析中揭示出文化产业隐秘的利益逻辑、特殊的运行机制以及发展的趋势和规律，提出了不少独到的见解[65]。单世联的《现代性与文化工业》，主要是从意识形态、大众文化与文化工业、文化市场的关系入手，分析了中国文化产业所存在的问题[66]。谢名家（2002）从精神生产的角度对文化产业做了理论性分析，他认为，文化产业就其本质而言，就是以人类脑力劳动为基础的精神生产力发展的形态，精神文化产品生产和再生产的规模化、商品化、信息化方式，使精神文化产品生产多样化、精神文化服务市场化，其外延包括教育、科技、信息、文艺、新闻、出版、设计、策划、咨询、决策等[67]。

2. 对文化创意产业内涵及外延的界定

文化创意产业的提出，是对文化产业和创意产业进行了力所能及的融合和沟通。它是文化、创意和产业之间的结合，文化在其中处于基础地位，而

① 李向民：《精神经济》，新华出版社1999年版，第2页。

创意则是基于文化的创新成果。当文化创意作为一种产品被广泛生产和需求时，就形成了文化创意产业。就它们之间的关系来说，文化与创意可以看成状态量和动态量的关系，文化是形形色色已有创意成果的存量，而创意是文化不断创新，不断向前发展的变量。没有创意不可能有丰富多彩的文化，当然，没有文化也就缺少了创意发展的背景。

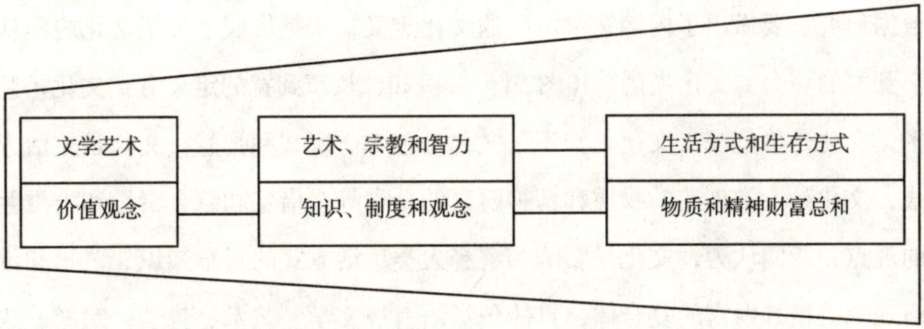

图2.1　文化内涵的"光谱"

（1）文化

在《辞海》和《辞源》中，广义文化指人类创造的物质财富和精神财富的总和，而狭义文化特指人类创造的精神财富的总和。精神财富是指人们从事智力活动所取得的成就，如著作权、专利权、商标权、科技成果权、发明权以及人的精神品质等。在学术文献中，关于文化的定义是不统一的。1952年美国文化人类学家克罗伯和克拉克洪分析了1871~1951年期间的西方文化学文献，收集到100多种关于文化的定义（Kroeber & Kluckhohn，1952）。文化是人类特有的；关于文化的定义，可以从人类学或文化学角度来考虑。英国人类学家泰勒1871年在《原始文化》一书中给出的文化定义，被认为是描述文化的经典定义。根据泰勒的观点，文化是一个复合体，包括三个部分：① 知识（知识和才能），② 制度（法律、道德、习惯和风俗），③ 观念（信仰和艺术）。美国人类学家哈维兰在《文化人类学》（第十版）一书中指出：现在的文化定义倾向于更明确地区分现实的行为和构成行为原因的抽象的价值、信念以及世界观。换一种说法，文化不是可观察的行为，而是共享的理想、价值和信念，人们用它们来解释经验，生成行为，而且文化也反映在人们的行为之中[68]（哈维兰，2006）。20世纪50年代以来，随着文化研究热潮的兴起，关于文化的定义还在不断涌现。在学术文献中，有些学者根据研究需要做出了内涵宽窄不同的文化定义，于是形成了关于文化内涵从窄到宽的一个“文化光谱”（图2.1）。例如，从窄到宽的定义有：文化是艺术，文化是价值观，文化是知识，文化是艺术、宗教和智慧，文化是生活方式，文化是人类创造的物质和精神财富的总和等。借鉴和综合泰勒和哈维兰的观点，我们认为，文化是影响和解释人类生活方式的科学知识、艺术和价值观念等精神财富的复合体，具体包括语言、文学、艺术、哲学、宗教、法律、道德、习俗、科技知识、文化设施、政治文化、经济文化、社会文化、环境文化和个人行为文化等。

（2）创意

创意是与创新、文化联系最为紧密的一个概念，人们有时把创意等同于创新，有时将创意等同于文化。这势必引起我们的思考，创意能否等同于创新或文化，创意与二者究竟存在怎样的联系和区别。人们在习惯上将创意与文化连接在了一起，将创新与技术连接在了一起。然而，这仅仅是基于经验上的初步判断，而不能作为合理的使用标准。Amabile等（1996）认为，所有的创新都开始于有创意的想法，创意尽管不同于创新，但它能够导致创新的产生[69]。Barron（1988）认为，创意是对新方法、新产品需要的反应及创造能力[70]。在认识对象上，创新专注于对客观存在规律的认识与发现，不以人的主观意识而改变，具有极强的客观性。创意则表现为更自由的主观能动性，更加依赖个人的才能、智慧以及对外界的感悟能力，创意能够充分体现个体的想象力、创造力，创意中的主观意识的内容含量要高于创新。创意一般没有经过严格的逻辑论证；而创新都是建立在前人研究成果之上的创造活动，能够被严格的逻辑论证。生活中，创意并不被艺术家、文化工作者所垄断，任何人包括科学家、企业家甚至是经济学家，都是创意的创造者和拥有者，说明文化底蕴对创意的产生有加分的作用，但并不是必然条件。创意不仅仅局限于文化内容，还包括高科技、新技巧、新方法、新思路等。不可否认的是，很多创意性产品体现了人类的聪明才智及相应的价值观，它们展示了深刻的时代文化背景，在历史长河中，它们会逐渐成为人类文明的象征。因此，创意的存在是人类文明进步的重要动力。

从文化和创意定义可以帮助我们了解文化产业和创意产业之间的关系。文化产业是对已有文化资源的开发与利用，从这个角度分析，文化产业本身并不和创造性直接关联。因此，在随后针对文化产业的研究过程中，一部分学者进一步开始关注文化产业中具有创造性的部分，并逐渐演化出了文化创意产业的概念[71]。由于文化产业与创意产业并不容易区分开，两者共同的部分大于差异化的部分。所以，文化创意产业的概念在相关领域被广泛使用。

（3）文化创意产业内涵和外延的界定

泰勒尔认为，产业是生产同类或具有密切替代关系的产品、服务的企业集合。而从供给的层面上，产业定义则更为宽泛，产业可以界定为“具有使用相同原材料、相同工艺技术或生产产品用途相同的企业的集合”[72]（杨公朴，2005）。由此可知，产品是任何一个产业最基本的元素。就文化创意产业来说，它的核心是文化创意产品，文化创意产品的种类很多，包括艺术、文学、社会科学知识、自然科学知识、应用技术等等。在本质上，一切文化创意产品都属于精神产品的范畴。因此，为了认清文化创意产业的内涵与外延，必须首先对精神产品进行分析。

根据本书的界定，“文化”排除人类社会（历史生活中）关于物质创造活动及其结果的部分，而专指精神创造活动及其结果。人类的精神创造及其成果被称为精神产品。即便仅指精神产品，其内容仍可以说是包罗万象，十分繁杂。林泰、董立人（2005）认为，精神产品是精神生产者通过自己的脑力劳动对生产对象进行思维加工，直到精神生产过程完结之时所创造出来的思想观念形态产品[73]。这种以观念形态存在的精神产品在精神经济理论中被称为纯精神产品，如金点子、创意、先进的技术、优秀的文化创作等。它是所有精神产品的核心所在，创新性、无形性、精神内化性、可意会性是纯精神产品的主要特征（成乔明，2005）[74]。由于纯精神产品是无形的，为它的传播、交换带来很大困难，它只有与相应的载体结合，形成特定的产品后才能被人们熟悉、认知。这个载体可以是物质，也可以是非物质的服务。比如以物质形式存在的书籍，在市场交易后，知识便得以传播；演员、广播电视工作人员、教师等文化服务者运用形体或语言表达实现传播精神内容的目的。我们把与载体结合后的纯精神产品称为准精神产品，包括文化产品和文化服务两部分。准精神产品的载体本身并不重要，其主导价值是凝聚在载体中的思想、创意或情感。事实上，任何物质产品中都含有人类精神内容和服务[75]，这种凝聚在所有物质产品和劳务中的技术、知识、艺术、创意等精神内容为泛精神产品，泛精神产品的概念拓宽了人类社会的精神本质和精神活动所涵盖的领域。

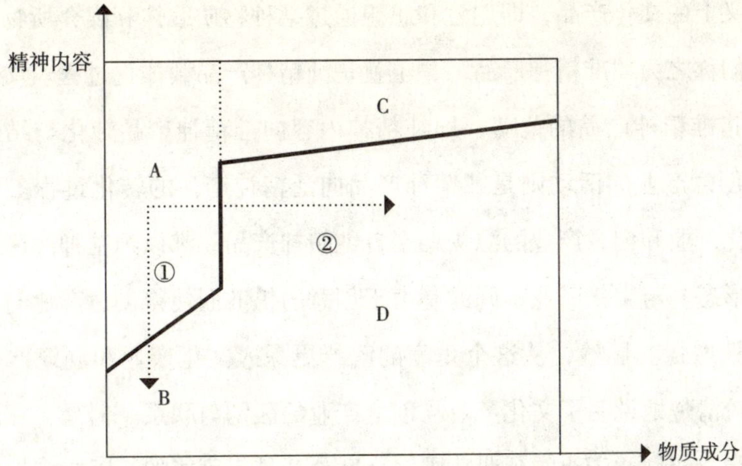

图2.2　精神产品的划分

注：A为纯精神产品；A+B为准精神产品；A+C为泛精神产品

精神产品是精神经济研究的核心对象，为了进一步说明精神产品以及纯精神产品、准精神产品、泛精神产品三者之间的内在关系，用图2.2表示。图2.2最外面的方框代表人类社会的全部产品，根据不同的方法对这个作为总体对象的产品进行划分，A+B是融入载体后的准精神产品，也是人们通常所说的精神产品；A、C代表所有产品内含的精神内容，被界定为泛精神产品；准精神产品和泛精神产品交叉的部分A为纯精神产品，泛精神产品和准精神产品都以精神内容A为其最高形态。与精神产品相类似，C+D代表准物质产品，也就是通常所说的物质产品； B+C分别代表一切产品中的物质成分。在人们消费结构和产业结构改变的背景下，可以预知，物质产品甚至一切产品，它们内部的精神内容成分所占比例逐渐提升。

李向民、王晨（2006）从精神经济理论的角度考察了文化产业与创意产业的区别与联系，他们指出人类所有产品中所包含的精神内容称为“泛精神产品”，而将以抽象意识形态存在的创意和思想称为“纯精神产品”[76]。

通常意义上的文化产品，即创意和思想通过某种物质载体和媒介所物化的成果，我们称之为“准精神产品”，也就是纯精神产品载体化过程。文化产业通常是指准精神产品的范畴，即纯精神内容向准精神产品转化与结合的过程；而创意产业的活动则是纯精神产品向泛精神产品的转化过程。可以看出，文化产业和创意产业的源头均来自纯精神产品，都以纯精神产品为自身的最高形态。与文化产业不同的是由于创意的扩散而使得创意产业与其他产业关联性增强。显然，从这个角度的解释更深入文化产业和创意产业的本质，比较清楚地说明了文化产业与创意产业的区别与联系。但是，在现实中将文化产业和创意产业的行业范围完全区分开是不可能的，因为它们拥有着共同的部分，就是纯精神产品。不同的是，创意产业是个性化的精神创造，而文化产业则是规模化的文化生产，是对创意内容的再加工，只是两者已经发生了深度的融合。因此，本书中的文化创意产业就是在这种背景下提出来的，并对它们进行统一的界定，即文化创意产业是以精神产品的生产为中心，通过知识产权的开发使精神产品进一步传播、扩散和应用，并创造财富和增加就业的一系列经济活动的部门。本书所界定的文化创意产业是一个综合性概念，文化创意产业超越单独的文化产业、创意产业，是对两种概念的拓展、综合。

文化创意产业的内涵是纯精神产品的生产；外延是准精神产品和泛精神产品的生产、交换、分配和流通的产业部门。或者可以说，纯精神产品是文化产业与创意产业的共同部分，而文化产业、创意产业又是纯精神产品在纵向和横向两个维度的延伸，它们一并为文化创意产业的重要构成。基于这个观点，文化创意产业可以划分为狭义和广义两种。狭义的文化创意产业实指文化产业和创意产业共同部分，即观念性的纯精神产品；广义的创意产业指运用创造性智慧进行研究、开发、生产、交易的各种行业和环节的总和，文化产业和创意产业融合起来的部分。目前人们在使用文化创意产业这一概念时，大多是指广义的文化创意产业，基本上混同了创意产业与文化产业。

3. 文化创意产业的构成

（1）文化创意产业的分类

如图2.2所示，文化创意最初作为纯精神产品，处于图中A的位置。当文化创意与相应的载体B结合，便形成了准精神产品。准精神产品生产、交换、分配和传播活动实际上就是文化的产业化过程。准精神产品中的精神内容（纯精神产品A）在生产和交换中，可以被分解、组合、扩散和转移，促使相关的精神内容A的要素向D转化，并被注入到传统的物质产品中，使纯精神产品向泛精神产品转化，也就是产业的文化过程。由此看来，文化创意产业包括了文化的产业化以及产业的文化化的双重过程。

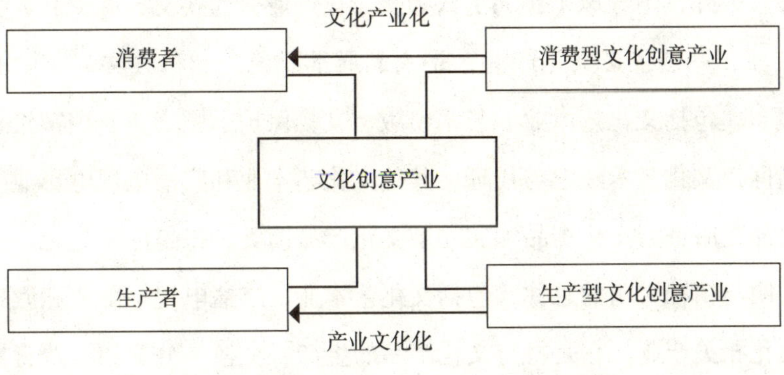

图2.3　文化创意产业的产生路径及分类

根据文化创意向产业化演进的两个过程，可以把文化创意产业分为两个类别。一类是文化产业化过程形成的消费型文化创意产业，即图2.2中A+B部分；另一类是由产业文化化过程形成的生产型文化创意产业，即图2.2中A+C部分。消费型文化创意产业强调已有的科技知识和人文知识的开发与传播，该过程运作的最终目的是满足人们的精神文化需求。准精神产品的价值形成主要取决于它的文化价值含量。而生产型文化创意产业强调科技知识和人文知识的创造和应用，突出了文化创意产业与其他产业的关联性，泛精神产品的价值依赖于它自身具有的应用价值或功能价值。总之，文化创意产业综合了两个产业类型的特点，既强调文化知识的消费又强调文化知识的创新、应用（见图2.3）。

那么，文化创意产业包括哪些具体产业部门呢？英国创意产业特别工作组认为创意产业包括广告、建筑、艺术、古董市场、手工艺、设计、时尚设计、电影、互动休闲软件、音乐、电视和广播、表演艺术、出版和软件等13个行业。2004年，国家统计局在国内外现有研究的基础上，制定并公布了《文化及相关产业分类》，将文化及相关产业分为文化产业核心层、文化产业外围层和相关文化产业层，该分类较全面地反映了文化产业在产业层面的关联性。另外，匡导球（2006）认为，文化产业分为狭义、广义和相关产业三个层面，一是狭义文化产业，是人们通常所说的“科教文卫”中的“文化”概念，包括文化艺术业、艺术出版、文物保护、图书馆、档案馆、群众文化新闻、文化艺术经纪与代理、其他文化艺术业和广播电视电影业，它的主要产品是服务型文化产品和实物型文化产品两类；二是广义文化产业，是物质文明与精神文明的总称，包括文化艺术业、广播电视电影业和教育业；三是文化相关产业，它是将与文化产品的生产、交换、分配和消费直接相关的行业，三大产业中较多地体现文化特征和审美艺术特征的行业，也纳入文化相关产业的范畴[77]。

由此可见，正是对文化创意产业内涵的争执，导致它所涵盖的范围无法确立一个统一的标准。各国和地区常依据自身发展阶段、文化背景和经济水平来理解文化创意产业，如德国、法国、意大利等欧洲国家，把工业设计、建筑设计等与其他制造业的传统优势相结合，并以此作为文化创意产业发展的重点。美国则以其知识产权（特别是版权、商标等）保护作为文化创意产业的核心。我国各省份对文化创意产业的统计资料显示，有的省份把文化创意产业等同于文化产业，有的省份的统计范围远超过文化产业，比较典型的地区为北京、香港、上海、重庆等地（见表2.2）。北京、香港两地主要侧重于文化方面的创意，因此它们又称创意产业为文化创意产业；而上海、重庆两地除了包括文化产业外，还包括研发创意、软件设计等方面的内容，涉及范围更为广泛。

表2.2　我国四大城市文化创意产业的范围

地区	内涵
北京	包括文化艺术、新闻出版、广播电视电影、软件网络与计算机服务、广告会展、艺术品交易、设计服务、旅游休闲娱乐、其他辅助服务等
上海	包括研发设计创意、建筑设计创意、文化传媒创意、咨询策划创意和时尚消费创意，涉及38个中类行业、55个小类行业
香港	包括三类：文化艺术类，包括艺术品、表演艺术等；电子媒体类，包括数码娱乐、电影与视像、软件与电子计算等；设计类，包括广告、建筑、出版与印刷等
重庆	包括六个类别：研发设计、软件设计、建筑设计、文化传媒、咨询策划、时尚消费

资料来源：北京、上海2008年统计年鉴、香港创意产业研究中心报告，秦瑶（2008）。经作者整理。

依照本书对文化创意产业的界定，文化创意产业涵盖行业类型相对于单独的文化产业或创意产业更加多样化，它涉及精神产品所有类别以及精神产品的开发、传播与应用。具体来看，它包括视觉艺术产业、音乐与表演艺术产业、文化展演设施产业、工艺产业、电影产业、广播电视产业、出版产业、研究开发产业、广告产业、设计产业、数字休闲娱乐产业、网络文化产业、设计品牌时尚产业、创意生活产业、建筑设计产业等。这里需要特别说明的是，文化创意产业所包括的类别可以按照本书对文化创意产业的划分方法进行归类。其中，文学艺术类、广播影视类、工艺时尚类、休闲娱乐类以及传媒出版类行业均属于消费型文化创意产业，该类型主要是指“以新颖的方式提供大众生活、学习领域有用的精神文化商品，借以提升个人与社群的生活质量和自身素质，此项商品包含‘文化产品’、‘文化场所’、‘文化服务’、‘文化活动’四个要素。而‘新颖’包含理念、技巧与成果三个层面的创意。亦即，在‘成果’上强调新鲜、舒适、愉悦、有品味之感觉与体验”。软件服务类、研究开发类、教育传播类、设计服务类、咨询策划类等产业属于生产型文化创意产业，该类型主要是指“以创新的方式提供在生产实践中有应用价值的各类精神产品，借以创造新的产品类别、开辟新的市场空间、塑造新的商业模式、增添新的产品功能，生产型文化创意产业所提供的创意，通过中间产品的形式投入到其他行业，以提升产品质量，提高产业效率，并与相关产业高度整合在一起”。

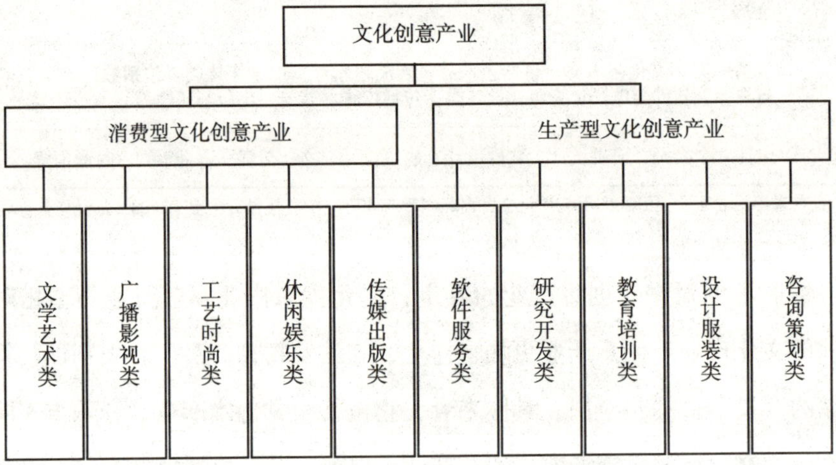

图2.4　文化创意产业的分类及部门

通过以上的分析，我们可以看出，文化创意产业主要是以文化创意领域为核心，并将文化创意创作与商业机制高度结合。同时，我们根据“文化创意”的作用路径，文化创意产业可以划分为“消费型”和“生产型”两个类别。具体如表2.4所示。

（2）文化创意产业结构

由于文化创意产业涉及众多产业门类，很容易让人感觉文化创意产业是个大杂烩，无所不包。事实上，文化创意产业所属部门之间是存在一定联系的，我们需要弄清的就是众多的文化创意产业部门之间有着怎样的关联性，或者说它们在本质上具有怎样的共性。把握各行业所隐含的共性特征，就能够从整体上梳理文化创意产业自身的内部结构。文化创意产业的真正价值是它在产业链上的延伸。英国学者普拉特（Pratt）在研究中使用了一种新的文化创意产业统计分类，即“文化产品生产体系”（Cultural Industries Production System，CIPS），其主要方法是把文化创意产业划分为内容创意（初始生产、委托制作等）、生产输入（生产设施的制作）、再生产（再生产和集中发行）及分配/交易（权属消费的交换地点）四个环节，该分类遵循文化产品价值链的层次，较全面地分析了文化创意产业的有机构成，确立了理论文化创意产业不同部门之间的产业连接关系。

大致说来，可以把现代社会的文化创意产业分为三个组成部分：首先是文化创意内容直接的生产活动，如文学艺术创作、表演，学术研究等，即纯精神产品的生产；其次是文化创意内容的传播（销售）活动，如新闻出版物、广播影视、互联网、手机通讯等，即准精神产品的形成及流通；再次是为各种物质产品生产提供应用性文化创意的活动，如工业设计、广告设计、研发设计等，即泛精神产品的形成。其中，文化创意内容即纯精神产品的生产是整个文化创意产业核心环节，精神产品主要是指劳动者在科学、技术、教育、文化、艺术、体育以及信息、咨询、中介服务等领域以脑力劳动为主所提供的智力外化物，是精神生产的成果，所创造的精神产品中凝结着人们的思想、情感和技巧等智力因素，它包括哲学、宗教；文艺作品、社会科学理论；自然科学理论和技术成果等四大类别。文化创意内容的传播、扩散是消费型文化创意产业形成的中枢环节，是联系创意生产者与消费者的纽带，它以规模化的传播媒体和文化创意产品的流通为主体，包括新闻、出版、广电、网络媒体、移动媒体等等。文化创意内容的扩散与应用是生产型文化创意产业形成的关键环节，这个过程的实现通常需要两个阶段，首先是生产者必须理解文化创意并掌握运用文化创意的方法和技巧，或者生产者直接创造文化创意成果；其次是通过生产者将文化创意运用到生产实践之中，将精神产品转化为现实的生产力，它们主要包括研究开发、工业设计、建筑设计、咨询策划等。

表2.3　　　　文化创意产业的结构组成

过程/行为	文化创意的生成	文化创意的传播	文化创意的应用
结构/内容	文学、语言、哲学、法律、艺术、自然科学知识、社会科学知识、应用技术知识等生产活动部门	新闻、出版、演出、广电、电影、广告、书籍、艺术品、声像多媒体、网络文化、文化贸易、文化场所、文化遗产、教育场所等	服装设计、建筑设计、广告设计、包装设计、造型设计、咨询服务、项目策划、研究与试验发展、技术服务、软件应用、信息开发等
存在状态	纯精神产品	准精神产品	泛精神产品

注：本表的内容不是完备的，仅限于本书的研究。艺术包括音乐、绘画、戏曲、表演等艺术形式；文化场所包括文化馆、博物馆、图书馆、档案馆和文化活动中心等；文化遗产包括一般的文化遗产和非物质的文化遗产。

现实中，纯精神产品分为两种类别，一是知识性的精神产品，包括各种科学、技术、信息。知识性精神产品最大的特点是客观性，它存在着相对客观的、稳定的评判标准。二是价值性的精神产品，包括各种艺术品、哲学、宗教、文艺作品、社会科学等等，价值性的精神产品最大的特点是主观性或者说是感受性，其评判标准往往因国家、民族甚至因人而异。这两者虽然功能及产生的影响不同，但它们在传播、扩散的路径上有着相似的特点，它们有着两条相同方式的传播、扩散路径。一是直接满足人的精神文化需求，二是融入传统产品之中，满足人的物质和精神需求。许多学者对文化创意产业的认识是存在偏差的，认为只有文化艺术才能归为消费型文化创意产业的范畴。事实上，科学科技同样是文化创意的重要组成部分，它可以借助现代传播工具进行传播，最终满足消费者的求知、求真的精神性需求。如我们看的书籍，它有社会科学类的，也有自然科学类的，也有应用技术类的，所有书籍都是文化创意产品，不应该把科学技术类的排除在外。同样，不少学者认为只有科学技术知识才能归为生产型文化创意产业的范畴，这也是一种狭隘的认识，文化艺术可以运用任何载体进行表达自身的“符号意义”。当然，它可以运用到物质产品的生产当中，使物质产品具有美感或文化含量而提升产品的价值。所以，科学技术与文化艺术虽然目的和功能有所不同，且有着不同的社会意义，但就本质而言，它们的性质是相同的，都是人类的创造成果，同属精神产品范畴。而且多数时候，科学技术与文化艺术是相通的，不需要对它们进行人为地割裂。英国科学家兼小说家斯诺（Charles Percy Snow）于1959年在剑桥大学演讲《两种文化》，他提出科学和人文的割裂是世界许多问题不能解决的主要障碍。1998年，美国*Wired*杂志的执行编辑凯利（Kevin Kelly）在《科学》（*Science*）周刊上发表了一篇以《第三种文化》为题的文章，他说，“科学与艺术产生真理与美感，而科技产生良机”，他强调了科学、艺术与科技之间的融合。

三、文化创意产业影响国民经济发展的机理分析

1.文化创意产业的经济特征

（1）创新与文化的二向性

文化创意是一个复合的概念，与文化和创意有着非常紧密的联系，因而我们没必要明确弄清文化创意、文化、创意之间的区别，但我们可以意识到文化创意不仅具有文化的特征，而且还具有创意的特征，即创新性。但文化创意既不同于创新也不同于文化，文化创意在两者所代表的客观与主观方向上都有所延伸，是介于两者之间的中间变量，是二者的综合与过渡，把它完全等同于两者中的任何一方都是错误的（见图2.5）。我们把文化创意这一典型特征界定为文化创意产业的二向性。文化创意连接的客观与主观两个方向并不是对立存在的，文化创意产品生产者是理性思维与感性创造融合在一起的桥梁，它使创新与文化变得互相依赖互相促进，一方面创新对文化具有明显的“路径依赖”，另一方面创新某种程度上又加快了文化前进的步伐。市场上，技术创新与文化创意的完美结合带来的是更大的价值增量。由于文化创意产业具备文化与创新的双重特征，决定了它是一种知识密集型产业。

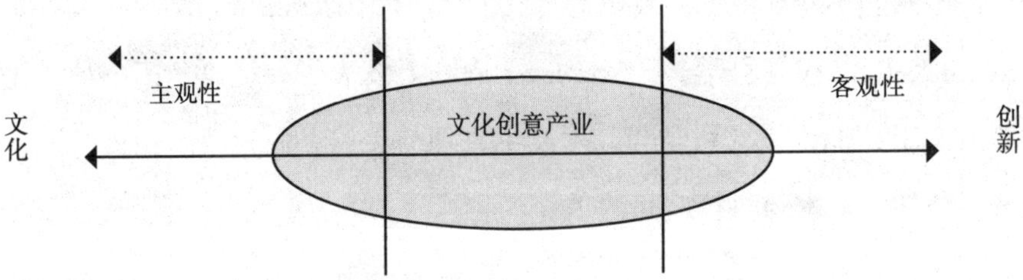

图2.5　文化创意产业的二向性

（2）高渗透性

文化创意是一种新的想法、新的构思或概念，是无形的。人的智慧是

文化创意的源泉，人的认识和知识积累是形成创意的基础，人是文化创意生成的主体，在人们能发挥想象力和创造力的地方就会有文化创意的存在。因此，文化创意会跟随着人类的各种活动渗透于的各个环节，并发挥自身的作用和价值。以文化创意为核心的文化创意产业具备了同样的特征，文化创意产业是技术、经济和文化等相互交融的产物，特别是技术产业化和文化创意产业化交互发展的结果，有很强的渗透性。同时，文化创意产业在生产环节上不仅占据了价值链的高端，而且还有广泛的产业关联性，其核心业务为众多的行业提供中间需求品，它在创造自身价值的同时必然通过渗透性影响相关产业的发展，这是文化创意产业成为高成长性产业的基础。例如，广播电视业将带动音像、影像、游戏软件、家电、通讯设备、广告展览等产品和服务市场。正因为如此，文化创意产业很难从其他产业类型中完全分离出来。

（3）规模报酬递增

技术创新的产生意味着竞争优势的建立，独特的创意无疑深化了技术创新的价值创造功能。古典经济增长理论无法解释以固定比率g增长的技术进步，在不同的经济体之间存在的技术差别。经济学家在思考这个问题时，开始意识到创意对经济的贡献。创意能够改进技术，一个好的创意能够使给定的一组投入得到更多或更好的回报。保罗·罗默（1986）首次将创意与经济增长的关系公式化，把创意与规模报酬递增以及不完全竞争联系起来[78]。他把创意与经济的关系表述为：

创意→垄断→报酬递增→不完全竞争

显然，创意带来了垄断利润。但创意的形成通常涉及一次性固定成本，而这个成本通常很高。一次性成本产生之后，创意的非竞争性决定了创意能够被无限次复制、传播，再次被使用的成本为零。如拍摄一部电影，前期节目制作成本很高，但当电影录制完成时，它可以被重复地拿到不同的电影院线去放映，同时，可以低成本制作成电影光盘在市场销售。在生产光盘过程中，不需要创意的再生产，仅仅表现为物质的重复生产。假定制作节目耗费成本为F，制作光盘的成本为c，生产数量为q，总成本为TC，平均成本AC，边际成本为MC，则

$$TC = c \times q + F \qquad AC = TC/q = c + F/q \qquad MC = \frac{dTC}{dq} = c$$

可以看出，光盘的生产成本要远远小于节目制作的成本，每多生产一单位光盘所增加的成本是不变的，这个过程被看作是具有固定成本和常数边际成本的生产。为了取得更多的回报，生产规模越大，创意的固定成本就会被越来越多的生产的产品所均摊，平均成本逐渐降低，因此，文化创意产业规模报酬递增（见图2.6）。

（4）外部性

文化创意产业的产品长期看是非竞争的、非排他的。排他性商品的生产者能够获得商品的全部收益，而非排他性商品的生产者则会有大量的收益“外溢”，非排他性商品最终会成为社会的公共知识产品。软件编程语言、文化产品、资产定价模型等都是非排他性的创意，起初创意者得到的收益是非常有限的，而他们的发明使整个社会受益。所以，创意具有明显的外部性特征，它既存在“外部经济”又存在“外部不经济”。这里用个人收益（r）与社会效益（R）进行比较来分析创意带来的外部性。企业研发人员及科学工作者的创意通常是“外部经济”的，他们带来的社会效益（R）>个人收益（r）；有些艺术水平一般的创意有时候是“外部不经济”的，创意者（如歌星）的收益（r）>社会效益（R）；而水平低劣的创意作品，或者有违社会公共道德的作品（淫秽的音像制品）是严重的“外部不经济”，它带来的社会效益（R′）<0，而发行方获取的收益往往是非常可观的（见图2.7）。

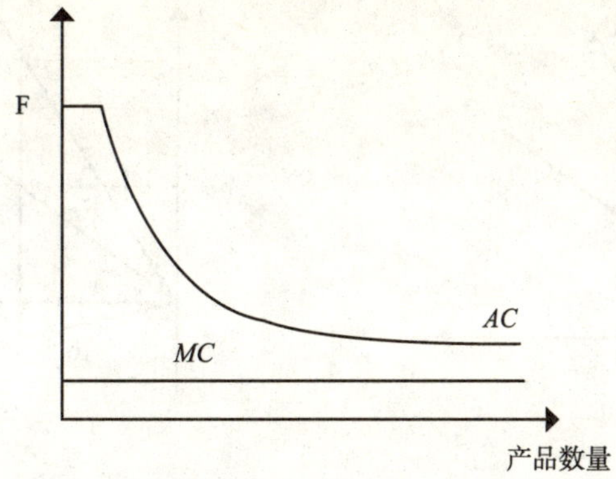

图2.6　文化创意产业成本曲线

（5）高附加值性

文化创意产业的高附加值性主要体现在两个方面：一方面，文化创意产品是人们脑力劳动的成果，其中凝结着人类大量的高级劳动，自身有着很高的价值。再加上文化创意的独一无二性，为它创造更高的价值创造了条件。因此，在投资市场上，文化创意产业是一种高投入、高回报的行业。另一方面，文化创意产品能够提升其他产业的附加值。文化艺术和科技创新是现代产业发展的两大引擎，科技创新在于改变产品和服务的功能结构，提高产品的使用价值；文化艺术则在于向产品和服务注入文化创意元素，如观念、艺术、情感和品位等，为消费者提供与众不同的体验，从而提升产品和服务的精神价值。随着生活水平的提高，人们的消费观念由原来单纯的物质功能消费上升为蕴含精神文化的品牌消费，而导致一个知名品牌的商品与一般商品即使成本相差不多的情况下，它们的价格却相差几倍、几十倍，甚至上百倍。文化创意为陷入技术同质化困境的产品市场注入了一股新鲜的力量，它们在创造差异的同时也创造了利润，从而体现了文化创意产业的高附加值特性。

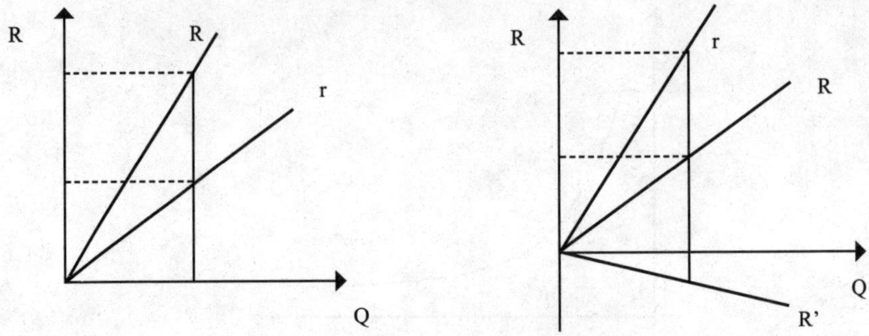

图2.7 文化创意产业的外部效应

2. 文化创意产业对国民经济发展的影响机理

在当代的政治、文化、经济背景下，文化创意产业的发展表现出极大的活力和竞争优势，并受到许多国家和地区的重视。它作为一个新兴行业出现，往往意味着对原有行业和发展方式的反思与批评，对旧行业的理论范式、现有机制、政策趋向和实际运作的调整。文化创意产业是技术、经济、文化交融的结果，并包涵丰富的创造力、文化底蕴和知识产权，它是一种高附加值、高渗透性、强外部性以及低消耗性的产业，是开发人类创造力、解放文化生产力、提升产业竞争力、增强国家“软实力”的有效手段。因此，文化创意产业在提高国民经济发展水平和改善国民经济运行质量方面有着独特的意义（见图2.8）。综合来说，主要包括以下几个方面：

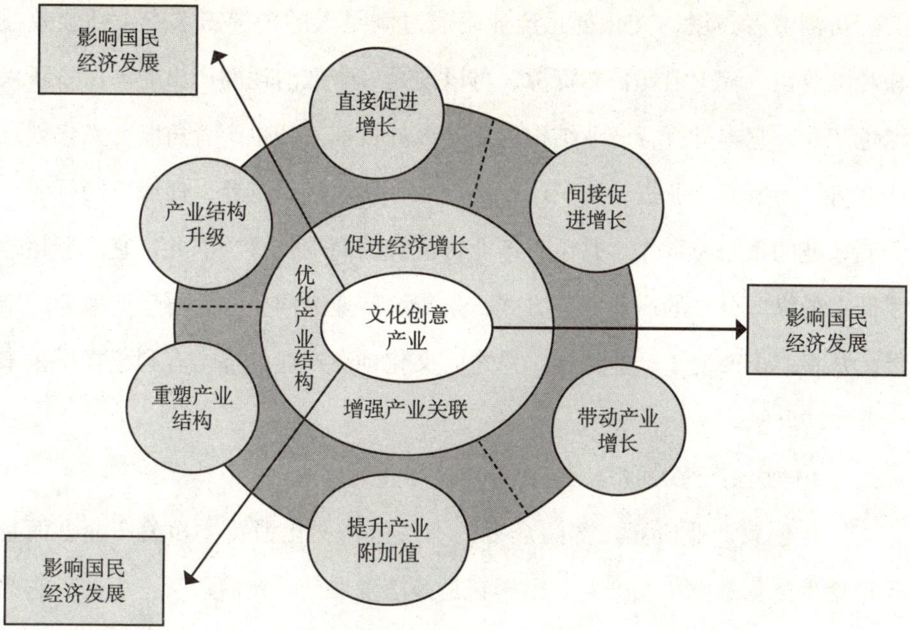

图2.8 文化创意产业影响国民经济发展的机理分析

（1）优化产业结构，促进产业结构调整和升级

按照传统产业的划分方式，文化创意产业属于第三产业，即服务业门类下。因此，发展文化创意产业有助于提高第三产业占国民生产总值的比重。目前，第三产业占国民生产总值和全部劳动力的比重各国都呈上升趋势，逐步改变着经济增长对传统工业依赖过大的状况。同时，随着社会的发展进步，现阶段的经济发展已经进入精神经济时代，文化、知识、技术等因素的重要性已经凸显出来。与之相适应，将会有更多的资源由低效率区向高效率区流动和转移，由传统产业流入文化创意产业，从而加快产业的结构调整步伐，而且以文化创意产业为代表的新兴产业也将会成为国民经济的先导产业。另外，文化创意产业的知识密集性、高附加值、高整合性，决定了它对于优化产业结构、转变经济发展方式具有不可低估的作用。

从消费者角度，文化创意产业是通过满足人的精神需求产生社会效益和经济效益，较少消耗自然资源，可以说是一个低消耗高产出的环保型新兴绿色产业，它本身符合产业结构优化升级的目标。从生产者角度，文化创意产业可以为所有产业提供知识产权类产品，它通过“越界”促成不同行业、不同领域的重组与合作，并位于产业价值链的高端位置。因此，它已经超越了原来的纵向分立的产业划分方式，是传统产业纵向分立后再横向融合的结果，从根本上改变了产业结构。总之，文化创意产业的提出有利于指导未来产业结构升级。

（2）增强产业关联程度，提升传统产业附加值

文化创意产业所涵盖部门众多，不仅包括文化消费类相关产业，而且还包括生产创意类相关产业。由于它是经济发展到一定阶段后产生的，它的发展需要已有产业的支持和投入，从而使它成为带动相关产业发展的新兴动力。另一方面，其他相关的产业发展与创新又不断增加着对文化创意产业所提供的智力成果的需求，从而使文化创意产业以产业渗透的方式对传统产业加以影响和改造，通过延长产品生命周期拉长产业的生命周期。这两个方面反映出文化创意产业与传统产业有着密切的产业关联性。

尽管文化创意产业与传统产业之间存在着双向的投入产出关系，但它对传统产业的意义远大于传统产业对它的意义。因为，文化创意产业以创意产品为主体，如创意设计、题材构思、生产工艺及销售模式等，它们的价值实现却多是以相关产业的产品为基础，把文化理念渗透到传统产业的设计、生产、营销、品牌和经营管理等环节，从而改变传统产业的价值链，创造新的增值空间而形成新的价值分配链条。此外，文化创意产业在自身内部及其他产业之间的结盟、融合或重组趋势日渐强烈，从而带来了显著的产业融合效应，使得整个产业发展具有高度的集聚效应，如经济外部性、技术创新优

势、集群式学习和集群自我发展能力，进一步加深了产业之间关联效应，从而促使整个产业系统的发展形成良性的互动。

（3）促进经济增长，提高经济效率

目前，文化创意产业已经摆脱仅仅作为文化形态存在的状况，转而成为繁荣发展的强大的产业实体，创造出了可观的经济效益，其经济增长效应显著。文化创意产业获得迅速发展的动因，除了自身的经济社会功能外，工业社会的转型、科技与文化的融合、文化需求的增加、经济全球化的发展等都对文化创意产业的发展起着重要的推动作用。事实证明，它在许多国家和地区经济体系中的地位不断提升，并逐渐为一国综合国力的最直观、最具体的反映。

综合来看，文化创意产业对经济增长的贡献表现为两个方面：一是它自身对经济增长的直接贡献，其贡献程度可以计量，表现为相关产业对国内生产总值和就业的贡献额度；二是它通过影响其他生产要素而间接对经济增长发生影响。现实中，文化创意产业对经济增长的直接贡献并不明显，而很容易让人们忽略或者轻视文化创意产业在国民经济体系中的经济功能。事实上，文化创意产业对经济增长的更大贡献体现在它的间接贡献上。文化创意产业提供的精神产品主要包括文化、知识、信息等成果，精神产品的传播、扩散提升了文化知识的影响力，对人素质的提高及人力资本的积累有着重要的帮助。另外，文化创意产业可以传承、改变、重塑，甚至创造新的文化观念，从而影响文化资本的形成。而且，知识、技术本身也成为越来越重要的经济增长生产要素。从这个角度看，文化创意产业能够通过自身的扩散效应提高生产力水平和劳动生产率，从而间接达到影响经济增长的目的。

四、本章小结

本章内容的主要目的是对本书所涉及的主要研究对象即文化创意产业进行明确的界定以及对文化创意产业与国民经济发展的关系做出总体性说明。因此，为了实现这个目的，首先回顾了文化创意产业现有的研究状况，从文化创意产业的内涵及与经济发展的关系对前人的研究成果做了总结。其次，本书运用精神经济有关观点对文化创意产业的内涵、特征和分类做了重新界定，为今后的研究奠定了理论根据。然后，根据文化创意产业的经济属性，主要从三个方面概括性地说明了文化创意产业对国民经济发展的影响，为后面详细研究工作的展开做了良好的铺垫。

第三章
文化创意产业对产业结构的影响

众多相关产业构成了国民经济的一个整体、一个系统。在这一系统中，产业间相互依赖和相互作用的关系具体体现在结构内的技术经济联系上。产业结构就是指一国国民经济中产业之间的联系及联系方式。依据这种联系，在产业体系内各产业组成了一个其整体功能大于各产业功能之和的结构系统。同时，产业结构也通常指国民经济总量在产业之间的比例关系[79]。文化创意产业是在新的经济发展阶段下成长起来的新兴产业，它在产业结构的优化和调整过程中发挥着重要的作用。

一、经济发展的新阶段

众所周知，经济增长的实现依靠各种要素的投入。当经济发展水平达到一定阶段以后，经济增长所依赖的要素投入在数量和结构上就会有所调整。就现阶段来讲，资源、土地、资本等传统生产要素对经济增长的贡献逐渐退居次要位置，而以创新为特征的知识、技术、文化等精神生产要素正成为决定现代产业演进与经济增长的关键因素。根据主要投入要素的存在状态，从大尺度上，可以大致把经济发展划分为两个阶段：物质经济阶段与精神经济阶段。物质经济阶段是依靠物质生产要素投入，以物质产品的生产、流通、分配与消费为主导的经济；精神经济则是依靠精神生产要素投入，以精神产品的生产、流通、分配与消费为主导的经济。从农业到手工业到制造业再到高新技术产业、信息产业、文化创意产业等，经济增长的动力与产业发展的方向朝着人的精神生产方向前进，预示着精神经济发展阶段逐渐到来。在精神经济发展阶段，人类精神因素所发挥的作用逐渐增大，人类的思想及其创造决定着经济发展的方向。正如Romer（1993）所说："思想是极为重要的经济产品，它比大部分经济模型强调的目标并对人类活动导向作用重要得多，是人类进步的源泉与动力。在一个物质有限的世界里，正是大思想以及大量小思想的发展，使经济的持续增长成为可能。思想是指令，它使我们把有限的物质资源融入更有价值的安排之中。"[80]

一些经济学家持有相同的观点。在这一点上，许多经济学家依据投入要素，对经济发展阶段进行了划分。1990年，西方经济学家玻特（M.PORTER）提出了经济发展四阶段论。这四个阶段分别是：要素驱动阶段，即经济发展的主要驱动力来自于廉价的劳力、土地、矿产等资源；投资驱动阶段，即以大规模投资和大规模生产来驱动经济发展；创新驱动阶段，即以技术创新为经济发展的主要驱动力；财富驱动阶段，即追求人的个性的全面发展、追求文学艺术、体育保健、休闲旅游等等生活享受，成为经济发展的新的主动力[81]。所谓创新驱动阶段和财富驱动阶段，就是以精神产品生产和精神消费为主的产业经济阶段，智慧、知识等精神生产要素为经济发展主动力的阶段，即属于我们所说的精神经济阶段。相对应，要素驱动阶段和投资驱动阶段属于物质经济阶段。现在，大多数发达国家已经完成了要素驱动和投资驱动的阶段，迈向创新驱动和财富驱动的新阶段，即正经历从物质经济向精神经济蜕变的过程。

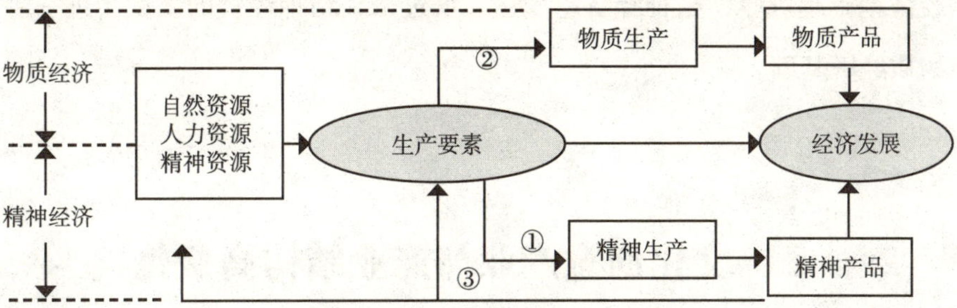

图3.1　经济发展阶段的划分

物质经济更多是一种“以物为本”的经济，精神经济更多是一种“以人为本”的经济。除此以外，物质经济与精神经济的区别（见图3.1）还包括：① 物质经济的发展建立在对自然资源的开发与消耗的基础上，主要依靠土地、能源、资源等生产要素的大规模投入；精神经济的发展建立在对长期积淀的知识、文化成果的再利用，技术开发与创新的基础上，投入的要素主要有技术、知识、文化、品牌等无形的生产要素。② 物质经济生产方式是物质生产，以体力劳动为主；精神经济的生产方式是精神生产，以脑力劳动为主。③ 物质经济的劳动成果是物质产品，主要满足人们物质生活的需要；精神经济的劳动成果是精神产品，主要满足人们的精神文化需要，提高人的人文素养和科学知识水平。④ 精神产品的无形性决定了精神产品不能像物质产品那样自由交易，精神产品的交易需知识产权的保护。⑤ 物质经济对资源的消耗大，这是因为在长期使用过程中普通物质产品的价值趋向于零或者一个很小的残值，需要重复性生产；相对来说，精神经济对资源的消耗较低，精神产品被使用或消费后并不会消失，可以无限次循环使用或者转化为精神资源的一部分。

事实上，物质经济阶段与精神经济阶段不是相互独立存在的。可以说，物质经济是精神经济发展的基础，精神经济是物质经济发展的高级阶段。物质经济基础越雄厚，精神经济越发达。反过来，精神经济的发展会进一步加强物质经济基础。

二、文化创意产业与产业结构高级化

1. 产业结构演化规律

（1）配第—克拉克定律

威廉·配第在1691年出版的《政治算术》中根据英国实际经济情况指出：工业比农业收入多，商业又比工业的收入多，即工业比农业、商业比工业附加值高。配第对不同产业收入的描述，揭示了产业间收入相对差异的规律性，被称为配第定律。在吸收并继承了配第的观点的基础上，克拉克通过对40多个国家和地区不同时期三次产业劳动投入和总产出的资料的整理和比较，总结了劳动力在三次产业中的结构变化与人均国民收入的提高存在着一定的规律性：随着经济发展，人均国民收入水平相应提高，劳动力逐步从第一产业向第二产业转移；当人均国民收入水平进一步提高时，劳动力就会向第三产业转移。后人把两人的观点综合起来，称为配第—克拉克定律[82]。

（2）库兹涅茨法则

库兹涅茨在配第、克拉克的研究成果基础上，扩大了样本范围，对各国国民收入和劳动力在产业间分布结构的变化进行统计分析，得出了所谓的“库兹涅茨法则”：农业部门的国民收入在整个国民收入中的比重和农业劳动力在全部劳动力中的比重均处于不断下降之中。工业部门的国民收入在整个国民收入中的比重大体上是上升的，其上升速度也不一致。但是，工业部门劳动力在全部劳动力中的比重则大体不变或略有上升。在服务业方面，无论是产值的相对比重还是劳动力的相对比重都处于上升趋势，但上升速度上与工业部门有着很大不同，劳动力的相对比重要大于产值的相对比重[83]。

（3）钱纳里的“标准模式”

“标准模式”是钱纳里与赛尔昆对101个国家1950～1970年有关数据进行回归分析后总结出来的。该模型将经济发展分为准工业化阶段（初级产品生产阶段）、工业化实现阶段（包括工业化初级阶段、工业化中级阶段、工业化高级阶段）和后工业化阶段（包括发达经济初级阶段、发达经济高级阶段）等3大6小阶段。在第一阶段，农业等初级产品生产占主导地位，资本积累低速至中速增长、劳动力加速增长、全要素生产率缓慢增长而经济增长速度较慢；在第二阶段，初级产品生产份额大幅度下降，制造业份额和社会基础设施份额上升，成为经济增长的主导，服务业的份额几乎不变，资本在经济增长贡献中占主要地位，经济快速增长；在第三阶段，制造业在经济和就业中的比重下降，经济增长和就业主要依赖于服务业，资本和人口增长趋缓，全要素生产率（技术进步）成为经济增长的主要来源[84]。

（4）罗斯托的主导部门论

美国经济学家罗斯托在他的《经济成长的阶段》等著作中，提出了“主导产业扩散效应理论”和“经济成长阶段理论”。罗斯托根据技术标准把经济成长阶段划分为 6 个阶段，每个阶段都存在起主导作用的产业部门，经济阶段的演进就是以主导产业交替为特征的。这六个阶段为：① 传统社会阶段：科学技术和生产力水平低下，农业为主导产业部门。② 起飞前提阶段：在这个阶段中，一个以农业为主的社会必须改造成为以工业、交通业、商业和服务业为主的社会。③ 起飞阶段：是一种产业革命，近代工业化开始，并且迅猛地发展。④ 成熟阶段：现代科学技术已经有效地应用于生产，工业将朝多样化发展，由于技术创新和新兴产业的不断涌现和发展，产业结构发生了巨大的变化。⑤ 高额民众消费阶段：工业高度发达，主导部门转移至耐用消费品和服务部门。⑥ 追求生活质量阶段：主导部门转移至提高生活质量的部门，如文教、旅游等部门[85]。伴随着主导产业部门的变化，经济发展也经历由低级向高级的转变过程。

（5）筱原三代平的产业结构理论

日本著名的实证经济学家筱原三代平在产业结构研究中取得了突出成就，1957年筱原三代平发表了《产业结构与投资分配》一文。这篇论文提出了日本在规划未来产业结构时应遵循的两个原则：收入弹性原则和生产率上升率原则。

所谓收入弹性，也就是需求的收入弹性，即表示在一定时期内消费者对某种商品的需求量的变动对于消费者收入量变动的反应程度。或者说，表示在一定时期内当消费者的收入变化百分之一时所引起的商品需求量变化的百分比。按照收入弹性原则，应该优先发展那些收入弹性高的产业和产品，使它们在产业结构中的比重增高。筱原三代平认为，重工业和化学工业产品的收入弹性高于轻工业产品，而轻工业产品的收入弹性又高于农产品。也就是说，随着收入的增加，人们对重化工产品的消费需求和投资需求增加得最快，轻工产品次之，农产品最慢。收入弹性原则是从社会的需求角度使产业结构合理化的原则。所谓生产率上升率原则，筱原三代平认为，越是技术进步迅速的部门，劳动生产率的提高就越迅速，成本下降也就越快。因此，如果在产业结构中这些部门占的比重有所提高，国民收入的增长速度就会加快。所以按照生产率上升率原则，应该优先发展那些生产率上升较快的部门，提升其在产业结构中的比重。这个原则显然是从供给的角度使产业结构趋于合理化的原则。根据这两个原则，二战以后日本应该优先发展的必然是重工业和化学工业。[①]

同时，筱原三代平还指出，发展中国家要想在经济上翻身，就一定要提高产业结构的转换能力，逐渐实现产业结构的高度化。日本的成功就是一个很现实的例子，当然，发展中国家要想取得像日本一样的成功，还要结合本国自身的具体国情。

2. 文化创意产业与产业结构高级化

（1）产业结构优化的内涵

产业结构优化是指通过产业调整，使各产业实现协调发展，并满足社会不断增长的需要的过程，即在科技进步条件下，产业结构系统从低级水准向高级水准、较低形式向较高形式的演进过程，它是一个相对概念。

产业结构优化可分为三个层次：产业结构的合理化、产业结构高级化、产业结构高效化。其中，产业结构合理化是指产业与产业之间协调能力的加强和关联水平的提高；产业结构高级化指的是随着经济的发展和市场的变化，按照产业结构演进的一般规律，不断地向更高方向演进的过程；产业结构高效化是指产业结构效率不断提高，主要表现为由低生产率、低科技含量、劳动密集型产业向高生产率、科技密集型和资本密集型产业演进。[②]

（2）文化创意产业是产业结构演化的必然产物

经济的发展史，也是一部产业变革史。在漫长的人类发展史上，产业由简单到复杂，社会分工由粗到细，逐步形成了今天复杂而庞大的产业体系。不同的产业共同构成了一国经济运行的系统。在这个系统中，各种产业及组

① 杨治：《筱原三代平的产业结构理论》，载于《现代日本经济》，1982（04）。

② 周琴：《产业结构优化的路径选择——一般理论及其对长三角的应用分析》，载于《上海社会科学院》，2011.05。

成要素之间必定存在着某种相互依赖和相互作用的关系，这种关系形成了产业结构。正如库兹涅茨在其《现代经济增长》中所说：在任何时代，增长不仅仅是经济总体的变动，而且是经济结构的变动。在经济发展的转变过程中，一种经济形态总是与某个主导产业相对应。经济发展的过程，就是由前期较低层次的产业占主导地位的低级经济形态，向后期较高层次的产业占主导地位的高级经济形态转变过程[86]。随着不同经济形态下的主导产业的不断更替，整个产业结构组成也随之发生变动。所以说，产业结构的变动也有相应的规律性，不断从低级形态向高级形态演进，这样的演进过程，就称之为产业结构的高级化[72]。

在精神经济发展阶段，社会生产力水平较高，人们生活变得更加富裕，闲暇时间也越来越多，精神文化消费的需求大大增加。所以，物质需求与精神需求的平衡已经成为现代人类社会生存和发展的必要条件，这是文化与经济互动在消费领域的必然反映。千百年来，人类的消费始终由物质生产所决定。在前工业化社会，农业占绝对主导地位，传统的手工业和商业处于依附地位。在工业化社会，生产手段的革命引起了生产方式的变迁，工业品的制造成为最主要的生产，农业只能是工业生产的基础行业并成为工业化的生产方式的改造对象。同时，围绕着工业化的发展，作为农业生产和工业生产的延伸的服务性部门成为独立的产业。在精神经济发展阶段，这种情况发生了根本性改变，人们开始重视对精神消费的投资。与此同时，人们也对物质产品的消费提出新的要求，不但关注产品的使用功能，而且关注产品的文化内涵。新的消费观念推动着整个社会的物质消费与文化消费趋向统一。事实如此，在许多发达地区，城乡居民消费结构开始由生存型向享受型、发展型转化，高新科技产品和娱乐、教育、服务、健身、旅游等方面的消费在家庭消费结构中的支出比重不断上升，精神文化消费已成为拉动消费升级和扩大消费需求的一支重要力量。同时，消费升级必然带动产业的升级，一个以供精神文化产品的行业加速兴起，即文化创意产业。

文化创意产业自身是符合产业结构高级化的演进趋势的。产业结构高级化是通过不断的产业结构变化、主导产业转换，实现区域和城市各种经济资源在各产业之间的合理化配置（即产业结构优化）的过程。在国民经济发展中，产业结构演进大致遵循这样的规律：从产业递进层次上看，第一、第二、第三产业的地位不断变化，顺次由从第一产业向第二产业，再由第二产业向第三产业转移，最终进入所谓“高服务化”阶段；从产业生产要素的密集度上看，则体现为“劳动密集→资本劳动密集→资本技术密集→知识技术密集”的演进顺序；从产出的角度上看，存在着由低附加价值向高附加价值、再向更高附加价值的演进顺序；从采纳新技术革命成果的能力上看，存在着产业技术不断进步，主要体现为传统产业向新兴产业、新兴产业与传统产业相结合的演进顺序；从产业的可持续发展方面来看，主要体现为产业资源利用效率不断提高，投入产出比例不断降低，对环境的不良影响逐渐减弱。按现有产业分类的方式，文化创意产业是现代服务业的代表，是智能化、知识密集化的高附加值产业，具有很强的渗透力和辐射力。不同于传统制造业对土地、能源等资源的巨大需求，它的投入资源主要是人的智慧，是一种典型的头脑产业，并将技术、文化、制造、服务融合为一体，与产业结构演进的规律是一致的。因此，文化创意产业是新时代产业演化的必然，是社会生产力发展和人民生活质量提高的标志。大力发展文化创意产业，可以实现更高层次的产业结构调整和优化升级。

在精神经济发展阶段，文化创意产业展现出传统产业所不具备的特点和无法比拟的优势。文化创意产业是现阶段发展绿色、循环、低碳经济的重要着力点。同时，文化创意产业具有广泛的关联度，能增加文化产品的内涵，提升产品的附加值，延伸经济行业的产业链。正因为如此，它逐渐会成为新的投资方向和新的增长点，能够广泛地吸纳社会资金的进入。所以，文化创意产业是最能代表精神经济的产业，精神经济也是文化创意产业的经济属性所在。可以预见，文化创意产业将会成为精神经济发展阶段下的主导产业。

（3）文化创意产业有利于加速产业结构高级化的进程

文化创意产业促进产业高级化主要表现在直接和间接两个层面上，一方面文化创意产业自身对产业结构高级化有重要的贡献，文化创意产业的发展使资源由低效率区向高效率区流动和转移，由传统产业流入文化创意产业。结果是，在产业发展中体力劳动和物质资源的投入相对减少，脑力劳动和知识的投入相对增加，产业内部不断软化和软产业的比重不断上升，即在产业内部对信息、服务、技术和知识等“软要素”的依赖程度加深和在产业结构中第三产业的比重不断上升，从而有利于产业结构的调整。另一方面，由于文化创意产业是智能化、知识化的高附加值产业，具有很强的渗透力、辐射力和关联性。文化创意产业通过提升工业、服务业的文化、科技含量与经济价值，间接地提升整个社会经济的质量，从而改变传统产业的内部构成，使传统产业结构不断向更高层次的产业构成演进，实现产业结构的调整。

产业结构的演进同三次产业优势地位的更迭方向一致，即沿着第一产业为主导到第二产业为主导，再到第三产业为主导的方向发展。同时，三次产业内部也逐渐向高度化合理化发展，在第一产业内部，产业结构从技术水平低下的粗放型农业向技术要求较高的集约型农业，再向生物、环境、生化、生态等技术含量较高的绿色农业、生态农业发展；在第二产业内部，产业结构沿着劳动密集型产业、资本密集型产业、知识密集型产业的方向演进；在第三产业内部，产业结构沿着“传统型服务业——多元化服务业——现代型服务业——信息产业——知识产业”的方向演进。在促进三次产业内部逐渐向高度化合理化发展方面，文化创意产业有着自身独特的功能。这是因为，随着时代的发展进步，今天我们已经进入精神经济阶段。精神经济发展阶段的到来大大拓展了文化创意产业的发展空间和应用范围。对于第一产业来说，与文化创意产业结合使得农业中种植功能淡化，但观光、旅游、生态功能逐渐增强。对于第二产业的工业和建筑业来说，文化创意产业不仅增加了制造业的附加价值，使得产业结构更加柔性化，还提升了企业的核心竞争力，优化其产业结构。而对于第三产业服务业，文化创意产业以其独特的创意思维模式，使得内部供求关系发生了变化，融入文化创意的服务业获得了更高的利润，而消费者则获得了精神层次的享受，从而实现了双方的共赢。

3. 文化创意产业促进产业结构高级化的实证分析

（1）研究方法与数据说明

为进一步说明文化创意产业在产业结构调整中的作用，根据我国的文化创意产业统计数据和诸种研究方法优劣性，本书采取“灰色关联”分析方法进行验证性分析。灰色关联分析定量地比较或描述变量之间在发展过程中随时间而相对变化的情况，即分析时间序列曲线的几何形状，用它们变化的大小、方向与速度的接近程度，来衡量它们之间关联度的大小。如果比较序列的变化态势基本一致或相似，其同步变化程度较高，即可以认为两者的关联度较大；反之，两者关联度较小。该方法对样本量大小要求不高，对样本分布规律也没有专门要求，在不完全信息中，却能较好地描述和确定因素之间的关联程度，从而找出引起该系统发展的主要因素和次要因素。正因为如此，这一方法虽创立时间不长，但已在国内外许多工程领域和经济决策分析中得到重要应用[86]。

目前，我国虽然积极推进文化创意产业的发展，但统计工作相对于文化创意产业的发展仍处于滞后状态，现有统计资料中没有文化创意产业的数据。为了能够对文化创意产业的经济影响作实证分析，本书根据前面对文化创意产业内涵和外延的界定，在国家统计局公布的统计数据中，选取第三产业中的信息传输、计算机服务和软件业，科学研究、技术服务业，文化、体育和娱乐业以及教育业这四类行业作为文化创意产业统计指标。尽管这些数据统计与文化创意产业的内涵有所出入，但它们都是提供文化创意产品和服务的行业，基本囊括了文化创意产业所包含的产业类别，能够大致反映出我国文化创意产业的发展状况。所以，在进行灰色关联分析时，直接将这四类产业合并为文化创意产业。为了说明文化创意产业对产业结构演化的影响，本书还选取1999～2006年的第一、第二、第三产业增加值的统计数据。本书所采用的数据，主要来源于国家统计局出版的《中国统计年鉴》（1999～2008年）以及各相关统计网站。为了使计算结构具有可比性，涉及产业之间、地区之间的比较数据一般采用当年价。凡涉及时间序列分析的GDP、产值、增加值等数据，全部按当年价格指数折算称1990年的不变价。

（2）建立模型

研究文化创意产业与产业结构高级化关系的基本思路是将文化创意产业及三次产业各相关变量序列设为一个灰色系统，用灰色关联度方法来分析该灰色系统各变量序列的关联性。

记$\{X_i, X_j, \cdots\}$为文化创意产业变量与三次产业变量共同构成的灰色系统，i和j表示各变量，其中$X_i=[xi(1), x_i(2), \cdots, x_i(8)]$。灰色关联度的计算步骤如下：

a. 初值像处理。由于X_i、X_j序列反映不同数量级的值，为消除量纲的影响，对X_i、X_j进行初值像处理，得：

$$X'_i=X_i/x_i(1)=[x'_i(1), x'_i(2), \ldots, x'_i(8)]$$

$X_j' = X_j / x_j(1) = [x_j'(1), x_j'(2), \ldots, x_j'(8)]$

b. 参数处理。X_i'序列对X_j'序列的差异序列为$\Delta_{i,j} = [\Delta_{i,j}(1), \Delta_{i,j}(2), \cdots, \Delta_{i,j}(8)]$，其中$\Delta_{i,j}(\square) = |x_i'(\square) - x_j'(\square)|$。记作差异序列集为$\{\Delta_{i,j}\}$。

环境参数：$\Delta(\max) = \max_i \max_j \{\max \Delta_{i,j}(\square)\}$，$\Delta(\min) = \max_i \max_j \{\min \Delta_{i,j}(\square)\}$，分辨系数$\zeta$，一般取$\zeta=0.5$。

c. 计算灰色关联度。灰色关联系数$r_{i,j}(\square)$的表达式为：

$$r_{i,j}(\square) = \frac{\Delta(\max) + \zeta\Delta(\max)}{\Delta_{i,j}(\square) + \zeta\Delta(\max)}$$

计算灰色关联度：

$$r_{i,j} = \frac{1}{8}\sum_{i=1}^{8} r_{i,j}(\square)$$

（3）实证结果分析

记我国文化创意产业增加值（GDPc）为X_1序列。第一产业产值（GDP1）、第二产业产值（GDP2）、第三产业产值（GDP3）分别记为X_2、X_3、X_4序列。其中，X_1为参考序列，X_2、X_3、X_4为比较序列。按1990年不变价计算出1999～2006年我国文化创意产业总产值及其占第三产业产值的比重，参见表3.1。

表3.1计算结果表明，近10年来，我国文化创意产业增加值不断升高，对我国国民经济发展的影响具有明显的放大趋势。文化创意产业增加值从1999年的1937.9亿元上升为2006年的5129.8亿元；占第三产业总产值的比重，从1999年的13.7%上升到2006年的18.4%，说明我国文化创意产业已经成为现代服务业的重要组成部分，并一直处于稳步加速的状态。与传统的三次产业相比较，文化创意产业从1999年到2006年的平均增长率为23.53%，远远高于

传统三次产业的平均增长率（一、二、三产业的平均增长率分别为4.34%、15.13%、13.88%）。可以看出，文化创意产业作为一个新兴产业，已经显示出了巨大的增长活力。随着文化创意产业在国民经济体系中地位的不断攀升，它对宏观经济运行和经济结构调整所产生的影响逐渐显现出来，大大有利于产业结构高级化的进程。

表3.1　　文化创意产业及其三次产业增加值　　单位：亿元

年份	1999	2000	2001	2002	2003	2004	2005	2006
GDPc（X_1）	1937.9	2255.1	2501.2	2757.2	3028.8	4216.3	4690.6	5129.8
GDP1（X_2）	7181.7	7354.1	7560.0	7779.2	7973.7	8476.1	8919.4	9365.4
GDP2（X_3）	25086.3	27451.7	29769.0	32695.1	36838.2	40931.8	45719.0	51646.9
GDP3（X_4）	14165.1	15546.1	17140.7	18930.6	20729.5	22814.2	25209.7	27923.5
GDPc占GDP3比重（%）	13.7	14.5	14.6	14.6	14.6	18.5	18.6	18.4

为了进一步确定文化创意产业对产业结构演变的影响，可以通过它与传统三次产业的关联性特征进行考察。本书利用灰色关联度的计算模型和表3.1数据，对数据计算后得到以X_1为系统特征参考序列与比较数列，即传统三次产业的灰色关联度$r_{1,2}$、$r_{1,3}$、$r_{1,4}$，具体见表3.2。$r_{1,2}$、$r_{1,3}$、$r_{1,4}$分别代表为参考序列，X_1与比较序列X_2、X_3、X_4之间的灰色关联度。灰色关联度反映了文化创意产业序列与各个比较序列的相近程度。其中，$r_{1,2}$、$r_{1,3}$、$r_{1,4}$的数字均大于0.6。数据结果表明，我国文化创意产业的发展与传统三次产业产值的关联性较为显著，其相近程度的大小顺序为：$r_{1,4}>r_{1,3}>r_{1,2}$，即我国文化创意产业与第三产业的关联性最大，$r_{1,5}$=0.7677，明显高于它与第一产业和第二产业的灰色关联度，这意味着文化创意产业的发展对第三产业总产出的直接影响最大。因此，它的发展有利于提升第三产业在产业体系中的比重，是产业结构高级化的重要推进因素。另外，文化创意产业与第二产业的关联度为

0.7178，该数值表明第二产业是与文化创意产业联系第二紧密的行业，并且与第三产业相比差距不大，这说明文化创意产业对第二产业也存在着比较大的影响。同时，随着第二产业内部高新技术制造业的快速发展，它与文化创意产业的密切程度还会进一步加深。文化创意产业与第一产业的关联度则远低于与第二、第三产业的关联度，其数值为0.60654，这表明文化创意产业对农业的渗透和辐射功能比较弱，这同我国农业现代化水平低、技术应用不广泛不无关系。但并不能因此否认文化创意产业对第一产业的影响。随着现代农业的兴起，文化创意产业在农业中的应用依然有着广阔的空间。

表3.2　　文化创意产业与经济增长及其他产业的灰色关联度

年份	R12	R13	R14
1999	1.00000	1.00000	1.00000
2000	0.80145	0.88822	0.92136
2001	0.71082	0.80928	0.90248
2002	0.64274	0.76006	0.89450
2003	0.57817	0.76777	0.87778
2004	0.41777	0.51062	0.54691
2005	0.36799	0.49630	0.50842
2006	0.33333	0.51014	0.49012
$r_{i,j}=\frac{1}{8}\sum_{i-j}^{8} r_{i,j}$（□）	0.60654	0.71780	0.76770

从总体上看，文化创意产业的发展对传统产业结构的演变和高级化升级发挥着积极的作用。一方面它能够使国民经济的产业结构不断从第二产业为主体向第三产业为主体的理想状况演进；另一方面，它能够通过自身的渗透作用，改善传统三次产业内部的构成，从而达到优化产业结构的目的。我们取得的实证结果，说明了它对产业结构高级化的重要影响和意义。

三、文化创意产业对产业结构的重塑

精神经济时代的来临使得经济结构和产业结构发生着深刻的变化。在生产要素投入方面，资源、土地等物质要素逐渐退居次要位置，未来的经济增长更加依赖知识、技术、文化等无形的生产要素；在消费结构方面，随着物质财富的增加，人们的需求重心逐渐从物质向精神文化转变，并且开始关注与生活质量密切相关的生态环境问题；在产业组织方面，产业的融合发展使得产业界限和企业界限日益模糊，而且从传统产业中分化出以产品开发、研发设计、管理咨询、信息咨询等精神产品生产为主的新兴行业，大量人才、资金、技术向这些行业集中。它们不但影响产业发展的动力和方向，而且改变了产业的体系、结构框架、发展重心及顺序等。这些变化为未来产业化发展带来了新的挑战，在经济发展方式转变的情况下，产业经济实体的发展也面临着方向性选择，因此，制定适应新经济形态的产业化发展模式迫在眉睫。

1. 现阶段产业结构演化的趋势特征

现有产业的要素投入结构、消费市场结构、产业组织结构等正在进行着全方位的、系统的调整[87]，它们给传统产业理论带来了巨大挑战。

（1）新兴产业不断涌现

发生在20世纪五六十年代一直延续至今的第三次科技革命，以电子计算机技术、通讯技术、生物技术、海洋技术、航天技术、新材料技术等高新技术为标志，在它们的推动下，生物工程、新材料及新能源产业、信息产业等一批新兴产业迅速建立起来。同时，随着物质产品的极大丰富，人们的消费结构层次高级化，精神文化需求已变得越来越重要，文化创意产业也因此快速兴起。随着新技术的广泛应用和新需求的不断扩展，大量的新兴产业不断涌现出来。然而，传统产业划分理论越来越无法全面包容众多新兴产业，不能反映产业升级和换代的发展趋势。

（2）产业融合突破了产业分立的限制，加大了传统三次产业归属分类的难度

产业融合是由于新技术的迅猛进步和需求的不断变化，不同产业之间的逐渐渗透、边界逐渐模糊并逐渐成为一个新的产业的现象和过程[88]（胡建绩，2008）。产业融合是产业发展在当前展现出的一个显著趋势。近几十年来，数字技术、生物技术和纳米技术等通用技术的突破性发展，使得产业融合的范围越来越广，影响力越来越大。产业融合的新形态出现，让传统的三次产业划分方法及其分析框架更难以相适应，无法用来揭示新型产业形态的变化特征，从而也将越来越失去其分析价值。

（3）在可持续发展经济的基本理论的支持下，产业发展更重视经济系统与生态系统的连接

传统产业分类方法，虽然把经济系统和自然系统联系起来，但它是以产业发展作为经济发展的根本目标，把产业系统封闭在经济系统内，既很少考虑生态系统、社会系统与经济系统的内在联系与协调发展，又片面强调经济系统向自然生态系统的单向索取，造成资源的掠夺开发，环境的污染与破坏，生态的损害、退化[89]（刘思华，2000）。生态系统是人类经济活动的基础，传统产业的发展正在使这个基础变得脆弱。面对这种情况，现代经济发展模式需要从非持续发展经济向可持续发展经济转变，相应的产业体系也应根据这种新情况、新趋势进行调整。

近年来，共用技术获得突破性发展，产业融合的范围也越来越广，影

响力也越来越大。一方面使新的产业形态不断出现，另一方面也让传统的产业结构分析框架越来越不适于用来揭示产业形态的变化特征。随着一些新兴产业在国民经济体系中地位的上升，许多学者尝试把新兴产业归为第一、第二、第三产业之后的第四次产业、第五次产业（如张曾芳[90]，2002等）。在产业融合背景下，学术界在尝试的四次产业、五次产业分类中就必然遭遇无法破解的难题。因此，对这些新型产业的认识不能再囿于传统产业的思维逻辑，而应建立在创造新理念对于产业发展的价值意义上，突破过去简单、孤立的产业划分范式，用产业进化的观点对现有产业进行创造性解构，在传统三次产业划分的基础上构建新型现代产业体系。

2. 基于文化创意产业的产业结构体系

我们知道，产品是产业最基本的元素。产业演进中的任何变化最终都会体现在产品功能或结构的变化上面。在产业融合的背景下，技术革新的实现以及新技术的广泛应用，增加了产品的技术含量，增强了产品的功能、特征，扩展了产品结构，使得原来没有关联的产品从需求角度结合起来并获得更高的效用，产品的附加值也大大增加。所以说，产业融合的出现使产品的价值构成走出“单一”向度，变得更加复杂。

（1）产品的价值构成

按照传统三次产业划分，人类所创造的一切产品可以大致分为农产品、工业品以及服务三个类别，它们分别对应着图3.2中的A+B+C+D，E+F+G+H，I+J+K+L三个部分。虽然在现实生活中，它们的差别明显，但在三次产业之间相互融合及新技术、新方法的不断渗透下，它们所蕴含的价值元素逐渐多样化，在价值构成上逐渐趋于统一。

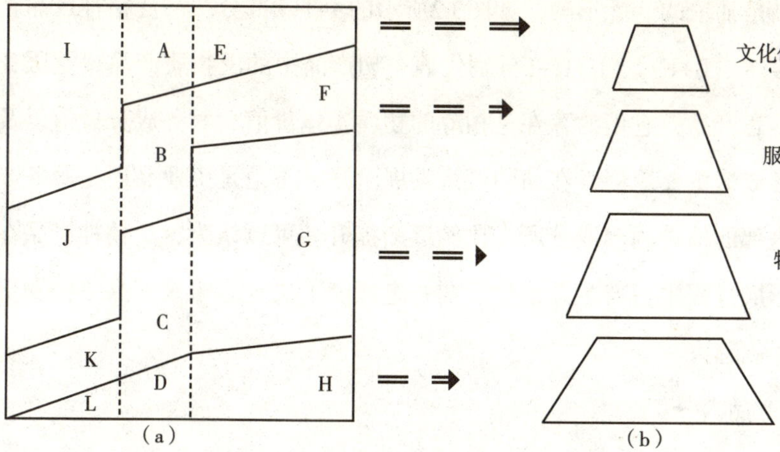

图3.2 产品的价值构成与新产业类别的关系

李向民（2005）认为，一切产品都是由精神内容和有形物质实体组成，精神内容是附着在物质之中的人类精神力量，包括动机、控制力、技术、造型以及品牌等等[75]。物质实体是产品中能够被人们的感官所直接感知的、精神内容所赖以附着在其上的外在物质载体和信号系统。物质实体是产品的自然形态，是支撑人类精神的自然基础、外在形式和功能实现的工具，物质产品的生产和使用受人类认识水平的限制。所以说，各种产品的价值形成过程不但是物质生产过程和价值增值过程，也是精神内容的价值转化和价值增值过程。同时，这一过程还包括产品生产、流通等过程中服务劳动的价值转化，即服务成分的价值。在人们普遍注重生活质量和自然资源变得稀缺的条件下，产品的生态价值凸现出来，如消费者更欢迎生态农产品、生态旅游产品等。综合来看，三类产品之间并不是毫无共性的独立体，相反，它们在内在价值组成上有着相似的结构，即都是精神内容价值、物质实体价值、服务成分价值以及生态价值的有机统一。

在这里，我们把各类产品中构成精神内容价值的部分称为泛精神产品，泛精神产品是抽象的、无形的，如图3.2所示的A+I+E部分。与泛精神产品相对应，C+G+K、B+F+J、D+H+L分别代表一切产品中的泛物质产品、泛服务产品和泛生态产品，它们的存在是相应的物质实体价值、服务成分价值以及生态价值形成的主要原因。在新的经济发展阶段，不论是工业品还是服务产品，它们内部的精神内容成分所占比例逐渐提升。可以认为，泛精神产品在产品价值形成过程中占有主导地位，在一定程度上决定着未来产品结构和价值结构的变化趋势。

（2）产品内分工

产品的价值构成表明，可以把一种产品的生产过程分解为设计、生产、分销、服务等一系列互不相同但又互相关联的价值环节。价值链的有效分解为产品内分工的进一步形成奠定了基础。当前，产业分工的一个显著的特征就是某种产品生产过程被拆散后形成以工序、区段、环节为对象的分工体系。产品内分工就是把生产的投入产出关系展开为供应链结构，使生产的价值创造活动转换为价值链流程。或者说，产品内分工本质上是将产品价值创造和实现的各个工序和环节有机地分配给不同企业运营。随着产品内分工的深化，精神内容价值、物质实体价值、服务成分价值和生态价值的生成逐渐从一体化的进程中独立出来。当形成具有一定规模的生产同质化、功能相近的产品和采用相同生产方式的企业集合时，分别从事精神产品生产、物质产品生产、服务产品生产和生态产品生产的新型产业也就产生了，即笔者提出的四种新的产业类型：文化创意产业、服务产业、物质产业和生态产业（见图3.2）。

许多学者提出了类似的观点，林民盾（2006）把商品生产中的三个核心元素（产品的创新设计、生产制造、营销管理）及企业对应的三种组织形式（研发型企业、制造型企业、营销专业服务企业）推广到产业的组合中，将传统产业组合的纵向结构合并、糅合后，从横向切断，分成三个层次：研发产业、制造产业和营销产业[91]。周振华（2003）认为，沿袭传统产业分类难以构建反映时代特征的新型产业体系，他针对产业融合的趋势，根据上海产业发展特征与城市特点，提出了内容产业、位置产业和物质产业三种类别的新型产业体系[92]。虽然这两种划分方式反映了精神生产、服务生产与物质生产相分离的产业特征，但在产业划分的完整性上还有待完善。为此，本书依据产品的价值结构及产品生成过程的价值关联特征做出了创新性的调整。

① 文化创意产业。在传统产业体系下，把最简单的物质生产和获取作为第一次产业，其属性是取自于自然界；第二产业是加工取自于自然的生产物；其余的全部经济活动统归第三产业。在新型产业体系下，精神产品的生产与再生产是第一次产业，是先导产业，是其他一切产业发展的原动力，精神产品的生产、扩散与应用影响着其他产业的进化。文化创意产业是提供精神产品的新兴行业，具有创造性或创新性的特征。文化创意产业的最初组成，处于图3.2中A的位置。由于专业化分工的深化，第一、第二产业的纵向产业链发生了横向分割，产业内部的研发设计部门逐渐从中分离出来，独立进入生产和交易体系，那么，I、E就构成了文化创意产业的另一部分，从而把文化创意产业的内涵拓展到泛精神产品部分。Howkins认为，创意产业是其产品在知识产权法的保护范围内的经济部门，知识产权涉及专利、版权、商标和设计几个类别。从这个角度看，文化创意产业相对于其他产业是中间投入型行业，位于所有产业价值链的高端部位。

② 服务产业。作为未来经济增长的关键部门，按传统三次产业划分标准，把以精神产品生产为主的文化创意产业纳入到以服务业为主的第三产业内，显然是不合适的。把精神生产部门列入服务业是混淆服务产品与精神产品本质差别的结果。服务业提供的是服务产品，服务产品具有非实物性、不

可储存性和生产与消费同时性等特征。关于服务产品，著名营销学家科特勒下了这样的定义："服务是一方能够向另一方提供的以无形性和不导致任何所有权转移为基本特征的行动或表现。它的生产既可能与某种有形产品相关联，也可能与之毫无关系。"可以看出，所有权无法转移是服务产品的根本特征。在这一点上，精神产品完全不同，特别是在知识产权制度出现以后，使精神产品交易可以像物质产品那样方便。不但精神产品的所有权可以发生转移，而且它还可以被传播、保存，这些是服务产品不具备的特征。在这里，我们把以服务产品生产为主的行业称为服务产业。由于服务产业的发展能够有效地促进精神产品的传播、扩散及应用，服务产业可根据服务过程中对技能、知识、文化等精神内容依赖的程度划分为知识密集型服务业和劳动力密集型服务业。其中，知识密集型服务业与文化创意产业的关联更为密切。

③ 物质产业。物质产品的生产过程除物质价值的转化外，还涉及精神内容价值的转化。因为，精神产品形成后不会以静止状态存在，它会在生产者的运用和支配下与相关产业发生频繁的互动，从而发生价值转移，导致文化、知识、技术等精神内容向C、H、F三个部分扩散、组合和渗透，即被注入到传统产业的普通物质产品之中。这个过程可以看成是精神产品向其他产业扩散而使创意或创新的价值得以实现并转化为现实生产力的阶段，显示出精神内容对相关产业的价值增值效应。此次扩散过程与物质产品的形成过程相对应，这里把从事物质产品（如工业品、农产品）生产、加工的行业称之为物质产业。物质产业是新型产业体系的基础部分，它以程序化、标准化的大规模生产为主要特征。物质产品是知识运用、自然资源转移和体力劳动结合的产物，以满足人们的物质需求为目的，是物质财富的重要组成以及物质文明建设的重要内容。

④ 生态产业。可以预知，物质产业的发展的直接后果是自然资源的枯竭和生态系统的损坏。如果这种消耗在生态的自然承载能力范围内，那么对生态环境不会有太大的影响。然而，人类的物质生产力水平已经达到了相当高的水平，对生态资源的消耗水平已经接近生态安全阈值，如果人们不能自觉地进行生态产品的生产活动，一方面生态环境质量的快速下降会直接降低人类的幸福效用水平，另一方面生态安全阈值的打破会造成生态的不可逆转性的消耗，从而使经济的增长无法保持持续状态。正是这种明显的社会经济后果，决定了生态产业化发展的必要，并为其提供了市场动力和导向。生态产业因此被视为一个新兴的重要产业，为弥补人类生产活动带来负面影响而延伸出来的产业。一般而言，生态产业是指从事生态产品生产的部门或行业，如环境改造、水资源保护、生物多样性保护、垃圾处理、污染治理、清洁生产、废物的再利用等。

在发展经济的时候，要更加重视发展基于生态系统承载能力、具有高效的经济过程及和谐的生态功能的生态产业，使其内部的生产体系或环节之间的系统实现耦合，达到物质、能量的多级利用、高效产出，实现资源、环境的系统开发和持续利用。生态产业的目的正是保护和改善生态环境，为社会提供生态产品（比如充足的阳光、新鲜的空气、安静的环境、清洁的淡水以及其他生态资源等），以满足人类生活和生产的需要。就企业来讲，尽管进行生态保护、垃圾处理、节能减排等活动不是它们的本意，但这是它们必须承担的相应生态环境成本和社会义务。总之，生态产业的功能在于恢复大自然的生态系统，并增加自然财富，这是生态文明建设的重要内容。

3. 文化创意产业与各产业之间的关系

新型产业体系由文化创意产业、服务产业、物质产业和生态产业四种产业类型组成。它们之间紧密联系，存在着自上而下的价值传递连接关系，每个产业的价值实现都以其他产业的存在为前提。在这个新产业系统内，它们是四位一体的，分别处于不同地位并各自发挥着重要作用。

在新型产业类型中，物质产业是一个关键环节，物质产品的生产和流通，为文化创意产业和服务产业提供了必要的物质条件。而且，正是物质产业的发展，才产生了对生产性创意和生产性服务的需求，成为文化创意产业和服务产业的主要生产内容。可以说，物质产业是以自然资源为基础，受文化创意产业支配和服务产业支持的基础性行业。以高新技术产品的制造为例，它们的实现无非要经历这样的过程：首先，通过文化创意产业部门（比如科技孵化中心或科研院所）的创新提供更多的新兴技术；其次，技术成果的推广与应用一般需要服务产业的参与，包括产权交易所、投融资平台、金融市场等部门；然后，技术进入到具体的生产领域从事物质的生产、加工，并形成最终的产品。其中，服务产业是介于文化创意产业和物质产业之间的中介行业，它的发展加深了两者的分离程度，从这个意义上讲，它也是文化创意产业与物质产业相互联系的纽带，为它们的顺利发展提供了重要支撑和保障。因此，服务产业是一种支持性产业，它的存在创造了良好的生产和生活条件，有利于人们的精神创造和物质生产。另外，生态产业是产业发展的重要补充，是经济可持续发展的重要前提，特别是在低碳经济、循环经济兴起的今天，生态产业的地位将会进一步提升。生态产业的发展一方面可以使其他产业朝着“生产清洁化、产业生态化”的方向发展，另一方面可以抵消人类活动带给自然环境的负面影响，从而改善人们的生存环境，提高人们的生活质量。与此同时，生态产业的发展离不开技术的支持，只有借助先进的科学技术，才能冲破物质资源的硬约束，开辟以不消耗物质资源、不污染环境的方式来加快发展经济和社会的新路径。

毫无疑问，文化创意产业在新型产业体系中处于核心位置。文化创意产业是提供创造性成果的行业，创造性成果即精神产品，以知识产权的形式存在。文化创意产业提出的意义不仅在于对所涉及的产业内容进行重新分类统计，而且还在于它作为独立的产业形式对整个产业结构演变的影响。文化创意产业重塑了产业结构，以产业价值链取代了传统的生产链，具备了对于其他产业通过分配、而不是通过生产来获得利润的特权，使其位居其他产业的高端部位。从而形成了以文化创意产业为顶点，科学、技术、文化等创意扩散、应用产业为基点的“立体化”或“网络化”的产业结构（见图3.3）。发展文化创意产业是把技术、知识、设计、品牌等精神内容融入其他产业的有效途径，能够改变传统产业的业态和产业分工秩序，从而加快产业升级的步伐。因此，在产业融合的背景下，产业升级常常表现为产品生产环节中精神内容价值的增加。

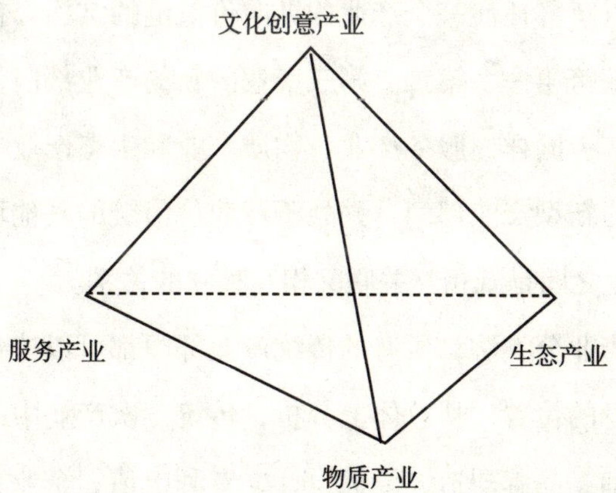

图3.3　文化创意产业与其他产业的关系

4. 新型产业与传统产业的关系

新型产业的产业划分与传统的三次产业划分有着根本性差别，或者说两者是完全相反的划分方式。传统产业分类法是自下而上的，揭示了以自然资源为劳动对象的产业发展规律。而新型产业体系的产业划分是自上而下的，充分体现了人的创造性在经济发展中的重要作用。

（1）新型产业与传统产业的关系

现代信息技术、生物技术及新材料技术的发展和应用，横向贯穿于传统三次产业，专注于这些现代技术研究与开发的企业，应归入传统三次产业的第一次产业、第二次产业还是第三次产业呢？显然，都不能。而新型产业体系不需要单独考虑产业分立的情况，它突破了传统三次产业的边界，通过“越界”促成不同行业、不同领域的重组与合作，是一个全新的产业分类方法，这是与传统三次产业的根本区别。新型产业是对传统的第一产业、第二产业以及第三产业的产业价值链进行区段分割，然后再横向融合的结果。因此，该产业划分方式适用于传统产业体系中各种产业类型，是对所有产业的统一调整，它可以解释任何一个产业的纵向价值链的结构。在这个角度上，文化创意产业是横跨第一、第二、第三产业的新的产业部门，处于传统产业价值链的高端环节；同样，服务产业、物质产业和生态产业也是横跨第一、第二、第三产业的新型产业部门，并处于产业价值链的其他环节。所以，它们与传统三次产业之间是既相互关联又相互独立的关系。

按照全新的产业分类法，所有的传统产业部门都可以按其属性在新型产业体系中找到自身的位置。从总体上分析，传统三次产业中的研究开发、工艺设计、管理咨询、品牌塑造、商标设计、专利申请、企业文化及形象设计等部门，应归属于文化创意产业部门；传统三次产业中提供金融支持、技术推广与服务、法律服务、产品运输、仓储、批发与零售的部门，则归属于服务产业部门；传统三次产业中以大规模的物质生产加工为主，提供各种物质产品的部门归属于物质产业部门；传统三次产业中的土壤改造、节能减排、垃圾处理、清洁生产、新能源的利用等活动则属于生态产业部门。以农业部门为例，袁隆平农业高科技股份有限公司已经不是传统意义上的农业，而应归属于研发型的文化创意产业，它占据着农业产业价值链的高端位置；为农业生产提供服务的部门，如农业技术推广服务、农产品流通服务等属于服务产业；广大农民虽然是高科技成果的受益者，但他们从事的是最为基础的种植业，即物质产业；由于对耕种土地的多次利用，造成土壤肥力下降，针对此进行的土壤保护工作则属于生态产业。新的分类体系对各种新兴产业同样适用，以文化创意产业、信息产业为例，文化创意和信息内容的生产属于文化创意产业；文化服务和信息服务属于服务产业；文化用品制造和信息设备制造属于物质产业。具体见表3.3。

表3.3 新型产业对传统产业间的解构

传统产业 / 新型产业	第一产业	第二产业		第三产业
		制造业	建筑业	
文化创意产业	农业新品种培育与研发、管理咨询、营销策划等	各种工业技术的研究开发、工业流程设计、工艺设计、产品外观设计、品牌塑造、商标设计、专利申请、管理咨询等	建筑设计、景观设计：各种规划设计单位，建筑设计单位	研究与试验发展、文化艺术业、软件业、教育业、设计业、新闻出版业、管理咨询业等
服务产业	农业金融支持、农业技术服务与推广、农产品流通与销售等	生产资料或产品的运输、仓储以及销售服务、金融服务、法律服务等	房地产行业、建筑材料的运输服务、仓储服务、房产销售服务等	金融业、商贸流通业、专业技术服务业、科技交流和推广服务业、旅游服务、文化服务、生活服务业等
物质产业	农业的耕作、种植与收割，提供农产品	对生产资料的加工，根据各种工序生产加工工业品	和建筑相关的各种施工单位的建造	餐饮业中食品制作与加工、各种服务设施设备的生产等
生态产业	土壤保护、植树造林等	废水处理、废气处理、垃圾处理、废物回收、清洁生产、新能源的利用等	建筑周围自然环境的规划与保护	生活垃圾处理、生态旅游业、清洁生产等

需要说明的是，尽管文化创意产业与三次产业之间存在着交叉融合关系，但就产业融合的程度来说，尤其以第三产业最为明显和深入。因此，在新的产业体系没有完全建立和普遍使用的情况下，把文化创意产业归类于第三产业仍然是个较为合适的选择。

（2）传统产业演变方向的特征

新型产业与传统产业发展的趋势是相对应的，在传统产业发展的经济环境、社会环境和生态环境发生改变的情况下，也就确立了新型产业划分方法的基本方向。同样，新型产业的划分会反过来指导传统产业的发展。未来传统产业会表现出以下几个方面的特征：① 传统产业创意化。传统产业中将会融入更多的知识、技术和文化元素，并向集约化方向发展，传统产业创意化程度越高，产业的附加值也就越高。② 传统产业服务化。产业现代化的程度常常用产业“服务化”的程度，即服务产业发展的程度来表示。所以，服务产业的发展状况一定程度上反映了传统产业的竞争力水平。③ 传统产业生态化。产业生态化发展是整个社会再生产得以持续发展的保证，在人类对生活环境的要求不断提高的情况下，生态化产业如生态工业、生态农业、生态旅游业等将成为一种趋势。

5.产业结构演化的验证性分析

现有资料没有直接针对新型产业发展情况的统计数据，因此，为了验证新型产业的发展，只有通过传统产业演化方向来间接说明新型产业的发展。

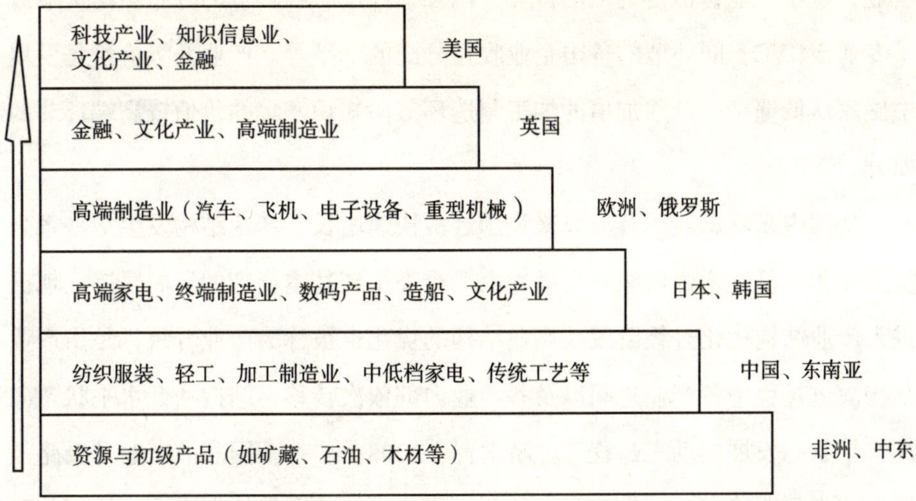

图3.4 全球价值链下的国际产业分工

从国际范围来看，产业发展表现出生产环节横向联合的地域集聚趋势，从而形成不同的地域分工体系和国际产业分工体系。特别是上世纪90年代以来，由于产品内分工和垂直专业化分工的出现，产业价值链内的不同生产环节被纵向分割，生产可以按工序的比较优势在更广泛的范围内进行。发达国家依靠自身的比较优势将制造业中的研发、设计、营销、管理从制造业企业生产中分离出来，把需要大量消耗能源、材料和污染环境的制造加工环节从产业中转移出去，分散到不同的发展中国家。它们在向发展中国家转移技术或产业时，始终保持着一定的“梯度”并掌握着主动权。通过全球价值链（GVC）组织生产，在控制高附加值的价值环节前提下实现国际间的生产分工和资源配置，发展中国家只能嵌入全球价值链的低端位置。发达国家在产业选择上集中在产业价值链高端的创意密集型的产业，如科技产业、信息产业、文化创意产业等（见图3.4）；发展中国家则只能选择劳动密集型的加工产业，位于产业价值链的低端位置。附加值在GVC各环节的分布不均衡造成了专业于GVC不同环节的各国企业收益分配的不平等。产业升级恰恰是发展中国家从低壁垒、低附加值的加工制造环节向知识密集的价值链高端环节的攀升。

从国内来看，改革开放以来我国经济快速增长，产业结构发生了一系列重大变化，呈现出由低级到高级、由严重失衡到基本合理的发展轨迹，现已进入产业结构优化升级阶段。产业结构的优化也被称为产业升级，是指产业结构演进过程中各产业之间以及各产业内部依次转移、结构从低水平状态向高水平状态发展的动态过程[93]（靖学青，2008）。一个国家的产业升级路径选择首先要明确产业结构演变的趋势，而这一趋势可以根据产业结构超前系数进行判定。产业结构超前系数是某一产业结构增长相对于整个经济系统增长趋势的超前程度[94]（高燕，2006），计算公式为：

$$E_i = a_i + (a_i - 1) / R_t \quad (3.1)$$

$$R_t = [\ln(GDP_{报告期}) - \ln(GDP_{基期})] / n \quad (3.2)$$

其中E_i表示第 i 部门的超前系数，a_i表示第 i 部门报告期所占份额与基期所占份额之比，R_t表示同期经济系统平均增长率。E_i大于1，表示第 i 产业超前发展，所占份额出现上升趋势，E_i小于1，表示第 i 产业发展相对滞后，所占份额出现下降趋势。

表3.4　我国第三产业各行业结构超前系数

行业	行业结构变化值（%）	行业结构超前发展系数
地质勘察业、水利管理业	–0.4	0.20
交通运输和仓储业	–2.9	0.36
邮电通信业	3.4	2.80
批发和零售贸易餐饮业	–3.1	0.70
金融、保险业	–3.2	0.59

续表

行业	行业结构变化值（%）	行业结构超前发展系数
房地产业	0.6	1.26
社会服务业	3.0	1.82
卫生体育和社会福利业	0.3	1.24
教育、文化艺术及广播电影电视业	1.9	1.71
科学研究和综合技术服务业	0.3	1.46

根据产业结构超前系数公式和国家统计局编制的《中国统计年鉴》的数据，计算出2001～2007年我国工业内部各大门类的结构超前系数和1997～2003年（2004年起第三产业数据统计口径出现重大变化，故未采用近几年份的数据）第三产业内部各行业的结构超前系数，分别见表3.4和表3.5。

从表3.4可以看出，在第三次产业中，以公共设施服务、商业、交通运输业为代表的传统服务业相对整个经济系统所占份额呈下降趋势，与此相反，一些新兴的产业，特别是与精神产品生产、开发、传播、消费即文化创意产业相关的行业发展快速，在经济总量中的比重不断加大，如科学研究和综合技术服务业、教育、文化艺术及广播电影电视业、邮电通信业等，它们的产业超前系数远远大于其他行业，其数值都超过1。由表3.5可知，近年来，我国工业结构已经走出由传统的以轻工业消费品为主的阶段，向技术水平要求高的重型工业以及知识密集型的电子工业转变，这表明一些精神内容价值含量不断增高的行业代表我国未来工业化进程的方向。结合表3.4和表3.5可以得出，我国产业结构有进一步软化的趋势，以文化创意产业为主导的新型产业体系基本符合我国未来产业升级和产业结构调整的方向。

表3.5　　我国主要工表业部门的结构超前系数

行业	工业增加值比重的变化（%）	行业结构超前发展系数
食品工业	–0.03	0.99
纺织工业	–1.31	0.70
家具文教工业	–0.28	0.87
石油化工工业	–0.70	0.91
冶金工业	3.90	1.66
机械工业	1.55	1.22
电子工业	0.05	1.01

四、本章小结

现阶段，产业的要素投入结构、消费市场结构、产业组织结构等都在发生着全方位的、系统的调整。特别是在精神经济发展阶段，以精神产品生产为主体的文化创意产业的优越性逐渐凸显出来，它的发展推进了经济发展方式的转变以及产业结构的优化升级。本章对文化创意产业与产业结构高级化的关系进行了实证分析。同时，随着产业融合的不断深化，传统的三次产业分类越来越难以准确地揭示现代产业结构的演变特征，其经济解释作用大大削弱。人类经济活动逐渐由“生产——技术——科学”的过程向着“科学——技术——生产”的过程转变，现实迫切需要与其相适应的产业划分体系。因此，本章提出了以文化创意产业为中心的新型产业体系，对于我国未来产业的发展有着重要的现实意义。它不仅反映了经济发展的现代化进程，而且可以为未来产业发展提供理论指导。

新型产业体系按照产业内部存在的精神、物质、服务和生态生产的四种价值生成关系，演化为四种现代产业类型，由它们形成相互适应与协调的可持续发展的经济再生产模式。新型产业体系把人作为经济发展的主体和目的，使人的创造能力成为现代产业体系发展的根本动力。这是对传统产业划分方法的创新，其内涵与特征符合人类文明前进的方向。现代文明最基本的、最主要的是物质文明、精神文明和生态文明三大文明格局。可是，长期以来，人们只把高度物质文明作为衡量工业化、现代化建设的唯一尺度与最高标志，不仅忽视了精神文明建设，而且放弃了生态文明建设，并是以巨大的惨重的生态恶果和精神代价换取物质文明发展，压抑了人们的精神需求和生态需求。这种发展模式与现代社会的文明相悖，现代文明应当是物质文明、精神文明、生态文明的高度融合、统一、协调的文明。与此相对应，未来产业发展也应“坚持以人为本，树立全面、协调、可持续的科学发展观”。

第四章
基于产业关联的文化创意产业的经济贡献分析

对任何一个产业来说，它的发展都不是孤立的，而是与国民经济体系中的其他产业紧密联系。一方面，需要从其他产业的发展中获取相应的资源；另一方面，为其他产业的发展提供相应的支撑。在经济活动中，各产业之间存在着广泛、复杂和密切的技术经济联系，就是我们通常所说的产业关联。其中，文化创意产业表现得尤为突出。文化创意产业的产业链长、产业关联度大，具有很强的外溢效应，能够带动与之相关产业的发展，并产生综合的联动效应。文化创意产业投入少、产品附加值高，它不仅体现在对经济的直接贡献上，而且更主要表现在产业的“波及效应”及其“价值增值效应”上面。

一、文化创意产业的产业关联结构分析

综合来看，文化创意产业的产业关联结构相对复杂，我们将从产业链和产业融合两个方面分别进行说明。

1. 基于产业链的文化创意产业关联结构

产业链是指在一种最终产品的加工过程中从最初的矿产资源或原材料一直到最终产品到达消费者手中所包含的各个环节构成的整个纵向的链条[95]。在分工日益深化的今天，任何一件最终产品或服务的生产和价值的实现，都不可能全部由一个企业完成，而要受到其所在的产业链上下游企业的制约。产业链是基于分工经济的一种产业组织形式，涵盖的产业范围较广，包括从供应商到制造商再到分销商和零售商等所有加盟的节点企业，强调相关产业或企业之间的分工合作关系[96]。产业链中的上下游企业会产生大量纵向关系。相关成果从多个角度对纵向关系进行了研究，其中涉及较多的是纵向一体化和纵向约束。产业链是资源在流动中创造价值的连续体，是企业相互合作，通过信息交流与共享，各种资源要素彼此配套形成的一个动态系统。文化创意产业的产业链延伸较长，从纵向一体化的角度来看，它的产业关联度大，具有很强的外溢效应，能够带动一系列相关产业的发展。从产业链角度，文化创意产业的产业关联结构分为前向关联、后向关联和旁侧关联三个类型。

① 前向关联。前向关联是指某个产业的产品在其他产业中的利用而形成的产业关联，即一个产业的产品成为其他产业的投入物，这样该产业就有前向关联作用。一般而言，一个产业通过生产、产值和技术等方面的变化来引起它的前向关联部门在这些方面的变化，或导致新技术的出现、新产业部门的创建等。文化创意产业与其他产业的前向关联机制主要体现为生产型文化创意产业对其他产业的影响。比如研发创意产业是通过知识研发活动为下游产业提供产品、技术和服务的组织和企业集合，这决定了它对各种产业都具有很强的前向关联效应。如基因再造、新品种培育等研发产业会给第一产业

带来新技术、新品种，诱发第一产业产生新的产业部门。

② 后向关联。后向关联是指某个产业在其生产过程中需要从其他产业获得投入品所形成的依赖关系。一个产业在生产、产值、技术等方面的变化能够引起它后向关联部门在这些方面的变化，例如由于该产业自身对投入品的需求增加或要求提高而引起提供这些投入品的供应部门扩大投资、提高产品质量、完善管理、加快技术进步等变化。

在一些技术应用非常广泛的文化创意产业领域，对制作硬件设施要求较高，制作成本投资很大、回报也相对丰厚。如世界级的电影与影视制作、网络传输、出版传媒、高级印刷设备、大型节庆活动，等等，主要以高技术设备为支撑。如果没有现代机器制造业和现代化学感光工业，现代电影产业的发展就缺乏在电影产品生产过程中所必不可少的材料和技术装备的支持，而这种对材料和技术装备的依赖和要求，又进一步为现代机器制造业提供更大的需求。

③ 旁侧关联。旁侧关联是指某一产业在生产过程中，有许多产业为其提供相关的服务而产生的部门关联效应。如主导产业部门的成长会引起周围地区在经济和社会方面的一系列变化等。文化创意产业与其他产业的旁侧关联机制主要体现在咨询策划创意产业和文化艺术创意产业对其他产业的影响，它们为其他产业提供咨询、营销、策划、包装等服务，或者为其他产业改善管理、树立品牌、扩大市场、注入文化元素并提高了这些产业的附加值。通过咨询策划创意产业与其他产业的波及效果指标，可以判断前者对后者的旁侧关联程度[97]。产业波及效果越大说明其旁侧关联程度越高，反之亦然。

2. 基于产业融合的文化创意产业关联结构

产业融合，是未来产业发展的新趋势，它能够加快产业结构的优化和升级。在一些新兴产业中，产业融合表现得更为突出。最早对产业融合问题的讨论是从技术角度进行的。1963年美国学者罗森伯格在《机械工具产业技术进步》一文中，对美国机械工具产业技术的演变进行了研究。他认为，在19世纪中期，相似的技术应用于不同的产业时，一个独立的、专业化的机械工具产业就出现了。他将这一过程称为技术融合，即不同产业在生产过程中逐渐依赖于相同的一套生产技术，原先分立的产业变得联系紧密。从经济学角度研究产业融合则是近几十年才开始的。植草益（2001）认为，产业融合是通过技术革新和放宽限制来降低行业间的壁垒，加强行业企业之间的竞争合作关系[98]。周振华（2003）认为，产业融合并不是在原有框架下对原本各自分离部门的简单整合，而是在相互渗透中形成一个可将不同部门容纳其中的新的框架[99]。厉无畏（2006）认为，产业融合是指不同产业或同一产业内的不同门类相互渗透、相互交叉，最终融为一体，逐步形成新产业的动态发展过程[100]。产业融合是产业现代化进程中发生的一种经济现象，它改变了原有的相互独立的产业结构，使产业之间的关联形式变得多样化。

（1）文化创意产业与传统三次产业的融合

文化创意产业可以理解为文化、科技和知识的融合的产物，创意元素广泛应用于各个产业形态之中，使文化创意产业对一、二、三产业越界重组，体现了产业融合的产业发展新趋势。因此，它不隶属于传统产业中的任何一个，而是在对传统产业的融合、渗透中提升产业结构的能级，促使新的三大产业分工[101]。

文化创意产业的发展可以为第一产业的发展注入新的元素，特别是高新技术、文化创意在农业生产中的运用，使得农业生产由原来的以自然条件为依赖，转向了对自然条件和创造能力的双重依赖，高科技农业、休闲农业、观光农业等新型农业形态的不断出现，极大地提高了农业的附加值。可以说，第一产业与文化创意产业的融合大大提升了第一产业的可持续发展能力。

文化创意产业与第二产业的关联主要表现在生产型文化创意产业与第二产业中各行业的一体化融合。文化创意产业本身是提供创造性成果的产业，有着典型的创新特征，又具有较强的关联效应和波及效果，它的发展可能引发新一轮的产业变革甚至工业革命。如研发设计型创意产业的大力发展可以增加大量的科学技术研究及其成果，这是第二产业技术水平和产品质量不断提高的源泉，同时是第二产业内部不断向知识技术密集型产业方向演进的重要推动力。由此可知，文化创意产业对工业活动的渗透和改造，促使各种高新技术（如生物工程、信息技术、超导技术）应用到传统工业，使文化创意产业与传统工业之间相互融合，产业边界发生交叉，甚至消失。如今，“文化引领科技”、“文化创意带动创新”已经成为一种共识，发展文化创意产业对于走新型工业化道路有重大意义。

文化创意产业既为第一产业、第二产业服务，也为第三产业服务，在许多国家和地区，文化创意产业并没有独立为一个产业体系，而是将其归入第三产业的范畴。从这个意义上，文化创意产业与第三产业的融合更加彻底，许多第三产业的行业部门本身就属于文化创意产业的一部分。但是文化创意产业同传统第三产业还是有区别的。这种区别，突出表现在文化创意产业是提供精神产品的行业，有着显著的创新性，这种创新性具体体现在文化创意产业相比传统第三产业其服务理念更加突出审美和精神享受的功能，其服务手段更加突出人工技巧和高新技术手段的结合。所以，文化创意产业即使作为服务业的一部分，也不是通常意义上的服务业，而是知识、创意和服务相融合的知识密集型服务业，如咨询策划行业，或者说是第三产业发展的高级化阶段的产业。

总之，随着精神经济阶段的到来，文化经济一体化、文化创意产业化作为时代发展的潮流已为世人关注，文化创意产业将会成为这个时代的主导性产业，并且与传统产业发生融合。这种融合的结果就是使各产业的知识、技术集约化程度和趋势加强，产业界限趋于模糊，特别是某些产业如高科技产业的渗透性和扩散性把原来的传统产业高级化了，注入了文化创意要素的新经济形态不断迸发，各产业向价值链高端不断迈进，从而促进了产业之间和产业内部的更迭和转换。

（2）文化创意产业与信息技术产业的融合

产业融合较早地出现在文化创意产业领域，特别是信息技术广泛应用以后，文化创意产业与信息产业的融合引起了人们的注意。1978年，麻省理工学院教授尼古庞特用3个重叠的圆圈来描述计算机、印刷和广播三者的技术边界，认为3个圆圈的交叉处将成为成长最快、创新最多的领域[98]。20世纪90年代以来，电信、报业、出版、广播电视、动漫、网络游戏、手机短信越来越成为经济发展和文化发展的热点，数字技术的发展进一步将通信产品、信息产品和文化产品有机地融合在一起，不同形式的媒体之间的互联性和互通性得到加强。产业融合改变了原有产业的运作模式，改变了传统的文化创意产业的发展方式。在产业融合的过程中，文化创意产业与其他产业之间以及文化创意产业内部各产业之间的边界逐渐模糊。

随着20世纪90年代以来的计算机、电视技术、电信及其相互结合为代表的现代信息技术的飞速发展，以计算机网、有线电视网和电信网为基础的“三网融合”已经成为网络发展的必然趋势，宽带多媒体平台正在逐步形成，并承载现有的和将来可能有的种种业务。可见，在数字化信息技术普遍发展条件下，文化创意产业与信息产业相互依赖，相互融合。信息产业是现代高科技行业的最具代表性行业，文化创意产业与信息产业的关联是在互动中走向融合的。科学技术是文化创意产业发展的助推器，科技的进步不断拓展着文化创意产业的领域，改变着文化创意生产、传播和消费的方式，文化的传播力和影响力因此而大大提升。同样，科技也需要文化，文化创意产业植入高科技行业充分体现了高科技的人文价值和人文关怀。

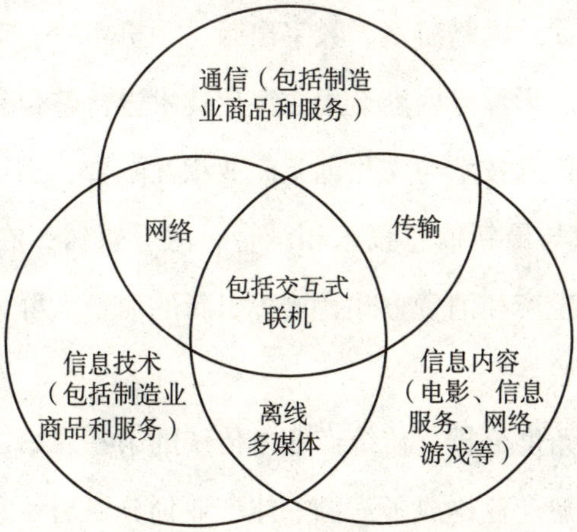

图4.1　信息产业与文化创意产业融合

资料来源：ADraft Definition of The ICI Sector .A discussion document prepared by the Statistical Panel under aegies the OECD.ICCP Committee.August 1997。

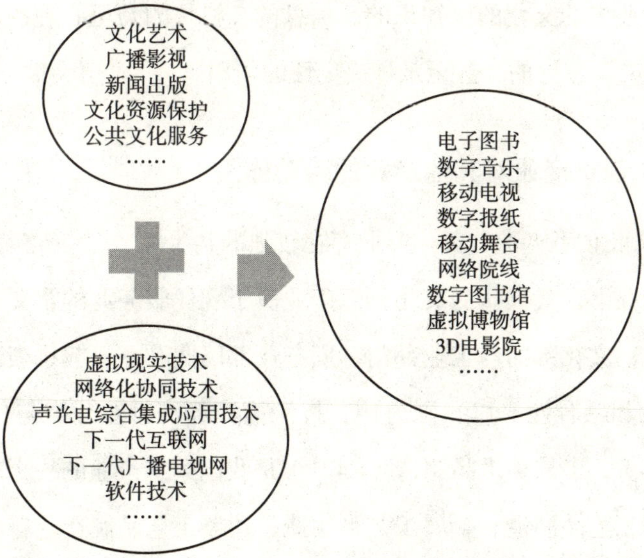

图4.2　文化创意产业与高新技术融合

目前，新的数字平台与服务模式的出现，如宽带、3G移动技术、数字电视和数字广播等，以及快速发展的消费模式的运用，为文化创意产业的发展带来了各种机会。催生出具有传统文化底蕴和以信息网络为载体的文化创意产品和服务，比如，网络游戏、数字出版、手机彩铃、动漫等。它们是将图像、文字、声音、影像等内容运用数字化技术进行整合和运用的产品或服务，是新经济时代信息技术与文化创意产业相互融合、相互支持的一体化产物。各种文化资源与最新信息技术相结合，融会重铸，在创意动力的推动下，搭建起了新的生产和消费方式，培育出新的消费人群，创造出更多的经济与社会价值。

从产业融合的角度分析，传统产业（传统的第一、第二和第三产业）、信息产业和文化创意产业构成了三位一体产业划分格局，它们的融合催生出许多新兴的交叉产业，构成了三大产业的中间环节，而文化创意产业则处于众多交融产业的核心地带，成为三大产业持续创新发展的起点和动力源。这就是说，产业中的文化的、知识的、信息的、科技的乃至心理的因素将越来越具有重要的、主导的，甚至某种决定性的作用。

3. 文化创意产业对其他产业的带动作用

（1）文化创意产业与其他产业存在较强的共生性

一般情况下，我们认为文化创意产业属于现代服务业的重要组成部分。但很多时候，文化部门与工业部门、服务业部门联系在一起，表现为非常明显的共生性和融合性。以我国为例，按照国民经济行业分类与代码（GB/T 4754—2002），工艺美术品制造（C421）是我国第二产业的一个行业门类，它包括雕塑工艺品制造、金属工艺品制造、漆器工艺品制造、花画工艺品制造、天然植物纤维编织工艺品制造、抽纱刺绣工艺品制造、珠宝首饰及有关物品的制造、其他工艺美术品制造。从行业的经济活动的性质来看，它们也应属于文化创意产业的重要组成部分。然而，在现有的产业分类标准中，这些部门往往属于工业的范畴，并没有纳入到文化创意产业范围的统计之中。在建筑、文化用品制造行业也存在着类似的情况。

从这个角度上看，文化创意产业并不是一个独立的产业部门，它已经同其他的传统产业交叉融合，工业中存在文化创意产业，农业中也存在文化创意产业（如农业文化观赏），服务业中更是包括文化创意产业的主体部分。事实上，任何一个产业形态，都可以融入不同的文化内涵，酒文化、茶文化、饮食文化、居住文化、汽车文化等，无一不反映着不同的文化价值取向。所以，文化创意产业与许多产业有着共生性的联系，它的融合能力强，融合范围广。

（2）文化创意产业的关联行业众多，对相关产业的带动效应较强

对任何一个产业来说，它的发展都不是孤立的，而是与国民经济体系中的其他产业紧密联系。文化创意产业的行业覆盖范围广，因此它具有较长的产业链和较多的关联性行业，其外溢效应显著，与许多产业产生综合的联动效应，并带动相关产业的发展。按照我国文化创意产业的统计标准，文化创意产业相关层可以看作文化创意产业关联紧密的行业，包括文化用品、设备及相关文化产品的生产，文化用品、设备及相关文化产品的销售。具体有造纸及纸制品业、印刷业和记录媒介的复制业、文教体育用品制造业、雷达及广播设备制造业、家用视听设备制造业、文化与办公用机械制造业、工艺美术品制造业等。

随着文化创意产业自身的发展，文化创意产业经由与相关产业的关联，会带动更多产业的共同发展。目前，在广泛的文化创意产业领域，多数部门对制作硬件设施要求较高，制作成本投资很大、回报也相对丰厚。如电影与

影视制作、网络传输、出版传媒、高级印刷设备、大型节庆活动，等等。就电影业来说，如果没有现代机器制造业和现代化学感光工业，现代电影产业的发展就缺乏在电影产品生产过程中所必不可少的材料和技术装备的支持，而这种对材料和技术装备的依赖和要求，又进一步为现代机器制造业提供更大的需求。总之，文化创意产业的存在，为相关产业的发展提供了原生的动力。

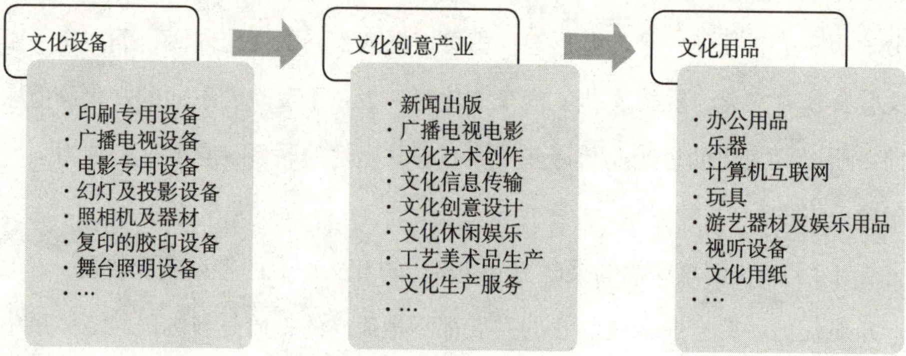

图4.3　文化创意产业的带动作用

二、文化创意产业对关联产业的价值增值效应分析

文化创意产业的特殊性不在于它与其他产业部门之间的投入产出关系，而在于它是产业高附加值的来源，对其他产业价值增值效应明显，从而使其对传统产业的升级有重要的意义。

1. 文化创意产业的价值创造

在精神经济发展阶段，精神产品的应用范围大大扩大，功能不断加强。

这使得以提供精神产品为主的文化创意产业与其他产业的联系更加紧密，其价值创造功能逐渐凸显出来。与传统产业所提供的物质产品相比，精神产品生产具有以下鲜明的特点：

首先，精神产品生产具有独创性。一般来说精神产品的生产是一种创新性的劳动，创新性是精神产品生产的最本质特征。其次，精神产品是一种物化的观念性的东西，其载体虽然是物化形态的东西，但其内容则属于精神性、观念性的东西。人们对精神产品的消费是消化、吸收附着在物质载体上的观念成果，即精神价值，以满足精神需要，这也是消费者精神的再创造、再生产过程。最后，精神产品生产具有共享性和扩散性。一般来说，精神是无形的，所以精神产品的思想内容也是无形的。但是，为了传播和积累，就要借助于物质载体，利用语言、文字、图画、符号、表格和图式等信息形式，表达或记录下来。因此，精神产品具有信息性。

胡晓鹏（2004）认为，产品价值系统的基本组成部分，包括功能价值、体验价值、信息价值和文化价值四个部分[102]。其中，功能价值是消费者为满足自己基本需要时愿意给商品物理属性支付的价格部分；体验价值指在同样物理属性的前提下，人们因外观形象等方面的差异而愿意多支付的部分，它主要取决于个人偏好；信息价值是指人们在消费商品物理属性的同时，因其具有给他人传递信号的能力而使商品增值的部分。以购买服装为例，其基本功能（御寒或遮体）和款式（体验价值）完全相同，但某些消费者却通过选择高价位同类产品显示自己的富有，这里多支付的价位就构成了信息价值；文化价值则表示人们消费商品的物理属性只是次要的，信号的传递也不是主要的，重要的在于商品内在的文化属性以及个人因消费商品所带来的归属感。从这个角度，精神产品的特征决定了文化创意产业的价值创造功能的综合性，它可以从不同的角度、不同的方式增加自身产品或相关产品的功能价值、体验价值、信息价值以及文化价值。一方面，它们能够为消费者提供审美情趣，满足消费者多元化的精神需求；另一方面，它们能为生产服务，以提高生产效率、创造更大财富为目标，将技术创意转化为产品的功能价值。

在现实中，精神产品可以渗透到物质生产过程的一切要素中，由知识形态物化为现实商品形态，变成直接的生产力，从而推动了社会的发展和物质文明的进步。在精神经济发展阶段，这种功能更加突出。文化对经济的广泛渗透，使产品的文化内容价值比重迅速增大，而产品的物质形式价值比重相应下降。在新增的社会财富中，文化性的软产品所占比重迅速增加，不仅新兴产品大部分是知识密集的产品，而且传统制造业产品的文化内涵也越来越高。一般消费品的生产，通过其品牌、设计将一定的文化形态、审美情趣，甚至价值观念附加于消费品之上，使之成为一定意义上的文化产品。广告业的发展已经使广告本身不再仅仅是纯粹的商品信息，而是成为精心设计、刻意迎合或推广某种精神价值的文化产品。在产品性质和功能方面，各种产品的差异往往取决于各类产品内部精神内容价值的差异。对一般的物质产品，它所包含的精神内容越大，越能借助物质实体的特性更好的满足人的各种需求，其附加值也就越高（见图4.4）。根据精神内容含量的多少，附加值高低的顺序依次为精神产品、高技术产品、一般物质产品和资源性产品。

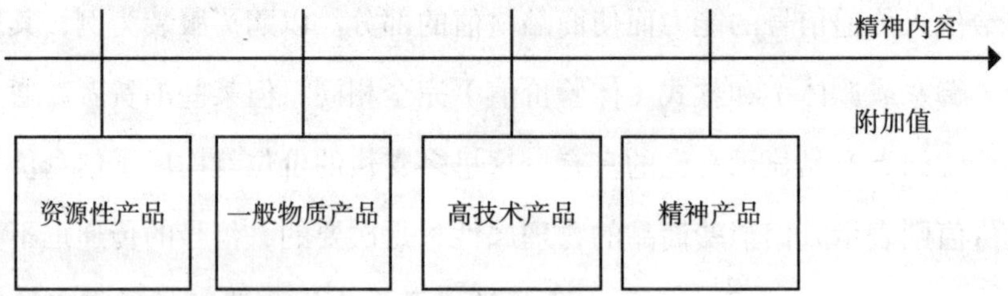

图4.4　产品价值规律

从产业发展角度来看，发展文化创意产业就需要在创意、技术、产品、市场有机结合的基础上构建起完善的产业系统，也即价值实现系统，形成包括核心产业、支持产业、配套产业和衍生产业的产业群，从而带动一批产业的兴起（见图4.5），不仅让人们充分享受价值创新的成果，也实现了文化创意的产业化和价值的最大化。这里核心产业就是指不断生产创意成果的企业，他们承担价值创新的任务，并主导着价值链的分配和延伸；支持产业是直接支持创意产品的制作、发展和传播的企业群，包括相关的科技、金融、媒体、广告等企业；配套产业虽然不是创意产品生产的直接支持者，但为整个创意产业的发展，包括人才的吸引和成长，产品的推介和促销，提供良好环境和氛围的企业群，如旅游、餐饮、酒吧、娱乐、培训等等。衍生产业是以核心的创意成果为要素投入的其他企业群，如玩具、文具、服饰、食品、纪念品等等。

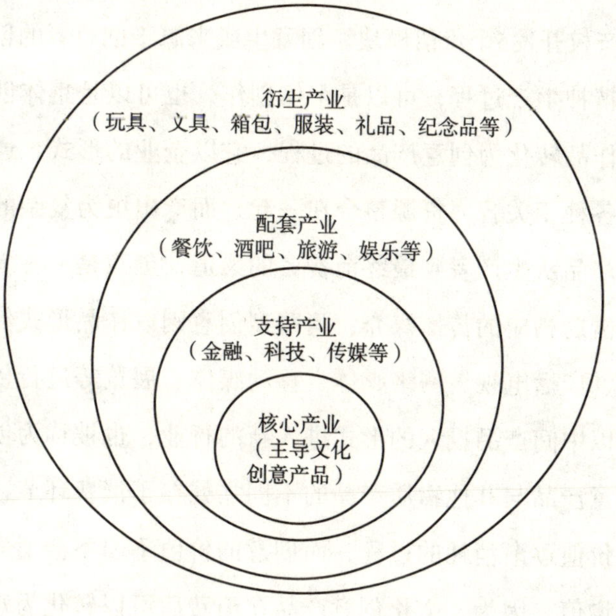

图4.5 文化创意产业形成完善价值系统的示意图

2. 文化创意产业与相关产业的价值关联

（1）文化创意产业自身的价值结构

文化创意产业价值结构主要体现为产业价值链的构成。产业价值链是价值链在产业层面上的延伸，是多个企业价值链的整合，是产业中一个不断转移、创造价值的通道[103]（李平，2006）。文化创意产业价值链是由一组相互联系的过程和阶段组成，它以文化创意源为起点，以消费者（生产者）需求被满足为终点，期间经历多个价值转化环节，包括创意产品生成、开发、传播、消费等，它的存在状态也从作品演化为产品、商品和消费品，并伴随着创意价值的生成、转化、增值、再转化、再增值的过程。可见，文化创意产业的价值创造以创意产品的流转为主线。因此，按照一定的界面规则，可以将文化创意产业价值链分解为创意生成、创意加工、创意传播、创意消费和创意产权开发5个价值模块。创意生成来源于创意者的创造活动，是一个复杂的精神生产过程，可以是个体创作，也可以是集体创作；创意加工是把创意作品转化为创意产品的过程，它以企业的形式，通过有效的组织运作，将各种相关智力资源整合在一起，而产出更为复杂的产品；创意传播指创意产品从生产者到最终消费者的渠道，创意是一种无形产品，它的传递必然借助相应的传播媒介，消费型创意则以作品形式借助各种传播媒介如影院、广播电视、网络媒体、移动媒体、展览等进行传播，而生产型创意大多以中间产品投入的形式进入新的行业，也被称为创新或创意扩散；文化创意产品与其他物质产品的不同之处在于消费环节，一般物品的消费是一个价值逐渐消耗的过程，而创意的价值不但不会消失而且还可以带来价值的增值，因为，文化创意产品在消费后可以转化为观念价值、文化价值等，使消费者获取消费体验的同时获得美感或知识，从而提高了创意产品的品牌声誉和无形资产价值，而且文化创意产品还可以重复利用；创意产权开发是通过产权运作对文化创意产品的再次利用，以产权授权或品牌授权的形式将创意融入相关的产品或行业，使创意的价值进一步延伸、扩展。在文化创意产品产权开发的基础上存在大量与文化创意产业相关的依附性产业，例如印刷业、通讯业、文化用品制造业、建筑业、服装业、纺织业、视听设备制造业等。文化创意产业的5个价值环节既相互独立又相互影响和制约，它们以“柔性契约”组合起松散性组织，并构成有独立功能的半自律性子系统（见图4.6）。

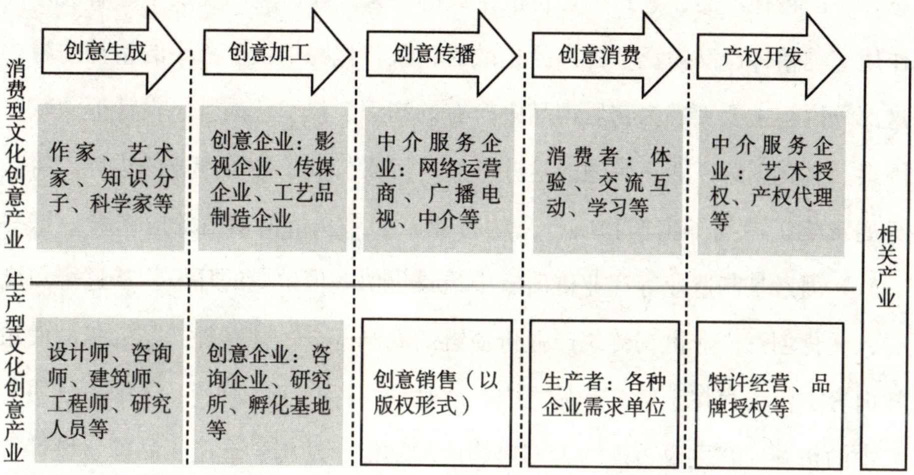

图4.6　文化创意产业的价值链和价值创造主体

注：灰色代表文化创意产业，白色代表文化创意产业的相关产业。

可以看出，文化创意产业的价值创造是一个开放的系统，它除了在系统内部创造价值外，还与系统外部的其他产业发生价值连接关系。在文化创意产业的产业价值链当中，创意生成、创意加工、创意传播三个价值模块是文化创意产品价值形成的依托，在这个过程中还会接受其他产业价值的输入；

创意消费、产权开发两个价值模块，是文化创意产品价值的扩散过程。这五个模块之间的结构特征表现了文化创意产业的价值连接关系。同时，它们之间的互动与整合，加快了文化知识的生产及传播的速度，从而扩大了文化知识的社会影响力。

（2）文化创意产业与相关产业的价值关联

从精神产品的存在状态和价值创造功能可知，文化创意产业是横跨第一、二、三产业的产业实体，即作为精神产品的文化创意会融入到传统的三次产业之中。其中，文化创意产业最核心的部分为纯精神产品，即以观念形态存在的精神产品，它是一切价值生成的源泉，在产业的发展中起着决定性作用。纯精神产品向泛精神产品扩散后，就转化为物质产品中的精神内容，这部分内容主要表现为物质产品中含有的知识、技术、品牌、设计等“软”因素，文化创意产业正是通过这些“软”因素打破了传统产业的边界，将自身的影响扩展到了生产物质产品的行业。如果从价值增值效应来看，这些“软”因素是制造业等产业价值链中最具价值增值效应的环节。从这个角度看，文化创意产业占据传统产业价值链的高端部分。纯精神产品的扩散使精神内容不仅仅存在于精神产品之内，而且广泛存在于物质产品之中。物质产品中的精神内容主要表现为人们对物质的功能、结构、造型、品牌、设计等方面的认识和思考，人们在生产过程中不断将这些精神因素注入到物质产品之中，从而使精神因素在物质产品的价值构成中发挥着重要作用。由以上分析可知，文化创意产业最为显著的两个特征如下：

① 位于产业价值链的高端，价值增值效应显著。文化创意产业的这种特征，首先表现为新技术特别是信息技术条件下，对传统产业产业链的分解重组；从传统产业的内部结构看，传统产业的组织形态是一条完整的从生产到消费的产业链，而文化创意产业与传统产业的联系不是由产业链来决定的，

而是由价值链定律来完成。文化创意产业的发展促进文化理念渗透到传统产业的设计、生产、营销、品牌和经营管理等环节，从而改变传统产业的价值链，创造新的增值空间而形成新的价值分配链条。在价值链的连接中，文化创意产业始终处于传统产业价值链的上游。由于文化创意产业位于价值链高端地位，文化创意产业对于文化创意产业具有通过分配利润，而不是通过生产来获取更多利润的特权。

文化创意产业的非物质化和虚拟性集中地体现了物质经济向精神经济的转变，即决定产业实力的不是物质产品的加工制造，而是管理技术、咨询服务、品牌、设计、制造工艺、生产标准、营销模式，以及各种各样的文化内涵等高附加值的精神产品的生产和应用。随着产业内分工的进一步深化，产业内部逐渐分解出众多的价值创造主体，在不同主体的相互协作下完成最终产品的生产。一个明显的特征是在产业内部精神生产与物质生产的逐渐分离，精神生产主要为物质生产提供智力支持和知识服务，如提供物质生产所需要的管理技术、品牌、设计、制造工艺、生产标准、营销模式等精神因素。它们的分离造就了文化创意产业的形成，以创新为特征的文化创意产业是产业内部价值创造的主体，它因此占据了大部分的利润空间，显示出文化创意产业在传统产业发展中的价值增值效应。图4.7（a）表示了一般产业价值链的“微笑曲线”，产业内部划分为精神生产和物质生产两部分，代表精神生产的研发设计和营销、品牌等环节位于“微笑曲线”的两端。如果对所有产业价值链纵向划分后横向整合，则是位于产业价值链的高端部位的文化创意产业。

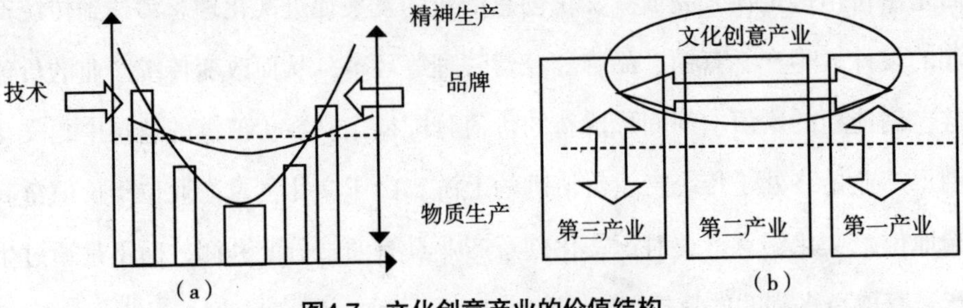

图4.7　文化创意产业的价值结构

随着社会的进步和经济发展水平的提高，产业经济发展表现为两个极为明显的趋势：一是在传统产业当中，知识、技术、文化的含量逐渐增加，最终起到决定产业竞争力和产业安全的关键作用，传统产业的发展对文化创意产业的依赖日益加深。二是物质消费不断被满足后，精神文化消费表现为巨大的增长潜力，文化创意产业在产业结构体系中的地位得到提高。

② 文化创意产业横跨三次产业，有较强的产业关联效应。在产业结构方面，文化创意产业以新知识、高技术生产和应用为特征，以高效便捷的金融服务体系和全球贸易市场为支撑，占据着从第一产业到第三产业的所有产业生产的关键环节，而一举成为以创新形成及应用作为产业核心基础的产业形态。可以认为，文化创意产业是精神经济时代最具代表性的产业，是精神经济时代的第一次产业，是基础性产业。创意的产生、扩散和传播不断影响着产业结构的演进方向，而且对推动传统产业的升级有着特别的意义。

创意是一种新的想法、新的构思或概念，是无形的。创意必须借助相应的载体才能向外界传递信息或实现自身的功能。人是创意的主体，人们能发挥想象力、创造力的地方就会有创意的存在，创意会渗透于人类所作用的各种对象。创意自身具备的高渗透性使文化创意产业有着广泛的产业关联效应。将图4.7（a）从产品层面放大到产业层面后显示出文化创意产业在这个产业结构体系中的位置，如图4.7（b）。文化创意产业是新时代下产业内部分工和不同产业间相互融合的产物，它的出现使得产业之间的界线变得模糊，产业之间的关联性进一步增强。与其他产业不同的是，文化创意产业不提供最终的产品，而是其他产业生产过程的中间环节，向其他产业提供中间投入品。由于文化创意产业主要提供精神产品，它与其他产业的关联以知识产权交易、技术产权交易、咨询服务等形式出现。文化创意产业的存在状态决定了它与传统产业有着紧密的联系，通过知识、文化、信息向传统产业的转移、扩散影响原有产业价值链延伸、扩展与增值，促使文化创意产业成为带动其他产业发展的新动力，其产业关联效应也更加明显。

3. 文化创意产业促进传统产业升级的方式

广义来说，大部分产业都有创意成分，然而文化创意产业所关心的是如何将创意转化为经济活动，包括形成产品和服务，以及这些产品和服务的制造、商品化、分销以及消费等过程。所以，文化创意产业发展，不仅仅在于一个新兴产业的启动，更重要的是它推动了其他产业领域的创新，如更新产品和服务的设计与策划，开辟新的蓝海战略，品牌战略和营销战略等。正因为如此，发展文化创意产业对传统产业升级有着重要的影响。那么，文化创意产业是怎样影响传统产业升级呢？这取决于创意在生产过程中存在的状态以及它的性质，不同状态和性质的创意促进传统产业升级的机制也不相同。现实当中，任何创意都是以精神产品的形式存在，精神产品是指人类在改造自然和社会的实践活动中，为满足社会的需要，通过付出脑力劳动，依靠知识、信念、智慧等要素进行创造性活动的结果。总体上看，精神产品分为自然科学（科学、技术知识）、社会科学（管理、经济及社会学知识）和文化艺术（美术作品等）三个类别。与此相对应，创意可以分为工艺创意、商业创意和文化艺术创意。它们对传统产业的影响取决于精神产品的流动性，由于技能、科学知识、艺术，甚至宗教方面的东西（讲道、祈祷、献物祝福）以及发明等等，都可以成为契约的对象，其买卖方式可与物同视。当知识产权制度实施以后，为精神产品在生产活动中自由流通、扩散提供了制度保障。精神因素因而变得更加活跃，其作用也更为突出。总体上，不同类别的创意在生产过程中的作用机理不同（见图4.8）。

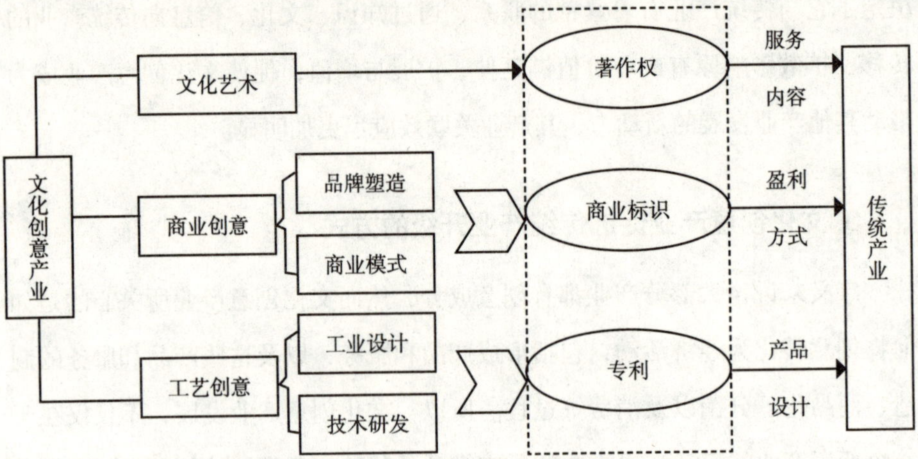

图4.8　文化创意产业与传统产业升级的关系

（1）文化艺术能够提高产品的精神文化价值

概括来说，人们有两种需要，一种是物质需要，一种是精神需要。现实中，精神产品主要满足人们的精神需要，物质产品主要满足人们的物质需要。但这并不意味着物质产品和精神产品价值属性的单一性，事实上，精神产品的传播离不开物质，物质产品的形成离不开精神，它们都是精神和物质的统一体，比如一个流行歌曲的光盘，它是含有物质成分的精神产品；一个做工精细的彩陶器，它是一个含有精神成分的物质产品，除了满足人的使用功能外，还能满足人的精神文化需求。因此，物质产品的功能价值和精神文化价值并不相悖，两种价值越高，产品的使用价值也就越高。

产品的多元属性为文化艺术与物质产品的结合提供了条件，文化艺术作为观念性精神产品，需要借助相应的物质载体传播它的价值理念或者美感，如果这个物质载体是一般的物质产品，那么，物质产品就充当了精神内容所赖以附着在其上的信号系统。同时，物质产品自身具备了人文关怀精神，从而易于消费者对产品产生情感共鸣和使用依赖。所以，文化艺术创新了传统产业物质产品的服务内容，提高了物质产品的精神文化价值。这个过程的实现离不开艺术授权，艺术授权是艺术生产和物质生产两个完全不同的领域结合起来的有效途径，传统产业通过给予艺术生产者一定的费用来获取艺术品的使用权。艺术授权不但增加了物质产品的吸引力和竞争力，而且增加了艺术品的传播空间和使用功能。以艺术为标识物的产权授权对象多见于居家用品、衣物布料等与人们日常生活息息相关的日用品，它们是负载艺术家创造的艺术符号的良好载体。比如迪斯尼集团将公司创作的动漫人物形象用于各种儿童玩具和儿童服装后，深受儿童的喜爱，大大提升了产品的竞争力。特别是在物质产品极大丰富的今天，物质产品中精神内容的作用逐渐抬高，它是企业提供差异化产品的有效手段。

（2）商业创意能够创造商业机会，降低生产成本

实际上文化创意产业强调的是文化和创新，从广义上说它是以创意为核心增长要素的产业，它的本质就是把文化思想、知识技能、创造力综合起来，形成新的产品，新的市场，提供新的服务，创造新的就业机会。比尔·盖茨如此解释创意：“创意具有裂变效应，一盎司创意能够带来无以数计的商业利益、商业奇迹”。更具体地说，传统产业通过与创意融合，可以开辟蓝海战略，开辟新的市场，实行新的商业模式等，或者塑造有特色的品牌，来提升竞争力。突出的表现在创意能够改进生产的投资和收益，一个好的创意能够使给定的一组投人得到更多或更好的回报。福特公司早期取得的

成就是个很好的例证，在同样技术条件下，率先采用流水线进行批量生产，使公司获得了巨大的竞争优势[104]。

商业创意更多是对生产过程的关注，这与创意的广泛存在性和较强的渗透性不无关系，创意会参与到企业运营的各个环节，促成产品价值增值。从企业原始创业到企业扩张的内部创业，完美的创意（投资计划）与风险资本一起见证了企业的形成及扩大再生产。经历创意发现财富阶段后转入创意实现财富阶段，创意开始在生产运营中发挥作用，完美的工作计划、合理的生产流程、尖端的生产工艺、出色的自主创新、灵活的管理方式以及不断调整而满足消费者需求的产品设计都与创意密不可分。同样，市场营销中出色的创意有助于形成鲜明的企业形象及知名的公司品牌，提高企业的无形资产价值。生产过程中的创意不仅有助于留住客户资源，争取更大利润，而且能够降低生产成本和交易成本，提高生产效率，与其他生产要素结合在一起构成企业最难以被模仿的竞争优势。管理咨询公司就是以提供商业创意为服务对象的企业，它运用先进管理方法和理论，针对不同的生产环境为各种不同的企业制定有效的商业模式和管理模式。

（3）工艺创意是产品功能价值形成的基础，是传统产业升级的关键

工艺创意主要包括工业设计、工艺设计和技术研发设计三个部分，在知识产权制度方面它们分别指外观专利、实用专利和发明专利。工艺创意是产品功能价值实现的基础，没有工艺创意就不会有产品生产的技术支持和功能价值的实现，是消费者购买产品时最终追求的目的，即产品的品质、功能、效用和利益等方面。工艺创新是以市场为导向，以提高经济效益为目标，从新产品、新工艺或新服务的产生，经过技术的获取（ 研究、开发和引进技术）、工程化、商业化生产到市场应用过程的一系列活动总和。技术创新可以分为突破性创新和增量性创新。前者利用崭新技术推出全新的产品、工艺

和服务；后者则着重于改进，推出质量更高、性能更好、功能更多的产品，或者使工艺效率更高。技术创新会改变各种生产要素，特别是劳动和资本的相对边际生产率，从而改变它们收益率的平衡。工艺创意通过自主创新极大地推动了自主品牌战略实施，因此，工艺创意是传统产业升级的一大引擎，是未来传统产业升级的根本保障和主要导向。技术创新能够改变产品和服务的功能结构，提高产品的使用价值，甚至是提供全新的产品；另外，设计则给产品和服务注入创意元素，为消费者提供与众不同的体验，从而提高产品和服务的精神价值。通过发展文化创意产业能够比较全面的把握技术、知识、设计、品牌等精神因素的应用，有助于传统产业从价值链的低附加值环节向高附加值环节升级。

在经济学上如何解释创意等精神产品对传统产业价值提升呢？创造就是不断地产生新的观念，通过新的观念替代已有的旧观念来制造差异，被熊彼特称为创造性破坏，并被视为保持经济增长的最关键因素。经济学家保罗·罗默（1986）这样认为，创意使产品的差异化程度加大，差异化的存在带来垄断，垄断带来高利润，高利润使产品生产的边际报酬递增，最终导致市场的不完全竞争结构。简而言之，差异化创造了利润。对消费者来说，不完全竞争带来的市场效率损失换取的是多样化和多功能消费体验。

三、文化创意产业的产业关联效应的实证研究

1. 数据来源与研究方法

（1）数据说明及调整

考虑到近几年我国经济发展迅速，产业结构变动较大，以及文化创意产

业为我国新兴产业的原因，故选取2005年中国42个部门投入产出表为最新基础数据，对我国文化创意产业的产业关联和波及效应进行系统的定量分析。目前，我国有关文化创意产业的统计工作相对于它的发展仍处于滞后状态，现有统计资料中没有针对文化创意产业的详细数据。为此，本书根据前文对文化创意产业所涉及的范围界定，在投入产出表中选取第三产业中的信息传输、计算机服务和软件业，科学研究，技术服务业，文化、体育和娱乐业以及教育业这五类行业作为文化创意产业统计指标。尽管这些数据统计与文化创意产业的内涵有所出入，但它们都是提供创意产品和服务的行业，基本囊括了文化创意产业所包含的产业类别，能够大致反映出我国文化创意产业的发展状况。

表4.1　　　　调整后的四类产业投入产出表

<table>
<tr><td colspan="2" rowspan="3"></td><td colspan="5">中间使用</td><td colspan="10">最终使用</td><td rowspan="3">进口</td><td rowspan="3">总产出</td></tr>
<tr><td rowspan="2">第一产业</td><td rowspan="2">第二产业</td><td rowspan="2">第三产业（除后）</td><td rowspan="2">文化创意产业</td><td rowspan="2">中间使用合计</td><td colspan="4">最终消费</td><td colspan="3">资本形成总额</td><td rowspan="2">调出</td><td rowspan="2">出口</td><td rowspan="2">最终使用合计</td></tr>
<tr><td>农村居民消费</td><td>城镇居民消费</td><td>政府消费</td><td>最终消费合计</td><td>固定资本形成</td><td>存货</td><td>合计</td></tr>
<tr><td rowspan="4">中间投入</td><td>第一产业</td><td colspan="5" rowspan="4">X_{ij}</td><td colspan="11" rowspan="4">X_i</td><td rowspan="4">Y_i</td></tr>
<tr><td>第二产业</td></tr>
<tr><td>第三产业（除后）</td></tr>
<tr><td>文化创意产业</td></tr>
<tr><td rowspan="5">增加值</td><td>固定资产折旧</td><td colspan="5" rowspan="5">N_j</td><td colspan="12" rowspan="6"></td></tr>
<tr><td>劳动者报酬</td></tr>
<tr><td>生产税净额</td></tr>
<tr><td>营业盈余</td></tr>
<tr><td>增加值合计</td></tr>
<tr><td colspan="2">总投入</td><td colspan="5">X_j</td></tr>
</table>

在以上基础上，本书对投入产出表做了适当的结构调整：将第一、第二产业内部各行业相加后合并成第一、第二产业；除文化创意产业之外的第三产业各行业合并为第三产业；把文化创意产业列为一个单独的产业。最终形成高度整合的四类产业的4×4投入产出表（见表4.1）。从计算原则上来看，文化创意产业实际上是从第三产业中剥离出来的，文化创意产业和第三产业（除文化创意产业）的合计就是第三产业，因此，把文化创意产业单独作为一个产业来分析，并不影响投入产出表的恒等属性。

（2）研究方法与指标选取

本书运用投入产出法分析文化创意产业的产业关联效应。投入产出法是美国经济学家列昂惕夫于1936年首次提出的，它是把一个复杂经济体系中各部门之间的相互依存关系系统地数量化的方法，主要运用投入产出表对经济问题进行定量分析[105]。投入产出表反映了社会再生产过程中各部门之间的技术经济联系，并通过一系列的系数值反映了产业之间的关联关系。完整的国民经济价值型投入产出表包括中间使用、最终使用、中间投入和增加值四个部分。这样就可以利用数据，计算出一系列反映产业之间相互关系、相互影响的指标，从而揭示某产业与其他产业的关联特性。其中，本书涉及的主要概念与指标有：

① 直接消耗系数和直接分配系数。直接消耗系数，也称为投入系数，它是指在生产经营过程中，某产业单位总产出所直接消耗其他产业的各种中间投入的数量。分配系数是指某部门提供的产品或服务（包括进口和调入），被各部门中间使用的比例。用公式表示为：

$$a_{ij}=\frac{x_{ij}}{X_j}\ （i，j=1，2，...，n）\tag{4.1}$$

$$a_{ji}=\frac{x_{ji}}{X_i}\ （i，j=1，2，...，n）\tag{4.2}$$

其中，x_{ij} 指第 j 产业对第 i 产业的消耗量；X_j 指第 j 产业的总投入。x_{ji} 指第 i 产业对第 j 产业的投入量；X_i 指第 i 产业的总产出。

② 中间需求率和中间投入率。中间需求率指国民经济各产业对第 i 产业产品的中间需求量（中间使用）与第 i 产业产品的总需求量（中间需求量＋最终需求量）的比值。中间投入率指国民经济中第 j 产业的中间投入与总投入（中间投入＋增加值）的比值。计算公式分别如下：

$$h_i=\frac{\sum_{j=1}^{n}x_{ij}}{\sum_{j=1}^{n}x_{ij}+Y_i} \quad i=(1,\ 2,\ \ldots,\ n) \tag{4.3}$$

$$k_j=\frac{\sum_{i=1}^{n}X_{ij}}{\sum_{i=1}^{n}X_{ij}+N_i} \quad j=(1,\ 2,\ \ldots,\ n) \tag{4.4}$$

式中：$\sum_{j=1}^{n}x_{ij}$、Y_i 分别为国民经济各产业对第 i 产业产品的中间需求量和最终需求量。$\sum_{i=1}^{n}X_{ij}$、N_i 分别为国民经济中第 j 产业的中间投入和增加值。某一产业的中间需求率越高，表明该产业越具有中间产品的性质。由于任何产品不是作为中间产品（生产资料），就是作为最终产品（消费资料），即中间需求率＋最终需求率=1。因此，中间需求率实际上反映了各产业的产品作为生产资料和消费资料的比例。中间投入率可以反映某一产业对上游产业的直接带动能力。由于总投入=中间投入+增加值，因此，在总投入不变的条件下，某一产业的中间投入和增加值构成相对增减的关系。通过中间投入率的比较研究，可以区分出各产业是“低附加值、高带动能力”还是“高附加值、低带动能力”的产业特性。

根据钱纳里、渡边等经济学家的产业划分方法和产业经济学的相关理论，按照中间投入率和中间需求率的差异，以高于或低于50%为标准，把产业部门划分为4个不同的产业类型，见表4.2。四个产业的产业特性：中间产品型基础产业的发展不易受其他产业供给限制的影响，同时又在较大程度上直接制约着其他产业的需求，可以说该产业的增长制约着一国国民经济的整体发展速度，因此该产业是“基础产业”；中间产品型产业的中间需求率和中间投入率都大，对其他产业具有较强的带动作用，是国民经济的经济增长点；最终需求型产业和最终需求型基础产业的产品或劳务主要直接面对普通消费者，基本上都属于一般竞争性产业。

表4.2　　根据中间需求率和中间投入率的产业划分

	中间需求率＜50%	中间需求率＞50%
中间投入率＜50%	最终需求型基础产业	中间产品型基础产业
中间投入率＞50%	最终需求型产业	中间产品型产业

资料来源：钱纳里、渡边：《生产结构的国际比较》，原载《经济计量学》。

③ 影响力系数和感应度系数。影响力系数F_i是指某产业的生产发生变化时引起其他所有产业的生产发生相应变化的程度。感应度系数E_i是指其他产业的生产发生变化时引起某产业的生产发生相应变化的程度。

$$F_i=\frac{\sum_{i=1}^{n} b_{ij}}{\frac{1}{n}\sum_{i=1}^{n}\sum_{j=1}^{n} b_{ij}} \quad j=(1,2,\ldots,n) \tag{4.5}$$

$$E_i=\frac{\sum_{j=1}^{n} b_{ij}}{\frac{1}{n}\sum_{i=1}^{n}\sum_{j=1}^{n} b_{ij}} \quad i=(1,\ 2,\ \ldots,\ n) \tag{4.6}$$

b_{ij} 是里昂惕夫逆系数，计算公式为（$I-A$）$^{-1}$，该矩阵称为里昂惕夫逆矩阵。其中，A为直接消耗系数矩阵。由于$X=(I-A)^{-1}Y$，其中X为总产出矩阵，Y为最终需求矩阵，里昂惕夫逆系数表示增加某项单位最终需求所诱发的部门生产额，即最终需求对不同部门的波及程度。影响力系数反映某产业对国民经济发展的推动能力。影响力系数大于1，说明该产业的影响力在全部其他产业中居于平均水平之上。感应度系数反映的是某产业受其他产业需求的感应程度即该产业受其他产业的拉动能力。感应度系数和影响力系数的大小可以看成某产业能否作为先导产业加以发展的一个依据。

2. 研究结果分析

（1）文化创意产业的产业关联分析

① 其他产业对文化创意产业的投入状况。任何一个产业在生产运行过程中都会因直接消耗各种生产资料而与其他产业产生联系。该产业与其他产业的投入关系一般用直接消耗系数来表示。就文化创意产业来说，它的发展同样离不开众多产业的投入和支持，由此间接带动了为其投入行业的发展。表4.3为对4×4部门投入产出表处理所得数据。结果显示，对文化创意产业投入最大的是第二产业，直接消耗系数约为0.28，这说明文化创意产业总投入或总产出中的28%的投入来自该产业。另外，文化创意产业对自身的直接消耗系数约为0.18，仅次于第二产业，并高于对第三产业（除文化创意产业）的直接消耗系数（约0.16）；但文化创意产业对第一产业的直接消

耗系数很小，仅为0.00058，说明第一产业对文化创意产业的投入非常低，几乎忽略不计。

表4.3 文化创意产业的产业关联系数

	直接消耗系数	直接分配系数
第一产业	0.00058	0.00337
第二产业	0.28044	0.19718
第三产业（除文化创意产业）	0.16167	0.15687
文化创意产业	0.18248	0.18248

从行业细分角度考察，由表4.4可知，除文化创意产业自身外，对其投入比率最高的第二产业是通信设备、计算机及其他电子设备制造业，直接消耗系数约为0.0726。可以预见，随着信息化水平的不断提高，创意生产对该行业的需求还会不断提升；其次是电力、热力的生产和供应业、造纸印刷及文教用品制造业，其直接消耗系数分别约为0.0633、0.0435。另外，对文化创意产业投入较高的制造行业还包括仪器仪表及文化办公用机械制造业（约0.017），化学工业（约0.0148），电气、机械及器材制造业（约0.008），通用、专用设备制造业（约0.006）等。而一些资源型行业如金属矿采选业、石油和天然气开采业、非金属矿采选业等占文化创意产业总投入的比重很低，几乎为零。结果表明，我国文化创意产业对以电子通讯设备为主的高技术产业的需求效应显著，这些行业提供了我国文化创意产业发展所必需的工具性生产资料，为文化创意产业的快速发展奠定了坚实的基础，并受文化创意产业的发展所带动。

相比之下，第三产业（除文化创意产业）各行业对文化创意产业的投入相对均衡，住宿和餐饮业、交通运输及仓储业、租赁和商务服务业、批发和零售贸易业、金融保险业对文化创意产业的投入比例较高，分别约为0.042、

0.043、0.023、0.016、0.014，这说明中介服务行业对文化创意产业的发展发挥了重要作用。其中，金融保险业对文化创意产业的投入系数偏低，在整个服务业中位居第6位。金融业支持力度的欠缺已经成为制约我国文化创意产业进一步发展的瓶颈。因为，文化创意产业是高投入高风险的产业，它的快速发展离不开风险投资机构等金融服务业的支持，只有加大金融业对文化创意产业的扶持力度才能解决创意企业融资难的问题。至于公共管理和社会组织对文化创意产业投入系数约等于零，这是由于文化创意产业还没有得到政府提供的公共管理和各种社会组织的重视，随着文化创意产业在国民经济体系中地位的提升，这一局面将会有所改观。

表4.4　各行业对文化创意产业的投入系数

行业	投入系数	行业	投入系数
文化创意产业	0.18248	煤炭开采和洗选业	0.00273
通信设备、计算机及其他电子设备制造业	0.07258	交通运输设备制造业	0.00250
电力、热力的生产和供应业	0.06332	食品制造及烟草加工业	0.00227
造纸印刷及文教用品制造业	0.04350	其他制造业	0.00196
交通运输及仓储业	0.04293	木材加工及家具制造业	0.00189
住宿和餐饮业	0.04210	金属制品业	0.00186
建筑业	0.03252	非金属矿物制品业	0.00152
租赁和商务服务业	0.02261	水的生产和供应业	0.00142
仪器仪表及文化办公用机械制造业	0.01697	卫生、社会保障和社会福利业	0.00124
批发和零售贸易业	0.01629	服装皮革羽绒及其制品业	0.00096
化学工业	0.01478	金属冶炼及压延加工业	0.00076
金融保险业	0.01384	农业	0.00058
其他社会服务业	0.01083	纺织业	0.00038

续表

行业	投入系数	行业	投入系数
电气、机械及器材制造业	0.00811	公共管理和社会组织	0.00034
通用、专用设备制造业	0.00641	非金属矿采选业	0.00004
旅游业	0.00447	废品废料	0.00003
石油加工、炼焦及核燃料加工业	0.00389	燃气生产和供应业	0.00003
房地产业	0.00354	石油和天然气开采业	0.00000
邮政业	0.00346	金属矿采选业	0.00000

② 文化创意产业对其他产业的投入状况。文化创意产业是提供文化、知识产品并受知识产权制度保护的行业，除一部分文化艺术产品直接满足人们的精神文化需求外，还有一部分技术、知识为各行各业提供技术服务和智力支持，是很多产业的中间投入行业。通过直接分配系数可以知道创意产品和服务的流向及比重，从而了解文化创意产业的发展受其他产业的影响和制约程度。从表4.3文化创意产业的分配系数可知，文化创意产业的最终消耗中，其产值约19.72%用于第二产业，约18.25%用于文化创意产业，约15.69%用于第三产业（除文化创意产业），还有约0.34%用于第一产业。第二产业对文化创意产业的需求已经超过文化创意产业自身成为最主要的流入部门，说明第二产业的发展越来越依靠创意产品和服务的投入，文化创意产业正成为我国制造业升级的重要保障。这也反映出，文化创意产业是第二产业达到一定发展水平后的产物，是产业结构调整和升级的必然结果。另外，文化创意产业也有较大比例用于第三产业部门。相比之下，文化创意产业对第一产业的投入比例却非常低，这与我国农业现代化水平低下及不重视知识投入不无关系。

表4.5　　文化创意产业对各行业的分配系数

行业	分配系数	行业	分配系数
文化创意产业	0.18248	仪器仪表及文化办公用机械制造业	0.00459
租赁和商务服务业	0.07331	非金属矿物制品业	0.00457
通信设备、计算机及其他电子设备制造业	0.06231	住宿和餐饮业	0.00439
建筑业	0.04671	农业	0.00337
批发和零售贸易业	0.01431	造纸印刷及文教用品制造业	0.00331
金融保险业	0.01396	金属冶炼及压延加工业	0.00307
石油加工、炼焦及核燃料加工业	0.01367	金属制品业	0.00236
公共管理和社会组织	0.01308	煤炭开采和洗选业	0.00191
化学工业	0.01231	服装皮革羽绒及其制品业	0.00190
电力、热力的生产和供应业	0.00948	其他制造业	0.00170
交通运输及仓储业	0.00884	木材加工及家具制造业	0.00150
旅游业	0.00825	纺织业	0.00136
其他社会服务业	0.00824	邮政业	0.00038
通用、专用设备制造业	0.00814	水的生产和供应业	0.00019
卫生、社会保障和社会福利业	0.00720	非金属矿采选业	0.00012
交通运输设备制造业	0.00698	燃气生产和供应业	0.00010
食品制造及烟草加工业	0.00617	金属矿采选业	0.00005
房地产业	0.00491	石油和天然气开采业	0.00000
电气、机械及器材制造业	0.00467	废品废料	0.00000

为了更清楚地说明文化创意产业对其他产业的投入状况，我们分行业进行比较。根据表4.5的数据，在第二产业中，我国文化创意产业对其投入最多的行业是通信设备、计算机及其他电子设备制造业，分配系数约为0.0623，表示该行业对文化创意产业的中间需求约占文化创意产业总产值的6.23%；其次是建筑业，分配系数约为0.047。除此之外，文化创意产业还比较多的应用于石油加工、炼焦及核燃料加工业（约0.0137）、化学工业（约0.0123）、

通用、专用设备制造业（约0.008）、交通运输设备制造业（约0.007）、造纸印刷及文教用品制造业（约0.0033）等行业。与以上行业相比，非金属矿采选业、水生产和供应业以及废品废料等能源或资源型行业与文化创意产业的关联度较低。具体来看，对文化创意产业依赖度较高的行业对创意产品消耗的种类也有很大不同，通信设备、计算机及其他电子设备制造业以及化学工业、设备制造业等是知识密集型制造业，文化创意产业向其投入的是技术创新方面的成果；而建筑业、造纸印刷及文教用品制造业、服装制造业则是文化创意密集型产业，向其投入更多的是文化、设计、品牌等软性价值元素。虽然不同的创意产品对各行业的作用机制不同，但文化创意产业对它们来说有明显的价值增值效应。一方面可以提高产业附加值，另一方面可以降低产业生产成本，这是创意产品与一般中间消耗品的最大不同。

从总体数据上看，第三产业对文化创意产业的需求比第二产业要少，但单个部门的情况反映出，第三产业各部门对文化创意产业的需求并不低于第二产业各部门。在第三产业中，像直接消耗系数一样，文化创意产业对自身的分配系数最高，约为0.1825；另外，分配系数较高的行业还有批发和零售贸易业、金融保险业、公共管理和社会组织、旅游业等，它们的分配系数分别约为0.0143、0.0140、0.0131、0.008；投入较少的服务部门有住宿和餐饮业、邮政业，即使如此它们的直接分配系数也分别达到约0.0044、约0.0004。因此，相对第二产业各部门而言，第三产业各行业对文化创意产业的需求相对均衡，且普遍保持在一个较高的关联水平之上。由此可见，大力发展文化创意产业是我国加快第三产业发展和产业结构升级的有效途径。

（2）文化创意产业的投入产出和需求分析

中间投入率反映了在生产单位产值的产品中从其他产业购进原料价值的所占比重，亦反映了该产业对其上游产业总体的、直接的带动能力。表4.6

数据表明，我国文化创意产业的中间投入率约为62.52%，远低于第二产业的中间投入率约78.41%，说明文化创意产业对其上游产业总体的、直接的带动能力较第二产业差距很大，这与现阶段我国整体上仍处于工业化中期阶段，第二产业在国民经济中占据主导地位的基本国情是相符的。总体上看，文化创意产业的中间投入率还是比较高的，远高于一般服务业（约54.29%）。从产出角度看，与产业中间投入相对应的是产业增加值，在总投入一定的情况下，某一产业的中间投入与增加值构成此消彼长的关系。由表4.6看出，第三产业和文化创意产业的产业增加值率分别约为45.7%、37.48%，高于第二产业（约21.59%）和第一产业（约36.45%），显示出文化创意产业的高成长性和高附加值性。在营业盈余和劳动者报酬两个指标上面，文化创意产业要高于制造业，一方面说明文化创意产业是人力资本密集型行业，其人力成本较高；另一方面说明文化创意产业的平均盈利能力强，属于高风险、高收益行业。

依据中间需求率，能够比较精确地计算出各产业部门的产品用作生产资料和消费资料的比例，从而较准确地把握各产业部门在国民经济中的地位与作用。表4.7反映了我国各产业的中间需求情况，其中第二产业的中间需求率最高，达到约55.31%；其次是文化创意产业，其中间需求率约为51.79%，已超过50%，能够看出文化创意产业的中间需求大于最终需求，它更多的充当了生产资料，从这个意义上讲，文化创意产业是一种生产性服务业，表明我国文化创意产业现阶段更多地承担着为工业发展服务的职能。而一般服务业和农业的中间需求率低于50%，分别约为38.93%、35.44%，它们以满足最终需求为主。产业的最终需求包括居民消费、资本形成、出口等部分。消费率和积累率分别反映居民消费和资本形成总额占产业总产出的比例。我国文化创意产业的积累率约为7.98%，即文化创意产业每提供100元的最终产出，只有约7.98元可以通过固定资本或存货的方式积累下来，该水平与我国其他产业部门相比明显偏低。主要原因在于文化创意产业所提供的产出以非实物型的服务产品为主，具有生产和消费同时性的特点，无法形成固定资本或存货，因而也无法积累。我国文化创意产业的居民消费率约为23.91%，即文化创意产业每提供100元的最终产出，约有23.91元被居民和政府消费，该水平高于第二产业的8.55%，略高于第三产业（除文化创意产业）的22.36%，但远低于第一产业的约67.71%。我国文化创意产业消费率较高，说明文化创意产业的发展需要一个旺盛的消费市场来拉动，其中居民的生活水平及其形成的消费市场尤为重要。另外，与我国其他产业相比，文化创意产业的出口率和进口率还比较低，说明我国现阶段的技术贸易和文化贸易还处于一个比较低的水平，我国文化科技在世界范围内的影响力还需要进一步提高。

表4.6　　文化创意产业的中间投入情况

	第一产业	第二产业	第三产业	文化创意产业
中间投入率	0.63554	0.78412	0.54286	0.62517
固定资产折旧	0.02736	0.03830	0.06228	0.07057
劳动者报酬	0.24366	0.08932	0.19900	0.19559
生产税净额	0.00370	0.04292	0.07002	0.02503
营业盈余	0.08173	0.04535	0.12584	0.08363
增加值合计	0.36446	0.21588	0.45714	0.37483
总投入	1.00000	1.0000	1.0000	1.0000

表4.7　　文化创意产业的中间需求情况

	第一产业	第二产业	第三产业	文化创意产业
中间需求率	0.35439	0.55307	0.38930	0.51793

续表

	第一产业	第二产业	第三产业	文化创意产业
居民消费	0.67713	0.08550	0.22360	0.23913
资本形成	0.29574	0.26630	0.09050	0.07983
出口	0.09471	0.13256	0.18298	0.03233
进口	0.19941	0.16349	0.12704	0.01968
总产出	1.0000	1.0000	1.0000	1.0000

（3）文化创意产业的波及效应分析

如表4.8所示，根据我国2005年投入产出表计算出42个部门的影响力系数和感应度系数。影响力系数（感应度系数）是该部门影响力（感应度）与所有部门平均水平的比值。影响力系数（感应度系数）大于、等于、小于1，分别表示该部门对（受）其他部门最终需求的影响程度要大于、等于、小于总体的平均水平。就影响力系数来看，第二产业各部门的平均影响力系数大于1，为1.0379；而第三产业（除文化创意产业）、第一产业各部门的平均感应度系数小于1。比较而言，第二产业各部门对产业发展的带动作用强于其他各产业，其中，尤以通信设备、计算机及其他电子设备制造业，交通运输设备制造业，电气、机械及器材制造业等技术密集型制造业最为突出，其影响力系数分别达到1.4047、1.3598、1.1323，分别位于42个部门中的第1、第2、第11位。总体来看，文化创意产业的影响力要高于一般服务业，特别是信息传输、计算机服务和软件业及综合技术服务业，其影响力系数分别高达1.0456、1.1378，大大超过总体的平均水平，位居42个部门中的第24、8位，表明这些知识密集型服务业的产业需求变动对我国国民经济其他部门有着显著的影响，是相关产业部门快速发展的重要推动力。科学研究、教育、文化、体育和娱乐业是以人力资本投入为主的行业，对其他产业的中间需求相对较少，它们的影响力低于总体行业的平均水平。

表4.8 我国文化创意产业的感应度系数和影响力系数

分类	产业部门	影响力系数	排序	感应度系数	排序
第一产业	农业	0.9736	31	0.7657	26
第二产业	平均	1.0379		1.0395	
	煤炭开采和洗选业	1.2337	4	1.3440	12
	石油和天然气开采业	0.3348	41	0.8391	23
	金属矿采选业	0.8748	34	1.0839	14
	纺织业	1.1343	9	0.8016	24
	服装皮革羽绒及其制品业	1.1318	12	0.4218	37
	木材加工及家具制造业	1.1879	6	0.5814	29
	造纸印刷及文教用品制造业	1.0640	22	1.0158	17
	石油加工、炼焦及核燃料加工业	1.0502	23	1.6018	8
	化学工业	1.1075	15	1.7262	6
	金属冶炼及压延加工业	0.8999	32	1.5135	11
	金属制品业	1.0846	18	0.8544	22
	通用、专用设备制造业	1.1316	13	1.1227	13
	交通运输设备制造业	1.3598	2	2.0276	4
	电气、机械及器材制造业	1.1323	11	1.0458	16
	通信设备、计算机及其他电子设备制造业	1.4047	1	2.0428	2
	仪器仪表及文化办公用机械制造业	1.1580	7	0.9125	19
	废品废料	0.3348	42	0.4320	36
	电力、热力的生产和供应业	1.0678	20	2.5151	1
	燃气生产和供应业	0.6345	39	0.3968	40
	水的生产和供应业	1.0759	19	0.4148	39

续表

分类	产业部门	影响力系数	排序	感应度系数	排序
第三产业（除文化创意产业）	平均	0.9346		0.9259	
	交通运输及仓储业	1.0202	27	2.0341	3
	邮政业	0.7891	36	0.4916	33
	批发和零售贸易业	0.8205	35	1.0532	15
	住宿和餐饮业	0.9880	28	0.9023	21
	金融保险业	0.5845	40	1.5509	10
	房地产业	0.6639	38	0.4187	38
	租赁和商务服务业	1.0650	21	1.5660	9
	旅游业	1.3052	3	0.4533	35
	公共管理和社会组织	0.8828	33	0.3545	42
文化创意产业	平均	0.9712		1.0239	
	信息传输、计算机服务和软件业	1.0456	24	1.6975	7
	科学研究	0.9861	29	0.5082	30
	综合技术服务业	1.1378	8	1.7367	5
	教育业	0.7030	37	0.4990	31
	文化、体育和娱乐业	0.9838	30	0.6779	27

从感应度系数看，第二产业各部门的平均感应度系数等于1.0395，依然高于第一、三产业及文化创意产业，显示出第二产业在我国产业结构体系中的主导地位；与影响力系数不同的是，第二产业各部门中感应度系数较高的除技术密集型制造业外，还包括能源、资源等基础生产资料供应行业，如电力、热力的生产和供应业及石油加工、炼焦及核燃料加工业等。平均感应度系数超过1的还有文化创意产业（仅次于第二产业），为1.0239，这说明文化创意产业和第二产业一样受影响于其他产业的拉动能力，对宏观经济环境的变化反应敏感。反过来讲，它们的发展又充实了其他产业的经济基础，提供

了其他产业进一步发展所需要的物质和智力条件。在文化创意产业各部门当中，综合技术服务业以及信息传输、计算机服务和软件业的感应度系数分别为1.7367、1.6975，已经达到了较高的水平，分别位于42部门的第5、7位，这两个部门受其他部门最终需求的影响程度要大于总体部门的平均水平，是我国产业信息化和技术化进一步提升的重要的支撑行业。数据显示，我国的科学研究、教育业的感应度系数较为低下，分别为0.5082、0.499。说明我国经济发展对科学研究和教育业的需求程度非常低。这与目前研发活动市场化、产业化程度低，研发产品参与市场交易少有关。而文化、体育和娱乐业与其他文化创意产业部门不同，它是提供最终需求的行业，其感应度系数不高则在情理之中。

3. 结论

理论上，文化产业具有产业链长、产业关联度大的特征，能够带动一系列相关产业的发展，并产生综合的联动效应。但具体到我国文化产业，虽然它的扩散效应及经济带动作用经过投入产出实证分析后在一定程度上得到证明，但其真实的带动能力与理论分析仍存在不小的差距。因此，未来需要采取若干对策提升我国文化产业的带动效应。本书运用投入产出分析方法对我国文化创意产业的产业关联效应做了详细论证。分析结论主要有以下几点：

① 我国文化创意产业与许多产业存在着密切的前向或后向的投入产出关系。在我国，文化创意产业最明显的特征是与第二产业关联性强，它与第二产业间的直接消耗系数、直接分配系数以及中间投入、中间需求率等指标值都明显高于其他产业，尤其是那些知识、技术和文化密集型的制造业。一方面说明我国文化创意产业的发展对第二产业的依赖程度高；另一方面说明文化创意产业对第二产业有着显著的促进作用。另外，各种指标显示我国文

化创意产业与第三产业（除文化创意产业）有较强的关联性，仅次于第二产业。但文化创意产业对第一产业的支持很弱，意味着我国农业的现代化水平有待于进一步提高。

② 现阶段，我国文化创意产业是中间产品型产业，属于生产性服务业。根据钱纳里、渡边等经济学家的产业划分方法和产业经济学的相关理论，我国文化创意产业属于中间产品型产业，即中间需求率和中间投入率都大于50%的行业。文化创意产业不但对下游产业有较强的渗透性，而且对上游产业也有较大的带动能力。目前，我国文化创意产业主要为其他产业提供中间供给品，以促进其他产业的发展为目的，这与我国是发展中国家的国情相适应。但随着我国产业现代化水平的提高，以及人们财富的增加，文化创意产业最终会从中间需求型产业向最终需求型产业转变，相应地会逐渐从生产性服务业向消费性服务业转变，以满足人们不断增长的精神文化需求。

③ 大力推进消费性文化产业的发展。从感应度系数、影响力系数以及生产诱发系数可以看出，我国消费性文化产业（文化、体育和娱乐业）目前还处于弱势发展的状态，对国民经济产业的带动和影响都极其有限。显然，这与我国居民日益增长的文化需求不相适应。目前我国的文化消费水平要大大低于国际上的发达国家，而且低的幅度非常大，因此我国文化消费还有巨大的增长空间。今后，我国政府应鼓励文化性消费，培养文化消费市场，提供相应消费补贴，通过市场拉动文化产业的发展，最终起到文化产业带动相关产业发展的结果。

④ 提升生产服务性文化产业的关联性。从文化产业的分配系数和前后向关联指数可知，文化产业对其他产业部门的投入还比较低。如果这种情况继续持续下去，我国文化产业就无法发挥它对产业的价值增值效应，从而延缓传统产业升级的步伐。像建筑业、造纸印刷及文教用品制造业、服装制造

业都是文化需求较高产业，它们的发展需要生产服务性文化产业的支持。因此，对生产服务性文化产业须给予足够的重视，在传统产业生产空间内合理布局相配套的文化产业园，使其更好地融入其他产业的生产链条中。

⑤ 推动数字内容产业等新兴文化产业的发展。由文化产业的投入系数可知，我国文化产业的科技投入量还不够高，说明一些新兴的文化业态（网游、动漫、数字电视等）还没有发展壮大起来。为此，政府应着手解决文化产业发展中面临的高新技术挑战，搭建企业、科研机构、高等院校之间的文化科技创新平台，为数字内容产业的发展奠定基础。只有如此，才有可能实现文化产业的跨越式发展。

⑥ 文化创意产业适宜作为我国的主导产业进行培育，并采取主动发展的产业战略。尽管我国文化创意产业在国民经济中的逆向波及效应和顺向波及效应都比较明显，但比较文化创意产业的影响力系数和感应度系数可以发现，我国文化创意产业的感应度系数高于影响力系数，也就是说，文化创意产业受到国民经济发展的拉动作用大于对国民经济发展的推动作用。如果采取依靠各产业的拉动来发展文化创意产业，则是一种被动的产业政策，它会受制于其他产业的最终需求。但反过来采取主动发展的模式，文化创意产业成果的主动应用则会提升相关产业发展的潜力和竞争力。显然，文化创意产业适合采取积极的主动发展战略，而不是被动的选择等待，只有如此才能充分发挥它对国民经济发展的推动作用。因此，需要我国政府专门制定适于文化创意产业发展的产业政策和行动规划，把文化创意产业作为未来产业升级的重点行业和产业结构体系中的主导产业进行扶持，甚至可以让它超前于国民经济的发展速度而优先发展。

四、本章小结

文化创意产业所涉及的产业门类较多，产业链的延伸也较长。因此，它与许多产业存在广泛的、复杂的和密切的技术经济联系。从产业链角度，文化创意产业的关联结构分为前向关联、后向关联和旁侧关联三种形式。从产业融合的角度，文化创意产业一方面与传统三次产业紧密融合；另一方面，它与新兴的信息产业融合不断深入。而且，文化创意产业与其他产业的关系不仅仅局限于单独的投入产出关系，它的价值创造特征决定了它对传统产业升级有着重要的意义，特别是那些文化创意需求较高的行业。为此，本章运用投入产出分析法进行了实证研究，并得出了一致的分析结论。

第五章

文化创意产业影响经济增长的路径及验证性分析

文化创意产业的性质是由它所提供产品的性质决定的。文化创意产业是提供精神产品和服务的行业，知识、文化、科学、技术、艺术等都属于精神产品的范畴，而它们越来越成为影响经济增长的关键要素。精神产品除了以产品的形式进入商品市场交易而产生经济效益外，更深层次的影响在于它的社会效益。精神产品大范围的传播对人们的知识结构塑造、自身素质的提高以及创新精神的形成等发挥着重要作用。由此可知，文化创意产业对经济增长的影响是复杂的、多层次的。

一、经济增长及其影响要素

保持持续的经济增长是国家宏观经济发展的重要目标。在激烈的国际竞争中，经济的持续增长变得越来越困难，保持长期稳定的经济增长是各个国家和地区共同追求的目标。经济学家在解释经济增长原因方面做出了卓有成效的工作，但须承认的是面对经济增长的问题时依然有大量的理论盲点。早期观点认为一国财富的增长主要依靠增加自然资源（土地、矿产等）、劳力和物质资本的投入，并认为物质资本是经济增长的决定性要素。但是，经济发展现状并没有为这些理论提供实践上的证明，比如许多自然资源、劳力和物质资本较为充裕的地区，经济增长的状况经常不尽如人意，甚至出现“资源诅咒”的现象[①]。而另外一些自然资源较为贫乏的国家和地区，却在经济增长上取得了令人难以置信的成就。新古典经济增长理论认为现代经济增长取决于资本积累的效果，强调只要保证资本积累，无论其初始的人均收入存在多大差异，最终都趋于收敛。但拉美地区在经历了一段时期的增长后无法突破经济增长的瓶颈反而陷入了贫困化境地，“拉美困境”使该理论一筹莫展。为了摆脱这种尴尬局面，不得不将经济增长的源泉归结为外生的技术进步。外生技术进步是非自生的，是不可控的，由外生技术决定下的经济增长依然不具备确定性。最终，经济学家的关注点落到了人类自身及人类的创造上来，作为经济活动主体的人终究是经济增长的最终推动者，人类知识的积累、技术的创新决定了经济发展的趋势及经济增长的潜力。人们通过学习已有的科学知识，不断从外界吸收和获取精神能量，转化为个人从事经济生产的能力，使生产效率的稳步提高成为可能。舒尔茨（1961）关注了个人的能力提高与经济增长的相关性，较早提出了人力资本的概念，他把资本区分为人力资本和“常规资本”(即以往经济学中的“物质资本”)，人力资本是“人们作为生产者和消费者的能力”,“人力资本是由人们通过对自身的投资所获得的有用的能力所组成的”、“人力资本，即知识和技能”[106]。贝克尔（1962）在坚持人力资本建立在人的才能的基础上，强调人的这种能力将对其“未来货币收入和心理收入”产生重要影响[107]。20世纪80年代兴起的内

① “资源诅咒”是关于国富国穷原因研究的一个经济学命题，其含义是指，一般情况下，拥有丰富自然资源的国家，从长期看，经济发展反而慢于自然资源并不丰富甚至贫瘠的国家。理查德·奥蒂（Richard M.Auty）首先提出这一命题。

生增长理论则将知识和人力资本引入经济增长模型，提出了要素收益递增假定，对新古典增长理论进行了全面的修正和发展。这一改进带来了一幅全新的增长图景：人均产出可以无限增长，并且增长率可能随时间变化而单调递增。可以看出，理论模型的演变是在对影响经济增长要素的不断调整中进行的，将生产函数的要素从劳动、土地、资本逐渐扩展到技术进步、人力资本和知识积累等无形精神要素上来。

已有理论比较合理的解释了经济增长的过程和原因，似乎有理由相信经济学家们找到了经济增长的规律，但实际上，即使满足上述的条件也不一定带来经济增长，因为他们没有指出引起经济增长的动力因素。在各种经济增长因素相似的条件下，不同国家的经济增长率差异很大。这不禁让人思考：经济增长背后的真正起因是什么呢？在漫长的人类经济发展史上，人类财富的增长在大部分时间内都几乎为零，经济快速增长的时期不过是近两个世纪的事情，是什么原因导致现代人对财富孜孜不舍的追求。在竞争中，为什么在世界范围内形成了以欧洲、北美、东亚为主休的三大经济圈？“中国模式”为何意外的成功？对这些问题的探讨，仅仅局限于经济因素是不够的，应该从更广泛的非经济因素或社会学角度进行思考。罗斯托在《经济发展的阶段》中写到：通过主流经济学研究发展的方法使人误入歧途，文化、社会和政治因素所起的作用不亚于经济因素……从一定意义上说，除非存在将人类和人类出于多维复杂性而建构的社会统一起来的理论，否则不可能出现索罗所认定为目标的经济发展理论。[108]

当单纯的经济因素不能对经济增长进行有效解释的时候，西方经济学家开始考虑不可控的非经济因素，一些看似不相关的要素被引入到经济分析之中，为发展经济学理论开拓了一个新的研究领域。新制度经济学派认为影响经济增长的关键是制度因素，一种提供适当的个人刺激的有效的制度是促进经济增长的决定性因素，无效率的制度会抑制甚至阻碍经济增长和发展，并肯定了以惯例、习俗、传统和文化为代表的非正式制度在制度形成以及经济增长中发挥的作用。古典政治经济学派则认为经济发展并不能用完全理性的决策来解释，应该把历史传统、社会结构、意识形态以及制度考虑进来；新政治经济学派已经在理解决策过程、内生化政府和鉴别有益于政策改革的条件方面，为经济学家进一步研究奠定了良好的基础。Barro（1995）把政治因素引入到经济增长模型中，通过对大量跨国数据的分析，得出民主和经济增长具有某种非线性关系[109]。政策的改革需要创新精神，但推动政治创新精神出现的理论还没有出现。另外，社会整体的价值观念和偏好也被看作是影响经济增长的动因，马克斯·韦伯认为，以积累、节俭为主要取向的“资本主义精神”是资本主义社会经济增长的主要原因。加里·贝克尔（1999）认为，偏好与经济增长率存在着相关关系，部分原因是因为口味有助于促进更快的经济增长[110]。我国学者林毅夫、程恩富、韦森、盛洪、汪丁丁、罗卫东、庄子银等分别从文化价值观、习俗、经济精神、心理状态、企业家精神等方面论述了精神因素与经济发展的关系。显然，他们的观点越来越接近于真实的世界，有助于人们了解经济增长的复杂过程。

可以看出，经济学家已经开始走出狭隘的经济领域，开始以更综合性的研究视角来分析经济增长的过程，对经济增长的解释能力也大大增强，这无疑是个巨大的进步。可以肯定的是，经济增长是多种因素共同作用下的结果，而且文化、政治、经济之间的自洽与平衡是经济增长的根本基础。从这个角度来看，文化创意产业是文化、经济、政治交融状况下发展起来的新兴产业，它除了自身对经济增长的贡献外，还可以与经济增长影响因素之间建立耦合关系，从而凸显了它在经济增长中的重要性。

二、文化创意产业影响经济增长的机制

文化创意产业作为知识经济时代的一项关键产业和国家战略，其意义不仅在于它本身创造财富，更深远的意义还在于由国家战略的“创造性”价值导向所倡导和激发起的全社会创新体系的建立，从而在“创造性”的国家共识上提升和锻造出国家核心竞争力[111]。所以，如果对文化创意产业对经济增长影响作用进行理论解释的话，仅仅局限于这个产业自身GDP的贡献是不够的，它的发展涉及文化与经济、创新与经济之间的共生系统以及它们之间的相互作用关系。这种特殊性决定了解释文化创意产业影响经济增长的过程所构建的模型必须是多向的、动态的、演化的等多维的视角。它涉及文化资本、人力资本、技术创新等与经济增长息息相关的生产要素。那么，我们关心的是这些要素与文化创意产业之间究竟存在怎样的关联特征，它们是怎样相互影响和转化的？以此来探讨文化创意产业对经济增长影响的内在作用机制。

国外经济学者对文化创意产业的增长效应的分析主要从三个层面进行[112]。首先是子行业层面的增长效应分析，一些经济学者分析了电影产业、有线电视产业、设计产业、图书产业等文化创意产业子行业对区域经济的促进作用；第二个层面是文化创意产业和经济增长的内在联系分析，利用时间序列数据或面板数据验证一国或一个区域文化创意产业发展对经济增长的促进作用，如Beyers利用OECD国家1980～1996年的数据进行了实证分析，研究结果证明文化创意产业发展是OECD国家在统计区间内经济增长的一个重要因素[113]；Dominic Power使用1970～1999年的时间数列数据，证明文化创意产业的发展显著地提高了瑞典的就业水平，促进了经济增长[114]；第三个层面是深

入分析文化创意产业促进经济增长的内在机制，如Kibbe认为文化创意产业发展在提高人力资本水平方面具有外部性，对经济的拉动作用要远大于对GDP的贡献率[115]；Allen采用2001年美国48个州的截面数据进行了实证研究，结果显示美国文化创意产业的发展改变了企业的投资模式，促进了消费结构升级，拉动了经济增长[116]。国外经济学者的实证分析虽然都论证了文化创意产业对经济增长的积极作用，但这些研究只是初步的、尝试性的，多数是针对单一因素进行的，并没有综合考虑文化创意产业及其对其他因素影响的作用机制。另外，我国文化创意产业在发展阶段、市场环境、准入范围等方面和西方文化创意产业都存在很大的差别，他们所得到的研究成果并不能说明我国文化创意产业与经济增长的关系。

1. 创新机制

自熊彼特（Schumpeter，1912）首创“创新理论”以来，特别是关于创新是经济增长源泉的理论观点，一直是经济学界高度关注和深入研讨的一个热点。在经济增长方面，索洛（Solow，1957）将技术进步引入道格拉斯生产函数，建立了新古典增长模型，揭示了技术进步对经济增长的重大贡献；Romer（1986）在索洛模型的基础上，将技术进步内生化建立了内生技术进步模型，证明了技术进步及经济增长的原因是随时间推移而不断增长的新的创意的数量，认为技术进步是长期经济增长的决定因素[117]。技术进步内生增长模型的基础是：① 技术进步是经济增长的核心；② 大部分技术进步是出于市场激励而导致的有意识行为的结果；③ 知识商品可反复使用，无需追加成本，成本只是生产开发本身的成本。在罗默等人提出的内生经济增长理论中，充分的重视了知识的作用，将技术进步完全的内生化。他们认为，增长的原动力是知识积累，而资本的积累不是增长的关键。

文化创意产业是源于个体创造力技能和才华的活动，通过知识产权的开发和运用，能够创造财富和就业的行业，强调创意对经济的支持与推动的新兴理念。从事个体创造活动的工作者已经超越了单纯意义上的劳动生产者，它属于创意阶层，专门从事的是脑力劳动。他们在运用各种已有知识的基础上，通过学习和自身的智慧进行新知识、新技能或新思想的生产，创新是他们的职业特征，创造是它们的天职。由此带来的创意，即便在创新应用领域无法发挥重要作用，但也不能否认他们在丰富知识领域内容的基础性贡献。一直以来，精神产品的生产、再生产被视为文化创意产业的核心，是文化创意凝结而成的重要成果。所以，原创性、知识性和文化性是文化创意产业的根本特征。从这个意义上说，文化创意产业是建立在内生经济增长理论之上，是不断产生新知识、新技术、新文化的源泉，通过这些无形的精神资产代替自然资源促进财富创造和经济增长。文化创意产业是不断引领经济可持续增长的发动机，使人类创造财富的过程中不再仅求助外部因素，转而开始依靠自身的一种内源性、可再生性的创造性资源。特别是在精神经济时代，文化创意产业提供的精神产品无论是作为技术形式存在还是作为知识形态存在，都显示出了在经济增长中特殊的地位与作用。

2. 扩散及溢出机制

文化创意产业所涉及的产业部门非常广泛，除了直接从事精神产品生产的部门外，还包括精神产品的传播和服务部门，比如图书出版、图书馆、广播电视、互联网传播等。所以，文化创意产业的发展一方面有利于更多新知识的产生，另一方面还加快了知识产品的流转速度，大大扩大了文化知识的影响力。文化创意产业的核心要素是信息、知识、文化资源等无形的生产要素，精神产品的价值并不是来源于稀缺，而是来源于普及，精神产品的普及程度越大，其价值也就越大。由于科技知识的表达、传播、学习大多以精神产品的形式进行，从而大大丰富了精神产品传播的内容。因此，大众媒体（报纸、杂志、书籍、广播、电视、网络）完成的工作以及学校和其他教育机构完成的工作，是从“已有该知识的头脑”传送到“还没有该知识的头脑”。传播是为人类活动服务的，因而传媒也为经济发展服务。同时，知识的扩散与传播必然带来知识的溢出效应。

文化创意产业的创造成果可以看作内生经济增长要素的对象，它的流通、扩散、溢出与内生经济增长的收益递增机制息息相关。从人类历史来看，知识扩散在社会进步过程中起着至关重要的作用。一项技术创新，除非得到广泛的应用和推广，否则它将不以任何物质形式影响经济。舒尔茨曾经指出，没有扩散创新不可能有经济影响。从一般意义上来说，知识扩散能促使创新在更大范围内产生经济效益和社会效益，推进一个国家产业技术进步和产业结构的优化，促进国民经济的发展。知识扩散是知识的复制，而知识溢出则是知识的再造。知识溢出过程具有链锁效应、模仿效应、交流效应、竞争效应、带动效应、激励效应。知识溢出产生外部性，它指知识接受者将获得的知识与自有知识相融合开发出新的知识，却没有给予知识的提供者以补偿，因而提供者没有享受全部收益；或者给予的补偿小于知识创造的成本，接受者自觉或不自觉地没有承担全部成本的现象，这一外部性和产生这一外部性的过程统称为知识溢出，即知识溢出不仅是一种结果，而且是一种过程。

文化创意产业的发展是知识扩散及溢出的重要途径。在已有的有关知识溢出或技术扩散的研究中，许多都忽略了出版、网络等媒体的助推作用。在当今信息时代，各种传播网络非常发达，社会成员之间已经构成了一个虚拟的交流空间，而这也正是许多创意人员获取新知识、新思想的重要来源。各种媒体在知识交流、技术扩散、知识溢出等方面发挥着越来越重要的作用。文化创意产业属于创新密集型和知识密集型产业，具有内生的收益递增发展机制[118]。在内生经济增长理论的架构下，已然确立了文化创意产业间接影响经济增长的内在机制。内生经济增长理论和新贸易理论都认为，知识溢出和经济增长有密切的联系。罗默的知识溢出理论认为，知识是追逐利润的厂商进行投资决策的产物，知识不同于普通商品之处是知识有溢出效应。阿罗最早用外部性解释了溢出效应对经济增长的作用。他认为新投资具有溢出效应，不仅进行投资的厂商可以通过积累生产经验提高生产率，其他厂商也可以通过学习提高生产率。溢出效应带来了规模报酬递增，导致企业产出效率提高和财富增加，从而引起经济增长。

3. 转化机制

当文化创意产业所创造出来的精神产品除了在满足人的精神需求之外，由于其知识溢出及扩散效应而使其成为影响经济增长要素的重要原因时，这些精神产品就不再是单纯意义上的产品了，它具有显著的价值增值效应，这时候它就转化成一种新的资本形式，我们称之为精神资本。根据精神资本的存在状态，可以把精神资本分为内在精神资本和外在精神资本两个类别，二者相互影响，相互转化，都与文化创意产业的产业结构体系有着紧密的关联。

外在精神资本是人类精神活动或精神生产的产物，即精神产品[119]。它是人类对客观世界的反映，经过信息获取、加工、处理而形成的精神创造物。按照人们一般的理解，精神产品分为两个类别，一类是生产性的精神产品，即人们在生产实践中的认识、发现与创造，以实用性为主，它们包括科学、技术、知识、语言、文字等，是技术创新成果的代表；另一类是满足人类精神需求的精神产品，它们是更多的主观性创造，带有明显的意识倾向，能够维系社会稳定运行及塑造人们价值观的创造成果，包括宗教、哲学、伦理规范、文学作品、艺术作品等，成为文化创意产业的精神资源。两类精神产品的社会功能是有差别的，前者提高人们的科学文化素质，后者提高人们的思想道德素质。在当前，精神产品的商品化已成为时代的潮流，这是文化创意产业快速发展的重要动力。同时，这也是促进当代知识、精神财富迅速增长的重要经济杠杆。

如果说精神产品是人们精神的外化后的产物，受精神产品扩散、传播影响而形成的人们自身的价值观、心智水平及个人能力则属于内在精神资本。内在精神资本的形成可能是主动的也可能是被动的，比如，在教育手段的帮助下，通过学习、消化、吸收精神产品的内容，内化为个人的认识水平和价值取向。与外在精神资本类别划分相对应，内在精神资本同样包含两层涵义，一是对文化类精神产品的吸收内化为精神力量，即个人和集体的价值观念，是文化意义上的精神资本，可以成为文化资本；二是对科学知识类精神产品的吸收内化为社会个体的能力和知识水平，从这个层面上讲，更接近人力资本的概念。其中，外在精神资本与内在精神资本的转化关系同显性知识及隐性知识的关系非常相近。内生经济增长理论认为技术创新是经济增长的源泉，而劳动分工程度和专业化人力资本的积累水平是决定技术创新水平高低的最主要因素。这个转化过程分为两个阶段，一是外在精神资本向内在精神资本的转化；二是内在精神资本在经济发展过程中的价值转化。文化创意产业的发展加速了这两个阶段的转化进程，使精神产品数量不断增加，人力资本和文化资本的不断积累，间接地加快了经济增长的速度。精神资本是一个关联性、自组织性非常强的体系，外在精神资本与内在精神资本相互促进、相互影响、相互制约（见图5.1）。这是一个开放的内循环系统，是不断地从实践到精神资本，再从精神资本到实践的过程，它们之间的相互转化，不但带来了经济增长，同时促进了社会的进步。

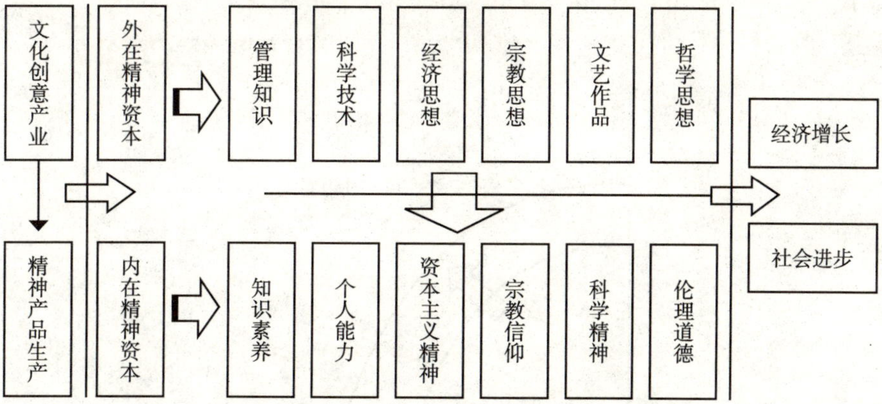

图5.1　文化创意产业影响经济增长的机制

增长分析的传统是总量分析，所以，产业结构因素一般不被考虑，从而具体产业的增长效应自然不会进入增长理论的范畴[120]。然而，以W.罗斯托为代表的增长部门分析法，则强调增长过程的不均衡性，因为经济增长来自技术进步，它对增长的作用一定体现在应用中，即技术进步必然体现为某一部门的产品创新、流程创新或工艺、组织创新，所以，增长必然是由这些技术应用部门的增长拉动，并通过这类部门与其他部门的联系，带动更多部门的增长，进而形成增长过程。这类最先应用技术的部门就是某个时期的主导部门，现实的增长就是在主导部门的形成和替换中实现的。从而形成一个不断由创新推进的演化观点的经济增长分析思路。文化创意产业的发展非常符合上述产业推进经济增长的演化思路，它通过创新机制、扩散机制和转化机制深化了对经济增长的影响路径和过程。同时，这三种机制是相互联系的，它们之间存在递进的价值转移关系，这三种机制的存在使文化创意产业发展的外部效应非常明显。它的发展除自身对经济增长的作用外，还能够影响其他生产要素的形成和转化效率，使相同劳动力和资本的要素组合状况下，最大生产能力不断得到提升，从而实现生产可能性边界从S1扩展到S2（见图5.2）。

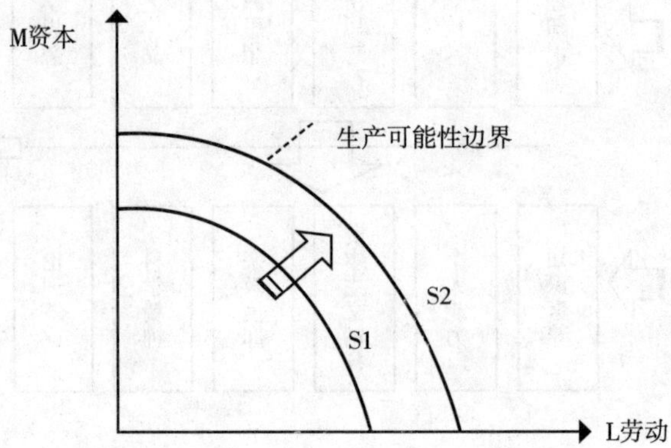

图5.2 文化创意产业作用下的经济增长

三、文化创意产业影响经济增长的路径分析与假设

1. 文化创意产业影响经济增长的直接路径

现阶段，文化创意产业在各国家和地区的发展表现出非常强的成长性、创新性和产业关联性，对经济增长有突破性的带动作用。此外，文化创意产业还开辟了文化资源调动并整合经济资源的全新发展模式，有利于把增强高附加值产业比重的经济目标和弘扬民族文化的社会目标有机地结合起来。文化创意产业的发展集中了大量的智力资源与创新要素，它成为国家范围内高度依赖的内生增长路径的核心，也同时使其成为拉动新一轮全球经济增长的引擎。正是由于它明显的经济增长效应，文化创意产业日益受到各国政府和

理论界的重视和高度关注。

文化创意产业的快速发展对就业的拉动作用十分明显。根据西方学者的相关研究，文化创意产业与劳动力就业之间存在显著的相关关系，文化创意产业的发展不仅提供了全社会就业总量9%以上的就业容量，而且呈现出接近总体就业增速4倍的扩张速度，因而文化创意产业自形成起，就备受各国政府的重视和扶持。特别是在发达国家，经过几十年的发展，文化创意产业不仅是国家文化的基本形态之一，而且越来越成为强大的经济实体，创造出了可观的经济效益，已经成为支柱产业和重要的经济增长点。许多国家文化创意产业的产值已经占到了国民生产总值的相当比重，是国民经济的重要组成部分。就我国而言，今天的文化创意产业也将成为现代化服务业的重要组成部分，其增长远远超出一般服务业的平均水平，其对我国经济增长的贡献逐渐增大，并成为一个地区综合实力的最直观、最具体的反映。对此，许多学者做了相关的研究，Bataloyal（2008）等通过理论模型验证了区域创意资本积累的条件和对区域经济发展的巨大作用[121]；冯子标（2008）认为，在精神文化消费不断增加的背景下，文化创意产业带动了工业和服务业发展，并且对城市化有促进作用[122]。总之，文化创意产业对经济增长的贡献是不容忽视的。

H1：文化创意产业的发展对经济增长有直接的正向促进作用。

2. 文化创意产业影响经济增长的间接路径

文化创意产业的最终产出是精神产品，精神产品以商品的形式在市场上的生产、流通和消费过程，带来了价值增长和财富的增加，直接促进了经济的增长。同时，精神产品是集知识、技术、文化于一体的无形产品，它不会随着人们的消费而消失，而是在消费过程中广泛的传播、扩散，最终转化为人们的知识水平和文化素养，极大地提升了人力资本的积累，并逐渐改变人的价值观念，从而间接地作用于经济增长。但是，这一过程并不是单一的传递，不同的精神产品类别以及不同的流通途径会产生各不相同的经济增长效应。

具体来看，文化创意产业对经济增长的间接影响体现在以下几个方面：

① 文化创意产业通过技术创新、知识积累作用于经济增长。已有的知识和技术是文化创意产业发展的文化资源，它们在流通中也是以精神产品的形式出现。同时，文化创意产业的发展又创造出更多的知识和技术。因此，随着文化创意产业的广泛发展，科学日益发达，知识更加丰富，新技术不断突破，它们的取得与应用为各个国家经济增长奠定了智力基础。文化创意产业所提供精神产品的“知识”部分，如知识和技术进步可以极大地促进现代经济增长。如果借助新经济增长理论中的索洛模型，还可以对“知识”在促进经济增长中的贡献进行定量测评。Allow、Rumor、Lucas等做了大量的相关研究并进行了实证分析，他们认为创意、知识、思想的更新能够改进技术，一个好的创意、想法能够使给定的一组投入得到更多或更好的回报。Fagerberg（1994）认为，一个地区的经济增长很大程度上与“技术”相关,具体而言，可以分解为三个因素：一是来自国外技术的技术扩散（更确切地说，同样也来自于周边地区的技术扩散），二是技术知识的增长，三是利用技术知识能力的增长[123]。这说明了包括科学、技术、知识的积累与创新对经济增长的作用。以知识为例，长期而言，知识水平与技术条件却是显著变动着的。知识水平每提高到一个新的层次，技术进步每发生一次大的突破，都能提高资金的产出效率，使边际收益呈现出递增倾向，经济活动也由此突破短期的局限、实现长期持续的增长。

H2a：文化创意产业发展促进了技术创新和知识积累。

H2b：技术创新能力越强与知识积累越多，经济增长的速度越快。

② 文化创意产业通过文化价值观作用于经济增长。文化性精神产品经扩散或溢出转化的文化“价值”部分，文化性精神产品，包括艺术品、文学作品、哲学等，以满足人们精神性心理的需求为目的。人们在精神产品的消费过程中，会产生相应的心理愉悦和审美情趣，并潜移默化的受到精神产品内在的价值观念的影响。因此，文化类精神产品对树立人们的价值观和获取生活情趣有重要的意义。在经济发展实践中价值观念起到两方面的作用，一方面，促使经济增长动力的产生，人们吃苦耐劳、艰苦奋斗、勤俭节约的精神等被看做持久推动经济增长的精神力量；另一方面，由于已有意识形态的存在，根植于人们心中的生活习惯、行为方式、伦理道德等为合理的制度安排、节省交易成本等提供了可能。

不断进取的精神是经济发展的原动力。为了激发人们对经济增长的追求予以正面的解释，必须产生一种适宜的文化环境、一种新的道德观念。一个勤劳、节俭、勇于开创的民族在经济增长方面具有天然的内在优势，这是无法模仿的精神特质。正是基于这样的思路，马克斯·韦伯对于加尔文教及其禁欲主义作了详细的分析和研究，并印证其中的联系，得出新教的宗教伦理导致资本主义精神的出现，最终促使西方进入资本主义社会的结论[124]。资本主义精神以勤奋工作、节俭和苦行为追求，它的精髓是，人们不断积累财富不是为了消费的目的，而是为了追逐财富诱致的社会地位。“资本主义精神”是一种经济伦理或者经济精神。经济伦理是有关经济的发展态度、价值取向，是经济增长的观念基础，利于形成适宜于经济增长的激励机制。韦伯的思想给经济学家很多启发，一些学者试图把资本主义精神这一精神因素引入生产函数模型，如Cole（1992）、Delong（1988）、邹恒甫（2003）、陈坤亭（2008）等[125]。Delong（1988）对1870～1979 年期间100 多年的世界经济增长历史进行了研究。他发现，在1870年一度富裕的21个国家的生产力水平并没有在1979 年趋于收敛。恰恰相反，平均而言，在韦伯看来以资本主义精神为主流的国家其人均国民收入高出其他国家1/3 之多。他把这种“资本主义”精神定义为亚变量，放在他的经济增长决定因素的回归方程里。结果是，这一亚变量与经济增长的回归系数在统计上非常显著。邹恒甫（2003）把韦伯所阐述的资本主义精神加以模型化，并把这种模型用于解释现实世界的经济增长。陈坤亭（2008）把资本主义精神以偏好方程的形式引入经济增长模型，得出资本主义精神的强度与经济增长率强相关关系，在不存在资本主义精神的情况下会陷入古典Malthus阶段[126]。熊彼特提出“企业家精神”同样受到经济增长领域的学者的关注，他们认为企业家与只想赚钱的普通商人或投机者不同，个人致富充其量仅是他的部分目的，而最突出的动机来源于“个人实现”的心理，即“企业家精神”。他总结“企业家精神”内涵包括创业的梦想、胜利的热情、创新的喜悦以及坚强的意志。Richard Cantillion（1755）和Frank Knight（1921）、Schultz（1975，1980）、Israel Kirzner（1985）等学者先后对企业家精神与经济增长的关系进行了研究[127]。因此，文化价值观是促进经济增长的重要动力。

另外，良好的文化价值观是节约交易成本的有效手段，是实现集体理性、提高经济绩效的关键。道格拉斯·C.诺斯是目前对意识形态的经济功能研究影响最广的一个，他对意识形态理论的经济功能、意识形态与制度变迁及制度变迁的路径依赖关系做了详细分析，为西方经济学注入非理性因素和演化的思维，对经济学的发展意义深远。他写到，“社会强有力的道德和伦理等意识形态是使经济体制可行的社会稳定要素。如果没有一种明确的意识形态理论，那么，在解释资源的现代配置以及历史变迁的动力上就存在着无数的困境”[128]。

H3a：文化创意产业对人们价值观的形成有正向促进作用。

H3b：与经济发展相适应的文化价值观显著提升经济增长的速度。

③ 文化创意产业有效地提升了人力资本存量，使其间接地成为一种不可或缺的经济增长影响因素。文化创意产业除给产品或服务购买者提供娱乐、休闲等直接经济效用外，还具有不同程度的教育效用，从而具有附带的人力资本投资功能。通常的人力资本投资是教育和培训，需要相应的投入成本，但文化创意产业的人力资本投资是一种溢出效应，相当于无成本的投资。文化创意产业的主要部分如新闻媒体、出版、网络信息服务、娱乐业，等等，均是通过文化消费提高人们的文化素质，在信息吸收、社会认同、心理健康等方面，文化创意产业与教育以及培训产业一起，促进了人力资本的快速积累。从另外一个角度理解，文化消费是对人力资本的自我投资行为。文化消费本身是对消费者自身人力资本的投资，在繁重的工作之余，文化消费获得信息、愉悦人们的精神，激发人们的想象力，是一种重要的人力资本形成的方式。除此以外，人们通过教育或实践中"干中学"的方式，获取外在精神成果，提高了个人的知识素养，转化为经济生产中不可替代的技能、能力，它既是有效提高物质生产效率的手段，又是文化创意产业生产所依赖的最主要的生产要素。西方经济学者罗默、卢卡斯、贝克尔等把技术进步和人力资本这两大增长因素内生于经济增长模型中，从而更好地解释现代经济增长。在西方经济增长理论中，有关人力资本的研究已经十分成熟，人力资本生产要素不论在实践中还是在理论中都得到了有效验证。

H4a：文化创意产业促进人力资本的形成与积累。

H4b：人力资本是一种不可或缺的要素，有利于经济的增长。

目前，许多学者只是从宏观的角度，定性地概括了文化创意产业的发展对经济增长或发展的影响，一方面没有具体地指出文化创意产业通过何种路径以及何种机制影响经济增长，另一方面没有从定量角度说明文化创意产业影响经济增长的实际效应。为此，本书尝试采用PLS回归分析方法，在Smart-PLS软件的支持下，对我国部分城市文化创意产业发展与经济增长的关系进行验证性分析，从而从多个维度探讨文化创意产业影响经济增长的路径及实际效应。

四、验证性分析

1. PLS路径分析建模方法与步骤

目前，通常使用两种进行多元统计分析结构方程的建模方法，其一是由Jöreskog等学者提出的LISREL模型等里面常用的普通最小二乘方法（简称OLS）[129]，另一种是由Wold提出的偏最小二乘方法（Partial Least Squares，以下简称PLS）[130]。其中，OLS方法应用较为广泛，拥有专门的计算软件LISREL。此外，很多其他商用软件，如AMOS、EQS，以及SAS系统中的CALIS过程等均能完成OLS方法的分析和运算。而PLS方法的应用较少，目前有Lohmoller开发的LVPLS软件可用[131]，Chin为LVPLS软件增加了一个windows环境下的友好界面，形成一个新的软件PLS-Graph；另外，还有德国汉堡大学开发的软件Smart-PLS，它们可以通过折刀法或者步进法对路径分析参数进行交叉验证。尽管OLS方法应用广泛，但它假设待分析数据严格服从正态分布，并且需要较大的样本量才能保证参数估计的精度，否则结构方程模型参数估计值的标准误差和显著性检验t值将会产生偏差，导致估计结果的显著性检验失效[132]。在社会科学领域，Chen、Bollen、McDonald等均指出大部分研究所采集的数据并不符合正态分布，但研究人员在应用OLS方法时，通常缺乏对这一约束条件的考虑，从而导致在很多情况下OLS方法被误用[133]。相对于OLS方法，PLS方法对数据分布基本上没有要求，在小样本量时的应用情况也较为理想。因此，LISREL中OLS方法被称为“硬建模（hard modeling）”，而PLS方法则被称为“软建模（soft modeling）”[134]。显然，对于考察文化创意产业对经济增长的多尺度研究来说，PLS方法更为适合调查数据的客观条件。

（1）PLS路径模型设定方法

首先假设对于n个观测样本点有j组可测量变量$X_j=\{x_{j1}, x_{j2}, \ldots x_{jk}, \ldots x_{jh}\}$。设它们都是标准化变量（即变量的均值为0，方差为1），且可观测变量和潜变量、潜变量与潜变量之间是线性组合关系，所有的可测变量都是单一维度，也就是测量单一潜变量。

PLS路径模型有两类变量：一类是不可直接观测的潜变量（Latent Variable，LV），另一类是可以直接观测的、用于衡量LV的显变量（Manifest Variable，MV）。PLS路径模型主要有两部分构成：一是衡量LV之间关系的结构模型，另一个是用来衡量LV与MV关系的测量模型。按照LV与MV关系的特点，测量模型具有两种形式：构成型外部关系模型（简称构成性模型）和反映型外部关系模型（简称反映型模型）。两种模型存在较大的差异[135]。

采用反映型指标的测量方程为：$x_{jh}=\lambda_{jh}\eta_j+\varepsilon_{jh}$ （5.1a）

采用构成型指标的测量方程为：$\eta_j=\sum_n \gamma_{jh}x_{jh}+\delta_j$ （5.1b）

结构模型又称理论模型，描述潜变量之间的因果关系，为了方便，以下分析不区分内生变量和外生变量，其结构方程为：

$$\eta_j=\sum_{j\neq i}\beta_{ji}\eta_i+\varsigma_j \qquad (5.2)$$

上述方程中，η_j为潜变量，且经过标准化处理，λ_{jh}和γ_{jh}为因子负荷，β_{ji}

为路径系数；ε_{jh}、δ_j和ς_j为误差项，均值都为0，且与预测变量（Predictive variables）不相关。

（2）PLS路径模型参数估计方法

偏最小二乘法估计结构方程模型分为两个步骤：第一步，通过反复迭代得到潜变量估计值；第二步，通过普通最小二乘法进行线性回归，得到测量模型和结构模型的参数估计值。与协方差结构分析方法估计结构方程模型不同，偏最小二乘法意在使测量方程和结构方程的误差项达到最小化。构成型模型的PLS路径建模步骤如下：

a. 外部近似：生成LV的外在估计值。

不论测量模型是构成型还是反映型，LV的外在估计值均为相应MV的加权平均。当迭代开始，即t=0时，初始权重可以随意赋值。

$$\eta^{t+1}_{(\mathrm{out})\,j}=\alpha\sum_{h=1}\omega^{1}_{jh}\cdot x_{jh} \tag{5.3}$$

其中：$\eta^{t+1}_{(\mathrm{in})\,j}$为LV$\eta_j$第$t$次迭代后的外在估计值向量；$\omega^{t}_{jh}$为MV的权重；$\alpha$为标量，使左边变量方差为1；$t$为迭代的标记。

b. 内部近似：生成LV的内在估计值。

LV的内在估计值是相邻LV的加权平均。相邻LV指在结构模型中与该LV具有路径联系的LV，令a表示相邻LV。LV的内在估计值为：

$$\eta^{t+1}_{(in)\,j}=\alpha\sum\left(\lambda^{t+1}_{a}\cdot\eta^{t+1}_{(out)\,a}\right) \tag{5.4}$$

其中：$\eta^{t+1}_{(in)\,j}$为LVη_j第t次迭代后的内在估计值向量；λ^{t+1}_{a}为LV的内部权重。

如何确定LV的内部权重？Lohmöller提出了3种方法：重心加权方法、因子加权方法和路径加权方法。重心加权方法是最早被使用的方法，以相邻LV

的相关符号为权重。因子加权方法以LV之间的相关系数为权重。路径加权方法下，LV的自变量以多元回归系数为内部权重，因变量以与LV的相关系数为内部权重。Herman O.A.World赞成重心权重计算法，而Wynne W.Chin认为应根据潜变量间的相关性大小不同而选择不同的计算方法，但通常三种方法的计算结果没有明显的区别[136]。

c. 权重估计：即确定MV的权重。

测量模型不同权重估计的方法也不同。反映型模型以载荷为MV的权重，构成型模型则以回归系数为MV权重。权重计算后，如果不满足迭代结束的条件，则参与到下一次迭代中，即用于重新计算LV的外在估计值。

反映型模型的权重估计：

$$x_{jh}=\omega_{jh}^{t+1}\eta_{(in)j}^{t+1}+\varepsilon_{jh} \tag{5.5}$$

构成型模型的权重估计：

$$\eta_{(in)j}^{t+1}=\sum_{h}(\omega_{jh}^{t+1}\cdot x_{jh})+\delta_{j}^{t+1} \tag{5.6}$$

d. 迭代结束的判断。

当一轮估计（包括外部近似、内部近似和权重估计）结束后，根据条件判断是否结束迭代。停止迭代的常用的条件有：

$$|\omega_{jh}^{t}-\omega_{jh}^{t+1}|<10^{-5}\text{或者}|(\omega_{jh}^{t}-\omega_{jh}^{t+1})/\omega_{jh}^{t}|<10^{-5} \tag{5.7}$$

e. 求LV的值。

利用经过迭代确定的权重，计算每个LV的取值向量。

$$\eta_{j}^{T}=\sum_{h}(\omega_{jh}^{T}\cdot x_{jh}) \tag{5.8}$$

其中，上标T表示迭代结束后的计算结果。

f. 求载荷和路径系数。

利用（5.8）式计算得到的LV值和已知的MV值，采用普通最小二乘回归，确定载荷和路径系数。并采用t检验进行系数的显著性检验。

2. 概念模型及数据说明

（1）建立概念模型

文化创意产业自身的产业特性决定了它在整个国民经济体系中的特殊地位，它已经超越了其他产业对经济增长影响单一向度的关系。它的出现使产业对经济增长方面的研究变得更为复杂，创新机制、扩散机制、转化机制设定了文化创意产业影响经济增长点内在机理和精神产品自身的演化路径，而经过这个路径演化的结果恰恰是影响经济增长的重要要素。因此，从这个思路我们可以建立文化创意产业与经济增长之间的关联模型，在文化创意产业对经济增长影响的直接路径中，加入若干中介变量，它们包括技术创新、文化资本、人力资本三个生产要素，从而为解释文化创意产业影响经济增长的路径架构了一个全新的概念模型（见图5.3）。

如图5.3所示，所建立的文化创意产业对经济增长影响的路径模型为包含潜变量（LV）和显变量的（MV）的结构模型，模型中有5个LV，包括文化创意产业发展、文化价值观、人力资本状况、技术创新能力以及经济增长水平。其中，文化创意产业发展为外生潜变量，文化价值观、人力资本状况、技术创新能力为内生潜变量，整个模型以经济增长水平为中心潜变量。该模型各潜变量的指标，又称为可测变量，如表5.1所示，且都采用反映型指标。

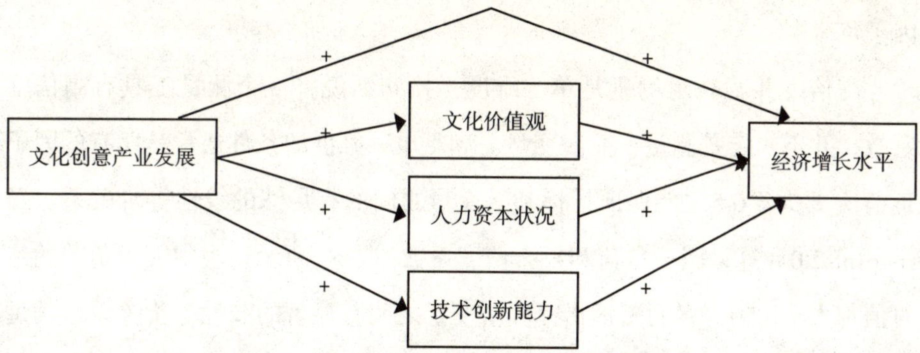

图5.3　影响路径的概念模型

（2）数据说明

本书基础数据来自2006年《中国城市统计年鉴》以及《中国城市竞争力报告（3）》，数据建立在我国50个大中城市的统计指标上。其分析工具为德国汉堡大学开发的smartpls2.0软件。在指标选取方面，力争从多个不同角度的可测显变量来较全面地反映潜变量，并在此基础上，验证潜变量之间形成的结构关系。具体见表5.1。

3. 模型的评价

（1）测量模型的评价

求出PLS路径模型的各项参数后，就对模型的合理性进行评价。复合信度系数ρ可作为测量工具的信度系数。若信度系数高，表示各指标内部一致性高。每个潜变量ρ大于等于0.7，表明这一潜变量的变化至少能解释对应测量工具70%的变化。也就是说ρ越大，测量工具越是可靠。复合信度系数的计算公式为：

$$\rho=(\sum_k\lambda_h)^2/[(\sum_k\lambda_h)^2+\sum_k(1-\lambda_h)^2] \quad (5.9)$$

其中，k表示某个潜变量下指标的个数，λ_h表示一潜变量下的第h指标的因子负荷。

高信度并不表示测量是单一维度。换句话说，一个测量工具有高信度系数，并不一定是测量单一潜变量。满足单一维度的条件通常是所有的因子负荷 λ 要大于0.5才能保证指标和潜变量之间的有足够的线性等价关系。经smartpls2.0计算，因子负荷和复合信度系数如表5.1所示，表中因子负荷的绝对值都大于0.50，表明测量指标和潜变量之间有显著的线性等价关系，满足偏最小二乘法单一维度的条件。由显变量反映的每个潜变量的复合信度系数都大于0.70，表明信度高，测量模型内部一致性非常好。

同时，模型中所有建构的平均萃取变异量（AVE）都高于临界值0.50，从而保证了能够解释更多的有效方差[137]（Fornell和Larcker 1981）。平均萃取变异量计算公式如下：

$$AVE=\sum_k \lambda_h^2/[\sum_k \lambda_h^2+\sum_k (1-\lambda_h^2)] \quad (5.10)$$

其中，k 表示某个潜变量下指标的个数，λ_h表示一潜变量下的第 h 指标的因子负荷。

表5.1　　PLS路径分析模型的指标体系

潜变量	综合信度系数 ρ	因子载荷 λ	T值	可测显变量
文化创意产业发展	0.83	0.694	2.379	文化从业人员数（c1）
		0.821	7.786	城市电影院数量（c2）
		0.831	13.412	城市人均图书量（c3）
经济增长水平	0.95	0.925	24.635	长期综合经济增长率（e1）
		0.891	22.443	综合人均收入（e2）
		0.959	43.656	限额以上工业总产值（e3）

续表

潜变量	综合信度系数ρ	因子载荷λ	T值	可测显变量
人力资本状况	0.83	0.686	3.782	人力资源数量指数（h1）
		0.802	11.519	人力资源质量指数（h2）
		0.692	5.978	人力资源配置指数（h3）
		0.775	10.823	人力资源教育指数（h4）
技术创新能力	0.91	0.919	30.169	科技实力指数（t1）
		0.929	32.839	科技创新能力指数（t2）
		0.792	7.275	科技转化能力指数（t3）
文化价值观	0.84	0.758	4.997	创业精神指数（v1）
		0.607	4.277	创新氛围指数（v2）
		0.828	11.586	交往操守指数（v3）
		0.811	16.184	人文国际化程度（v4）

另外，模型的区分效度法（Discriminant validity）必须得到检验，区分效度法是检验各潜变量互相区别的程度，是否有独立存在的必要。可通过比较潜变量平均萃取变异量（Average Variance Extracted）的平方根值和潜变量之间的相关系数的大小来判断两潜变量的区分程度，是否能够独立存在。根据Fornell和Larcker（1981）的研究结果，只要模型中每个建构的平均萃取变异量（AVE）的平方根比该建构与其他所有建构的相关系数大的话，就表明该测量模型具有较好的判别效度。同时，建议各变量间的相关系数小于0.90。如表5.2所示，计算结果表明判别效度的条件得到了很好的满足，从而说明模型中的建构无论从概念上、还是从实证方面都是有差异的。最后，在基于偏最小二乘法的结构方程模型中，为了反映模型的优劣程度，还需要对模型中各内生建构的R^2值进行分析。在本书中，所有内生建构（经济增长水平、人

力资本状况、技术创新能力和文化价值观）的R^2值分别是0.82、0.52、0.70、0.19，从而表明结构方程模型具有很强的预测能力。

表5.2　　　　平均萃取变异量平方根值与潜变量间相关系数

潜变量	1	2	3	4	5
1. 文化创意产业发展	0.784				
2. 经济增长水平	0.781	0.925			
3. 人力资本状况	0.721	0.646	0.741		
4. 技术创新能力	0.835	0.838	0.820	0.882	
5. 文化价值观	0.434	0.648	0.412	0.439	0.756

（2）结构方程的评价

经过对测量样本数据进行验证性分析后，得到概念结构模型的若干测量值。由路径系数的大小和显著性水平来检验概念模型中的假设。在Smartpls2.0中，以Bootstap方法来检验路径系数的显著性水平，以t值作为Bootstap方法的计算结果，若t值大于显著性水平α=0.05的t值时，则表明路径系数在统计学上是显著的。

表5.3　　　　模型的假设检验结果

假设	建构关系	路径系数	T值	结论
H1	文化创意产业发展→经济增长水平	0.215	1.713*	接受
H2a	文化创意产业发展→人力资本状况	0.721	13.750***	接受
H3a	文化创意产业发展→技术创新能力	0.835	18.649***	接受
H4a	文化创意产业发展→文化价值观	0.434	2.930**	接受
H2b	人力资本状况→经济增长水平	–0.202	1.767*	拒绝
H3b	技术创新能力→经济增长水平	0.674	4.036***	接受
H4b	文化价值观→济增长水平	0.342	5.147***	接受

注：*、**、***分别表示的显著水平为0.05、0.01、0.001。

如表5.3所示，文化创意产业发展影响经济增长的路径系数为0.215（t=1.713），代表着在两者的关系上，文化创意产业的发展对经济增长有显著的正向影响，所以，假设H1成立。文化创意产业发展对人力资本状况影响的路径系数为0.721（t=13.750），这意味着文化创意产业在人力资本形成中发挥着正向的促进作用，假设H2a成立。而人力资本状况对经济增长的路径系数为-0.202（t=1.767），反映出人力资本状况对经济增长存在负面的影响，这一结果与原假设矛盾，故拒绝假设H2b。

另外，文化创意产业发展对技术创新能力、文化价值观影响的路径系数分别为0.835（t=18.649）、0.434（t=2.930），说明了文化创意产业的发展对技术创新能力的提升以及文化价值观的形成有显著的促进作用，假设H3a、H4a得到验证。同时，技术创新能力对经济增长的效应非常显著，路径系数为0.674（t=4.036），假设H3b成立。以创业精神、创新范围、交往操守和人文国际化程度为代表的文化价值观对经济增长有显著的正向效应，其路径系数为0.342（t=5.417），这一结果显示出文化价值观应被视为影响经济增长的重要因素，故假设H4b成立。

另外，模型的解释能力可由多重判定系数的大小来说明，多重判定系数越大，说明预测变量对因变量的解释能力越强。如图5.4所示，R^2值都很大，表明模型的解释能力较好。

根据验证性结果，我们最终得到如下的结构方程模型，如图5.4所示。它可以直观地显示各变量间的相互联系。在路径图中，单向箭头表示某一变量影响它指向的另一变量（即因果关系），每一箭头直线旁的数值就是路径系数，即标准化参数估计。由路径系数的大小可以看出一个变量对另一个变量影响力的大小。

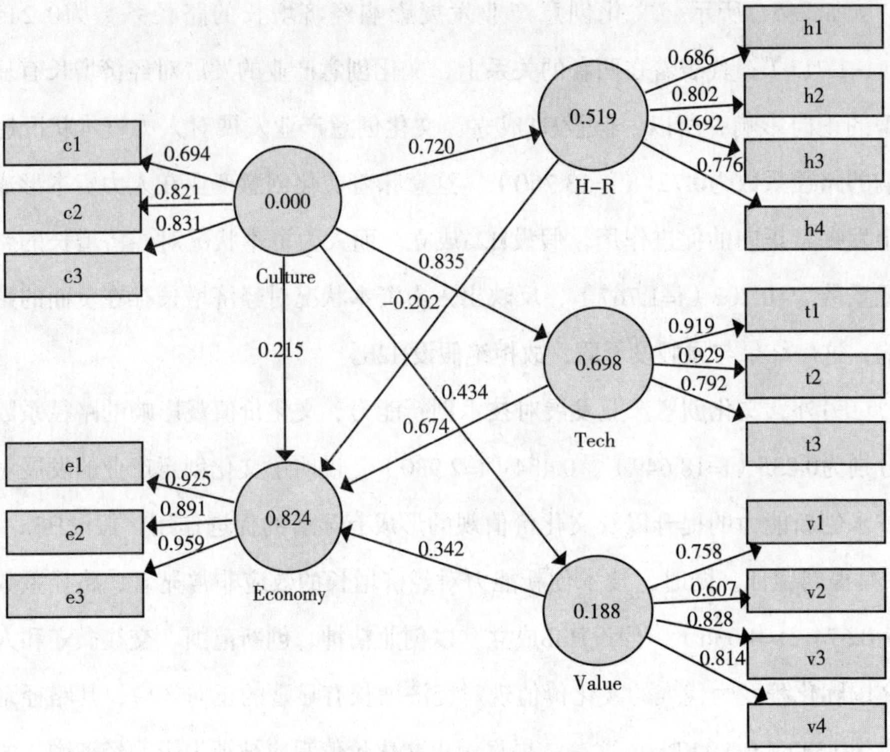

图5.4 文化创意产业影响经济增长的路径分析①

4. 经济意义解释

（1）文化创意产业的直接效应

城市是一个国家区域经济发展的重要载体。城市与农村地区相比，经济发达、文化消费旺盛，同时城市汇聚了大量的高素质人才。这些特征为城市文化创意产业的发展奠定了良好的条件，在一定程度上，可以认为城市是文化创意产业的发展的主要集聚地。从路径图可以看出，近年来我国各大中城市的文化创意产业的发展对经济增长存在着直接影响，其直接路径系数为

① Culture为文化创意产业发展、Economy为经济增长水平、H–R为人力资本状况、Tech为技术创新能力、Value为文化价值观。

0.215。这一数据证据表明，文化创意产业的发展确实在城市经济发展中发挥着重要的作用，其直接的经济增长效应相当明显。

文化创意产业的发展除了对经济增长的直接影响外，还包括对人力资本状况、技术创新能力以及文化价值观的直接影响，其路径系数分别为0.72、0.835、0.434。在文化创意产业影响的四个直接效应变量中，对技术创新的作用最为显著，文化创意产业发展水平每提高1个百分点，引导技术创新能力提升0.835个百分点，这说明了文化创意产业的创新特征及其带动技术生成、技术转化能力的重要功能。文化创意产业直接效应较为显著的是人力资本状况，文化创意产业的发展促进了文化精神产品的生产和普及，在这个过程中，相应地提高了劳动者的科学文化素质和思想道德水平，从而有利于人力资本的积累。文化创意产业本身具有意识形态属性，带有价值观念的精神产品传播与扩散对文化价值观的形成和转变有着重要的影响，数据分析结果验证了它与文化价值观之间有着非常明显的正相关性。结果表明了我们研究假设的正确性。

（2）影响经济增长的路径分析

在建立的结构方程模型中，经济增长水平是我们考察的核心因素。直接影响经济增长水平的潜变量除文化创意产业发展外，还包括人力资本状况、技术创新能力以及文化价值观，后者的路径系数分别为-0.202、0.674、0.342。由分析结果可知，对经济增长直接效应最显著的是技术创新能力，这与内生经济增长的相关理论是符合的。其次是文化价值观，在解释经济增长的时候，文化价值观是经常被忽略的一个因素。正因为如此，许多学者在解释现实世界经济发展时常常陷入困境，殊不知文化价值观不仅提供了经济增长背后的动力，而且还能够节约交易成本、提高经济运行的绩效。因此，文化价值观作为一种潜在的影响要素是不容忽视的。

但是，分析结果表明，人力资本状况与经济增长水平呈现负相关关系，这样的结果似乎有违常理。导致这种结果的原因与我国所处的经济发展阶段有关。目前，我国处于城市化阶段的初期，经济增长的方式依然是粗放式的，产业结构主要以加工制造业为主，这些劳动密集型行业对劳动力素质的要求并不高。因此，在这种经济环境下人力资本状况对经济增长水平还没有显示出明显的直接正效益。这一状况会随着我国经济发展模式转变和产业结构升级的过程逐渐消失，转而成为影响经济增长的关键要素之一。

（3）文化创意产业影响经济增长的路径及总效应

上面的分析表明，文化创意产业与经济增长的关联性远小于它对人力资本状况、技术创新能力直接影响效应。同时，文化创意产业的发展对人力资本状况、技术创新能力有着直接的影响。路径分析的验证结论表明，文化创意产业发展对经济增长兼具直接效应和间接效应。文化创意产业除直接促进经济增长，又通过其他变量间接作用经济增长。文化创意产业影响经济增长的路径和效应如下：

第一条路径，是直接路径即文化创意产业对经济增长的直接影响，其效应为0.215。前面已做了论述，文化创意产业作为国民经济的一个新兴产业，它的发展势必带动整体的经济增长。第二条路径，是间接路径即文化创意产业发展→技术创新能力→经济增长水平，其间接效应=0.835×0.674=0.563。第三条路径，为间接路径即文化创意产业发展→人力资本状况→经济增长水平，其间接效应=0.721×（-0.202）=-0.146。第四条路径，为间接路径即文化创意产业发展→文化价值观→经济增长水平，其间接效应=0.434×0.342=0.148，具体见表5.4。综上所述，文化创意产业影响经济增长的间接总效应=0.563+0.148-0.146=0.565，与直接效应之比为2.63。这说明由文化创意产业发展带来经济增长的直接效应远远小于它所引致的间接效应，后者是前者的2.63倍。直接效应和间接效应加总得到文化创意产业影响经济增长水平的总效应，其数值为0.781，在结构方程模型中运算的t值为10.680，效果显著，通过检验。即文化创意产业发展每提升1个百分点，经济增长水平约提升0.781个百分点。这说明，尽管文化创意产业在现有国民经济体系中所占比例不大，但是不能因此忽略文化创意产业的发展，它促进经济增长的功能更大的体现在其引致效应上面。

表5.4 结构方程的总效应

结构关系	效应水平	T值
文化创意产业发展→经济增长水平	0.781	10.680***
文化创意产业发展→人力资本状况	0.721	13.750***
文化创意产业发展→技术创新能力	0.835	18.649***
文化创意产业发展→文化价值观	0.434	2.930**
人力资本状况→经济增长水平	–0.202	1.767*
技术创新能力→经济增长水平	0.674	4.036***
文化价值观→经济增长水平	0.342	5.147***

注：*、**、***分别表示的显著水平为0.05、0.01、0.001。

4. 结论与启示

在研究方法上，有关文化产业影响经济增长的研究仍然缺乏广泛和精确的数理分析与检验。一方面是因为文化因素自身的复杂性和模糊性使确立与经济增长关系的模型非常困难；另一方面是由于文化产业的分析缺乏正规的数据，没有任何一个数据集可以完全反映一个地区文化产业的发展状况。尽管如此，我们根据PLS路径分析方法，选用较为合适的若干指标，运用相关理论尝试去验证文化产业对经济增长的影响路径及效应。由此得出了一些有意义的结论和启示。

第一，从路径系数看，我国城市文化产业对经济增长的直接影响仍然不够显著。城市作为文化产业发展的主要聚集地尚且如此，在全国范围内我国文化产业对经济增长的影响会更低。可以说，我国文化产业相比较国民经济其他产业门类仍然是一个新生事物，文化产业离成为国民经济支柱性产业还有很长的路要走。因此，在今后一定时期内，政府应主动制定文化产业发展规划和扶持性产业政策，加大文化基础设施的投入力度，进一步深化文化体制改革，塑造文化产业发展的良好外部环境。

第二，分析结果表明，文化产业发展对积累人力资本、支持技术创新、塑造文化价值观方面有着直接的积极影响。在一定程度上验证了文化产业影响经济增长的多重机制，创新机制、扩散机制和转化机制的存在使文化产业在经济上的战略意义更加突出；所以，在发展文化产业时，除重视文化产业经济效益外还应重视文化产业的外部性，即文化产业所具有的社会效益。这需要政府加强文化产业发展方向的战略引导，鼓励有益于人力资本积累、技术创新和塑造积极价值观等文化部门的发展，并给予一定的财政或税收支持。反之，对于有损于人力资本积累、技术创新和正面价值观的文化部门或产品，要进行严厉的监管。

第三，考查文化产业影响经济增长的总体效应，可知文化产业产生的直接效应远小于由他所产生的间接效应，这一结果深刻说明了文化产业对经济增长的促进更大的体现在其引致效应上面。因此，在我国大力发展现代服务业和产业结构升级的背景下，绝不能因文化产业在现有国民经济体系中所占比例不大，而忽略文化产业的发展。相反，应大力推进文化产业，充分发挥其潜在作用。我国不但有丰富的高素质人才资源，而且拥有底蕴深厚的文化资源，文化产业的发展基础非常好。因此，我国文化产业有着极为广阔的发展前景，它一定会成为现代服务业的重要组成部分和产业结构升级的引导性力量。

第四，结构方程所反映路径关系的成立证明了技术、知识、人力资本、文化资本等要素和文化产业具有天然的共生关系，这种关系使文化产业发展与内生经济增长方式之间有效对接起来。文化产业融入到经济体系后，通过不断生产、扩散新的生产要素，使经济增长形成了内生化的自循环系统。所以，集中了大量的智力资源与创新要素的文化产业是国家范围内建立内生增长方式所高度依赖的核心产业。在我国建设创新经济的今天，如何把国家创新体系与文化产业发展结合起来是一个有助于双方都能良性发展的问题。

第五，分析结果表明，文化产业对于塑造人们的价值观有重要的影响。这使文化产业有别于传统产业，文化产业开辟了文化资源整合经济资源的全新发展模式，把经济目标和弘扬文化的社会目标有机地结合起来。众所周知，科技创新无疑是现代经济发展的核心动力，但单纯追求科技创新正如简单追求GDP的增长一样，都是对于经济发展的内涵的忽视，符合人性与自然和谐的发展才是人类社会经济发展的真正目的。科技是一种工具理性的产物，必须与文化的价值理性相融合，整体经济的发展才具可持续性。未来，文化产业在促进我国经济持续、健康、稳定发展和经济增长方式转变方面势必能发挥更大的作用。

五、本章小结

文化创意产业相比较其他国民经济产业门类仍然是一个新生事物，尽管如此，它在全世界范围内得到了广泛重视并取得了快速发展。这足以说明了文化创意产业的独特魅力，在促进经济增长方面有着重要的推动作用。为此，本书根据文化创意产业的特征及经济增长理论，应用PLS路径分析方法验证了文化创意产业对经济增长的路径及效应，并得出以下结论：

首先，从产业发展角度看，文化创意产业的总产出是直接构成国民产值增长的组成部分。文化创意产业作为现代服务业，对经济增长都产生了直接的积极效应。在未来经济发展方式转型的背景下，文化创意产业对经济增长的作用会更为突出。

其次，文化创意产业的发展对积累人力资本、塑造文化价值观、支持技术创新方面有着直接的积极效应。另外，人力资本是经济增长的基础、文化价值观是经济增长动力、技术创新是经济增长的一个先导因素，它们是影响经济增长的主体生产要素。文化创意产业借助创新机制、扩散与溢出机制和转化机制，进而对以上生产要素进行结构优化和调整，间接促进了国民经济的增长水平，充分体现了文化创意产业的潜在作用。

再次，文化创意产业的发展有助于形成内生化的经济增长方式，并在经济体系内不断产生新的生产要素，从而使文化创意产业这个外在的产业体系融入到经济增长的内生化循环系统。因而，文化创意产业成长伴随着内生化生产要素生成为诱导经济增长的新方式和路径，并极大地促进了创新的不断形成，从而持续地作用于经济增长的过程。

第六章
文化创意产业影响经济增长的实证分析

一、文化创意产业对经济增长的贡献

1.文化创意产业提升国民经济的总产出水平

当今世界，创新在经济增长中的作用不断增强，产业创新能力已经成为评价一个国家或地区竞争力的重要指标。同时，随着人们生活水平的提高，精神文化消费在消费品的构成中比重不断增大。基于此，文化创意产业具备了广阔的发展空间。包括中国在内的世界各国政府都对文化创意产业给予极大的重视。文化创意产业在各地区非常迅速地发展起来，现在已经成为带动经济增长的一股新鲜的力量。根据联合国贸发会议的数据，在2000~2005年间，创意产品和服务的国际贸易年增长率达到史无前例的8.7%。2005年全球创意产品和服务的出口值达到4244亿美元，占整个世界贸易的3.4%。文化创意产业成为世界贸易中最具有活力的领域之一。

就我国来说，随着我国经济的不断发展和产业结构的不断优化，文化创意产业在国民经济体系中的地位逐渐提升，对经济增长的贡献也逐渐增大。为了反映文化创意产业对经济增长的直接贡献，这里选取教育文化艺术和广播电视业、科学研究和综合技术服务业、信息通讯和计算机服务软件业三个行业增加值为文化创意产业的统计量。文化创意产业对经济增长的直接贡献可由文化创意产业增加值对GDP贡献率来表征。按照统计学的定义，文化创意产业对经济增长的贡献率α_t可以表示为：$\alpha_t = \frac{CI_t - CI_{t-1}}{GDP_t - GDP_{t-1}} \times 100\%$。

分析结果表明，我国文化创意产业对经济增长的贡献率大幅提升，从1991年的3.216%上升到2007年的7.104%，所占比例增加了一倍多，这意味着文化创意产业的增长大大超越了国民经济其他行业的增长。从2000年以后，文化创意产业增加值占国内生产总值的比重超过5%，已具备形成支柱产业雏形。特别是在2004年以后，它对国内生产总值增长的贡献率明显提高，由5%提升到7%以上。一方面，这是由于我国文化体制改革不断深化，破除了文化创意产业发展的制度瓶颈；另一方面，这一时期正是信息技术飞速发展，计算机得到普及，网络也一天天改变着人们生活的时期，大大拓展了文化创意产业的发展空间。

表6.1表明，我国文化创意产业2007年的增加值已经达到17725.42亿元，并且近年来文化创意产业增加值的增长率一直保持在一个较高水平。其中，最高年增长率达到48.83%，最低年增长率也有11.56%，也达到了两位数，总体平均增长率为22.33%。这一水平远远高于我国国内生产总值的增长率（见图6.1）。这一结果反映出，文化创意产业作为我国的一个新兴产业，显示出了极大的活力，已经成为经济增长的重要因素，进一步增长的潜力可期。

表6.1　　文化创意产业对经济增长的贡献率　　单位：亿元

年份	文化创意产业增加值	增长率	国内生产总值（GDP）	文化创意产业贡献率a（%）
1991	700.4	—	21781.5	3.216
1992	866.5	23.72	26923.5	3.218
1993	1161.4	34.03	35333.9	3.287

续表

年份	文化创意产业增加值	增长率	国内生产总值（GDP）	文化创意产业贡献率a（%）
1994	1672.6	44.02	48197.9	3.470
1995	2078.3	24.26	60793.7	3.419
1996	2558	23.08	71176.6	3.594
1997	3114.9	21.77	78973.0	3.944
1998	3529.8	13.32	84402.3	4.182
1999	4056.82	14.93	89677.1	4.524
2000	5012.58	23.56	99214.6	5.052
2001	5841.8	16.54	109655.2	5.327
2002	6607.25	13.10	120332.7	5.491
2003	7512.05	13.69	135822.8	5.531
2004	11931.56	48.83	159878.3	7.463
2005	13663.11	14.51	183217.4	7.457
2006	15242.78	11.56	211923.5	7.193
2007	17725.42	16.29	249529.9	7.104

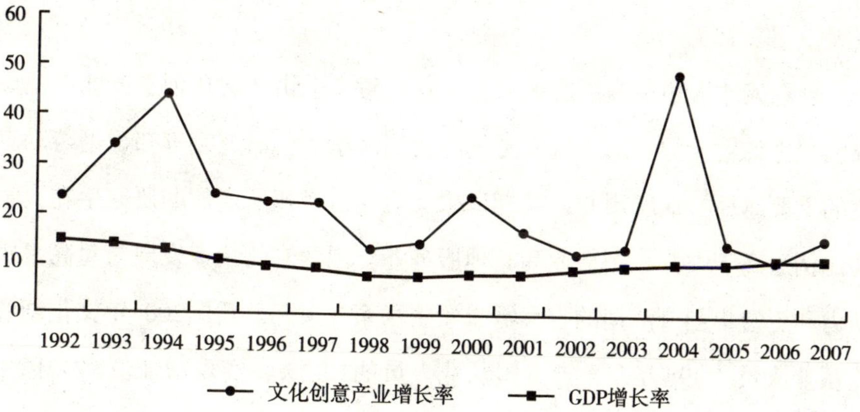

图6.1　文化创意产业增长率比较

2. 发展文化创意产业有利于解决就业

文化创意产业是一种知识密集型产业，它发展所依赖的最重要资源是从事精神资源积累和精神生产的人力资源，即创意人才。创意人才以新颖的想法、新的技术创造市场价值，实现经济生产功能。Richard Florida[58]（2002）认为美国的社会阶层构造发生了重要变化，除了劳动者阶层（working class）、服务业阶层（service class）以外，一个新的阶层在悄然兴起，那就是创意阶层（creative class）。创意阶层可分成“具有特别创造力的核心”（super creative core）和“创造性的专门职业人员”（creative professionals）两部分。前者包括科学家、大学教授、诗人、小说家、艺术家、演员、设计师、建筑师、编辑、咨询公司研究人员以及其他对社会舆论具有影响力的各行各业人士。后者包括高科技、金融法律及其他各种知识密集型行业的专门职业人员。他指出，现今美国的创意阶层的总数达到3850万人，占美国劳动力的30%左右。随着经济的进一步发展，这一趋势将会在更多的发达国家或发展中国家上演。

创意人才大多是高层次人才，从这个意义上讲，文化创意产业的发展可以实现增加就业的目的。特别是解决我国大学生、研究生等知识型劳动者就业的重要途径。众所周知，长期以来文化创意产业所雇佣的研究生和大学生的比例远高于农业、制造业和其他服务业。因为它的快速发展与对高素质劳动力和更密集创造活动的强大需求紧密联系在一起。我国2004年文化创意产业从业人员为996万人，占全国从业人员的1.32%，实现增加值3440亿元，占当年全国GDP的2.15%。到2006年，同样的指标分别为1132万人、1.48%、5123亿元和2.45%。可以说，文化创意产业增加值占全国GDP的比重每提高一个百分点，就可以多提供453.3万人就业。仅从这一点就可以看出文化创意产业对拉动内需、增加就业所产生的重大影响。截至2007年，我国科技活动人员有454.4万人，普通高等学校专任教师116.83万人，文化及相关产业从业人员195.16人；大量人才、资金、技术向这些行业集中，成为解决就业问题的重要途径。

3. 文化创意产业有助于提高经济效率

现代经济的发展越来越依赖思想、知识、技能、人才和创意等软性要素。这些要素的广泛应用可以降低生产成本、减少对能源的消耗并能够提高经济附加值，是提高经济效率的关键性要素。文化创意产业的经济功能是通过整合文化、创意、知识等要素和商业的相关要素实现的，这种独特的产业功能决定了文化创意产业的发展离不开创新，并关注创新在现实生活或生产中的应用。因此，它的发展有可能为中国解决长期无法得到改善的科技与生产脱节的问题，为中国运用先进技术改造传统产业的新型工业化道路开辟新的途径。文化作为知识体系，可为经济的发展提供动力。知识作为生产要素的投入，通过与其他要素的有机组合和使用，提高了投入要素的边际效用，最终获得效益递增。同时，因为文化创意产业可以通过人力资本、知识资本深化、深化设计和创新能力等途径支撑经济的持续增长以及经济效率的提高。

另外，文化产品是文化和思想的载体，文化产品的生产过程是艺术家、思想家进行文化创新的过程，而文化产品的消费过程则是文化创新进行传播和放大的过程。所以，文化创意产业是一种动态的文化存在形态，它可以通过文化价值观间接影响经济增长。作为非正式制度的文化因素并非生产中的直接投入要素，它对经济增长绩效的影响是通过生产要素、技术和制度等因素间接发生作用的。在价值观一致或拥有共同意识形态的情况下势必减少达成“一致同意”的信息费用与谈判费用。从这个意义上讲，相同的文化价值观是个人与外在环境达成协议的一种节约费用的工具，一种节约机制。具有共同行为方式和价值观念的社会，由于交易成本的大大降低而使得经济效率不断提高。

为了进一步证明文化创意产业与经济增长的关系，本论文利用已有的理论和研究成果，运用协整分析、格兰杰因果关系检验、VAR动态计量经济模型对文化创意产业发展与经济增长之间关系进行环环相扣、层次递进的实证研究和分析。主要研究过程为：首先运用协整分析探讨两者之间的长期稳定关系和短期均衡关系；再用格兰杰因果关系检验法考察两者之间的因果关系；最后在建立VAR模型的基础上，运用脉冲响应函数和方差分解来刻画两者之间的相互响应情况和响应路径。

二、文化创意产业对经济增长的动态计量分析：基于时间序列的数据

1. 指标选取与数据说明

（1）指标选取

在文化创意产业与经济增长关系的计量研究中，我们用人均GDP和全要素生产率来表示经济增长，分别为AGDP、TFP。其中人均GDP表示经济增长的量的指标，TFP表示经济增长质的指标，即经济增长的效率水平。以这两个指标分别来说明文化创意产业对经济增长的直接和间接影响。文化创意产业的发展主要采用相关产业的增加值来表示，即CI。其中，文化创意产业选取第三产业中与文化创意生产相关的几个产业类别。另外，由于2003年我

国第三产业分行业的统计标准做出部分调整，但与文化创意产业的有关的产业没有受到太大影响。2002年前选取教育、文化艺术和广播电影电视业、科学研究和科学技术服务业以及邮电通信业为统计量；2003年后选取文化、体育和娱乐业、教育、科学研究与技术服务业以及信息传输、计算机服务和软件业。虽然两者在指标统计上有所出入，但并不影响文化创意产业的内容实质，统计量也没表现出较大差异。本项研究所采用全国的数据资料均来自于《中国统计年鉴》（1992～2008），取样时段为1991～2007年。

（2）数据处理

① 全要素增长率的测算。目前，估算全要素生产率的模型主要有代数指数法、Solow残差法、隐性变量法和潜在产出法。但从TFP的测算时间来看，Solow残差仍然是最基本和使用最为广泛的方法。下面运用该方法估算我国的历年的TFP。一国在t时间的产出、实物资本、劳动分别表示为Y_t、K_t、L_t。根据C–D生产函数可得：

$$Y_t=A_tK^{\alpha}_tL^{\beta}_t \quad (6.1)$$

其中，A_t代表一国在t时间的技术水平，α、β是生产函数中的参数，将全要素生产率TFP定义为$Y_t/K^{\alpha}_tL^{\beta}_t$。通常假设$\alpha+\beta=1$，即规模报酬不变，则回归方程可以转化为：

$$\ln(Y_t/L_t)=\ln(A)+\alpha\ln(K_t/L_t)+\xi_t \quad (6.2)$$

为使计量结果尽量准确，对统计数据进行以下处理：（1）以1990年不变价格计算的国内生产总值GDP度量总产出Y。（2）劳动投入L以社会从业人员数度量。（3）物质资本K的衡量相对复杂，由于我国没有真实资本存量的统计数据，本书主要采用国际上通常使用的永续盘存法进行计算，公式为：$K_t=(1-\delta)K_{t-1}+I_t$，其中，$K_t$和$I_t$分别表示T期的资本存量和新增投资，$\delta$为几何折旧率，根据相关研究并结合我国的具体实际，假设为9.6%。基期的资本存量，本书借用霍尔和琼斯（1999）所采用的方法：$K_0=I_0/(g+\delta)$，I_0为基期的投资，g为投资的年平均增长率。

运用EViews5.0对双对数模型进行OLS估计，得到结果如下：

$$\ln(Y_t/L_t)=-1.40336+0.47341\ln(K_t/L_t) \qquad (6.3)$$

（–28.29088）（10.32501）

$R^2=0.995865$　$F=1893.26$　$DW=1.72213$

从以上的检验结果中可以看出，回归结果显著，并较好地通过了序列自相关检验。从回归中得到$\alpha=0.473$，$\beta=0.527$，代入$TFP=Y_t/K_t^{\alpha}L^{\beta}_t$，可得到我国1991年到2007年的全要素生产率。其计量结果见表6.2中LnTFP。

② 人均GDP和文化创意产业增加值的数据处理。为了更精确地说明问题，需要对原始数据进行处理。其中，对于以现价形式表示人均GDP（AGDP），本书使用1990年为基期的人均国内生产总值指数对其进行平减，以消除物价因素的影响。对于文化创意产业增加值（CI）本书使用1990年为基期的居民消费价格指数进行平减，以消除物价因素的影响。计算结果如表6.2所示。同时，为消除数据中存在的异方差，分别对三个变量取自然对数，分别为LnAGDP、LnTFP、LnCI，其相应的差分序列为ΔLnAGDP、ΔLnTFP、ΔLnCI，经过处理的相关数据如表6.2所示。

表6.2　　原始数据及数据处理统计表

年份	LnAGDP	LnTFP	LnCI	ΔLnAGDP	ΔLnTFP	ΔLnCI
1991	7.47900	–1.19142	6.55165	—	—	—
1992	7.59988	–1.0948	6.70252	0.12088	0.09662	0.15087
1993	7.71910	–1.00685	6.85830	0.11922	0.087948	0.15577
1994	7.83073	–0.93473	7.00689	0.11163	0.072113	0.14859
1995	7.92355	–0.88181	7.06637	0.09282	0.052923	0.05949
1996	8.00845	–0.83855	7.19418	0.08491	0.043267	0.12781

续表

年份	LnAGDP	LnTFP	LnCI	ΔLnAGDP	ΔLnTFP	ΔLnCI
1997	8.08712	−0.79877	7.36362	0.07866	0.039778	0.16944
1998	8.15294	−0.77196	7.49662	0.06582	0.026811	0.13300
1999	8.21771	−0.74625	7.65002	0.06478	0.025708	0.15340
2000	8.29078	−0.71246	7.85741	0.07307	0.033792	0.20740
2001	8.36325	−0.69102	8.00361	0.07247	0.021437	0.14620
2002	8.44349	−0.6577	8.13478	0.08023	0.033315	0.13117
2003	8.53280	−0.6242	8.25120	0.08931	0.033507	0.11642
2004	8.62294	−0.59546	8.67564	0.09014	0.028738	0.42444
2005	8.71628	−0.57116	8.79332	0.09334	0.024295	0.11768
2006	8.82087	−0.54167	8.88776	0.10459	0.029499	0.09443
2007	8.92839	−0.51464	8.99178	0.10753	0.027021	0.10403

2. 文化创意产业与经济增长的协整分析

（1）研究理论与方法

① 单位根检验。若时间序列的均值或自协方差函数随时间而改变，则该序列就是非平稳时间序列。对非平稳的时间序列进行时间序列分析会产生“伪回归”问题，为使回归有意义，可对其进行平稳化，然后对差分序列进行回归。这样就会忽略了原时间序列包含的有用信息，而这些信息对分析问题来说又是必须的。对此可采用协整理论，进行协整分析。进行协整检验的先决条件是时间序列是不稳定、非平稳的，而且具有单位根。因此，我们首先要对所研究的相关数据进行单位根检验，然后建立非平稳时间序列的回归模型[138]。

考察随机过程$\{Y_t, t=1, 2, \cdots\}$，若$Y_t=\delta Y_{t-1}+\varepsilon_t$其中$\delta=1$，$\varepsilon_t$为一稳定过程，且$E(\varepsilon_t)=0$，$Cov(\varepsilon_t, \varepsilon_{t-s})=\mu_t<\infty$，$s=0, 1, 2\cdots$，则称该过程为单位

根过程（Unit Root Process）。若$Y_t = Y_{t-1}+\varepsilon_t$，其中，$\varepsilon_t$独立同分布，且$E(\varepsilon_t)=0$，$D(\varepsilon_t)=\sigma^2<\infty$，即$\varepsilon_t \sim iid(0, \sigma^2)$，则称$\{Y_t, t=1, 2, \cdots\}$为一随机游动（Random Walk）过程。

若单位根过程经过一阶差分成为平稳过程，即$Y_t-Y_{t-1}=(1-B)Y_t=\varepsilon_t$，则时间序列$Y_t$称为一阶单整序列，记作$I(1)$。一般地，如果非平稳时间序列$Y_t$经过$d$次差分达到平稳，则称其为$d$阶单整序列，记作$I(d)$，其中$d$表示单整阶数，是序列包含的单位根个数。进行单位根检验有多种不同的方法，如DF法、ADF法、PP法，本书主要采用ADF（Augmented Dickey-Fuller）检验法。

ADF检验是在DF检验基础上扩展而来的。D.A.Dickey和W.A.Fuller首先在1979年提出在考虑一阶自回归基础上的DF检验，其表达式见（6.4）式：

$$\Delta Y_t=\alpha+\delta Y_{t-1}+\varepsilon_t \qquad (6.4)$$

1981年，他们考虑到更一般的情形，又在DF检验的基础上进行了扩展，提出了为校正误差项ε_t的高阶序列自相关而在上述（6.4）式中加上ΔY_t的若干期滞后差分项，称之为ADF检验。这一检验是假定Y_t的数据生成过程（DGP）为$AR(P)$过程，检验方程为表6.3中的三个方程之一。

表6.3　ADF单位根的检验模型

序号	检验方程式	特点	适用范围
（1）式	$\Delta Y_t=\delta Y_{t-1}+\xi_1\Delta Y_{t-1}+\cdots+\xi_{p-1}\Delta Y_{t-p+1}+\varepsilon_t$	不包含常数项和线性时间趋势项	序列Y_t在0均值上下波动，呈无规则上升、下降趋势
（2）式	$\Delta Y_t=\alpha+\delta Y_{t-1}+\xi_1\Delta Y_{t-1}+\cdots+\xi_{p-1}\Delta Y_{t-p+1}+\varepsilon_t$	包含常数项	序列Y_t具有非0均值，但没有时间趋势
（3）式	$\Delta Y_t=\alpha+\beta_t+\delta Y_{t-1}+\xi_1\Delta Y_{t-1}+\cdots+\xi_{p-1}\Delta Y_{t-p+1}+\varepsilon_t$	包含常数项和线性时间趋势项	序列Y_t随时间变化有上升或下降趋势

说明：需注意的是，基于初步选取的模型应进一步检验截距或时间趋势的显著性，以调整或确认初步选取的设定是否适当。

表6.3的（1）、（2）、（3）式中，Δ为一阶差分符号；α，β，δ，ξ 为参数；ε_t 为随机误差项，是服从独立同分布（*iid*）的白噪声过程；p为最佳滞后期数，这个滞后期数保证ε_t误差项的平稳性（白噪音）。在实际中，回归的最佳滞后期数p是不知道的。本书采用Engle和Yoo（1987）提出的最小信息准则（*AIC*）来决定最佳滞后期数p，该准则的定义如下：

$$AIC=\frac{2L+2k}{n} \qquad (6.5)$$

（6.5）式中，L是对数似然值，n是观测值数目，k是被估计的参数个数。*AIC*准则要求其取值越小越好，因此，使*AIC*最小的p值便是最佳滞后期数。

D.A.Dickey和W.A.Fuller采用普通最小二乘法（*OLS*）得到关于Y_{t-p+1}系数的 t 统计量来进行单位根检验，t 统计量的计算如下式：

$$ADF_t=\frac{\hat{\delta}}{se(\hat{\delta})} \qquad (6.6)$$

（6.6）式中，$se(\hat{\delta})$ 表示对应的标准差估计。

其检验假设为：原假设H_0：$\delta=0$；备择假设H_1：$\delta<0$。

由于ADF统计量的分布是非标准分布的，因此使用MacKinnon（1991）临界值来进行判断。如果检验统计值大于临界值则接受零假设H_0，而拒绝备择假设H_1，则说明序列Y_t存在单位根，是非平稳序列；反之则说明序列Y_t不存在单位根，是平稳序列。对于非平稳的时间序列，还需进一步检验其一阶差分的平稳性，如果检验得知序列的一阶差分是平稳的，则称此序列是 I（1）。

② 协整检验。有些时间序列，虽然它们自身非平稳，但其线性组合却是平稳的。非平稳时间序列的线性组合如果平稳，则这种组合反映了变量之间长期稳定的比例关系，称为协整关系。协整关系表达的是两个线性增长量的

稳定的动态均衡关系，更是多个线性增长的经济量相互影响及自身演化的动态均衡关系。协整思想萌芽于1978年（Davison，Hendry，Srba和Yeo），在1980年代中后期被Granger（1983）、Engle和Granger（1987）所明确发展起来。协整分析是在时间序列的向量自回归分析的基础上发展起来的空间结构与时间动态相结合的建模方法与理论分析方法。与传统的以最小二乘法为基础的线性回归分析相比，在统计上更严格，更具逻辑性。

如果时间序列Y_{1t}，Y_{2t}，…，Y_{nt}都是d阶单整，即I（d），存在一个向量α（α_1，α_2，…，α_n）使得$\alpha Y'_t \sim I(d-b)$，这里Y_t=（Y_{1t}，Y_{2t}，…，Y_{nt}），$d \geqslant b \geqslant 0$。则称序列$Y_{1t}$，$Y_{2t}$，…，$Y_{nt}$是（$d$，$b$）阶协整，记为$Y_t \sim CI$（$d$，$b$），α为协整向量。一般情况下，协整检验有$EG$两步法与$JJ$的多变量极大似然法，本书采用前一种方法。

步骤一：为检验序列Y_t和X_t的CI（d，b）阶协整关系。首先对每个变量进行单位根检验，得出每个变量均为I（d）序列，然后选取变量Y_t对X_t进行OLS回归，即有协整回归方程：

$$Y_t = \alpha + \beta X_t + \varepsilon_t \tag{6.7}$$

式中用$\hat{\alpha}$和$\hat{\beta}$表示回归系数的估计值，则模型残差估计值为：

$$\hat{\varepsilon} = Y_t - \hat{\alpha} - \hat{\beta} X_t \tag{6.8}$$

步骤二：对（6.7）式中的残差项ε_t进行单位根检验，一般采用ADF检验。若检验结果表明ε_t是I（0）序列，即$\hat{\varepsilon} \sim I(0)$，则说明$\varepsilon_t$是平稳序列，可得出$Y_t$和$X_t$是$CI$（$d$，$b$）阶协整的，其协整向量为（1，$-\hat{\beta}$）。

（2）检验结果与实证分析

① 单位根检验。对于宏观经济数据，一般都存在非平稳性，因此先对表6.2中的数据进行单位根检验。单位根检验是检验时间序列平稳性的一种通用的方法。单根检验的方法有DF检验、ADF检验和PP检验等。通常所用的

单位根检验方法为ADF检验和PP检验法。本书运用EViews5.0，分别对序列LnAGDP、LnTFP、LnCI、ΔLnAGDP、ΔLnTFP和ΔLnCI进行ADF检验，结果如表6.4所示。

表6.4 ADF单位根检验

变量	检验类型	ADF检验值	1%	5%	10%	检验结果
lnAGDP	(C,T,1)	-3.323235	-4.728363	-3.759743	-3.324976	不平稳
lnTFP	(C,0,3)	-0.499125	-0.3959148	-3.081002	-2.681330	不平稳
lnCI	(C,T,3)	-2.158480	-4.667883	-3.733200	-3.310349	不平稳
ΔlnAGDP	(C,T,3)	-4.558672***	-4.492279	-3.875302	-3.388330	平稳
ΔlnTFP	(C,T,2)	-4.708066***	-4.057910	-3.733200	-2.701103	平稳
ΔlnCI	(C,T,2)	-5.422273***	-4.886426	-3.828975	-3.362984	平稳

注：检验类型（C，T，K）分别表示单位根检验方程中包含常数项、趋势项和滞后阶数。Δ表示一阶差分。标注***的变量在1%的水平上显著，标注**的变量在5%的水平上显著。

ADF检验的结果表明，LnAGDP、LnTFP、LnCI的ADF统计量均大于1%～10%各显著水平下的临界值，因此不能拒绝原序列具有一个单位根的原假设，即以上变量均为非平稳序列，但一阶差分之后这些变量都是平稳的。而ΔLnAGDP、ΔLnTFP和ΔLnCI的ADF统计量则小于其对应的5%的临界值，即拒绝原假设，序列是平稳的。在EViews的检验结果中，AIC和SC准则是评价检验效果的有效手段，它们的值越小，效果越好[146]。上表中的检验结果就是在按照AIC和SC最小准则得出的，从表中数值可以看出该检验效果较好，并且序列之间存在同阶单整，因此可以对其进行协整检验。因此，三个变量均为一阶单整的$I(1)$序列。

② 协整检验。为了进一步分析文化创意产业发展与经济增长之间是否存在长期的均衡关系，下面对文化创意产业变量与人均GDP变量、TFP变量分

别进行协整分析。通过上面分析可得知，三个变量序列，均为一阶单整，即LnAGDP ~ I（1），LnTFP ~ I（1），LnCI ~ I（1）。满足协整检验前提，故可考虑它们之间是否存在协整关系。现用两步法对LnAGDP、LnTFP、LnCI变量进行协整关系检验。

第一步：估计LnAGDP_t对LnCI_t和LnTFP_t对LnCI_t的回归方程，协整回归模型分别为：

$$\text{LnAGDP}_t = \alpha + \beta\text{LnCI}_t + \varepsilon_t \quad (6.9)$$

$$\text{LnTFP}_t = \gamma + \lambda\text{LnCI}_t + \zeta_t \quad (6.10)$$

根据1991年到2007年数据对上面回归方程进行OLS估计，得到

$$\text{LnAGDP}_t = \underset{(27.74361)}{4.095855} + \underset{(28.07298)}{0.533197}\text{LnCI}_t + \varepsilon_t \quad (6.11)$$

R^2=0.981322　AdjustedR^2=0.980077　F=788.0920　DW=0.654240

$$\text{LnTFP}_t = \underset{(-18.12848)}{-2.598910} + \underset{(12.78641)}{0.235828}\text{LnCI}_t + \xi_t \quad (6.12)$$

R^2=0.915963　AdjustedR^2=0.910360　F=163.4922　DW=0.292840

然后，计算OLS估计的残差，得到以下序列：

$$\text{ECM}_t = \text{LnAGDP}_t - 4.095855 - 0.533197\text{LnCI}_t \quad (6.13)$$

$$\text{ECM1}_t = \text{LnTFP}_t + 2.598910 - 0.235828\text{LnCI}_t \quad (6.14)$$

第二步：检验上述模型的残差项是否为平稳序列，即检验ε_t是否是I（0）序列。

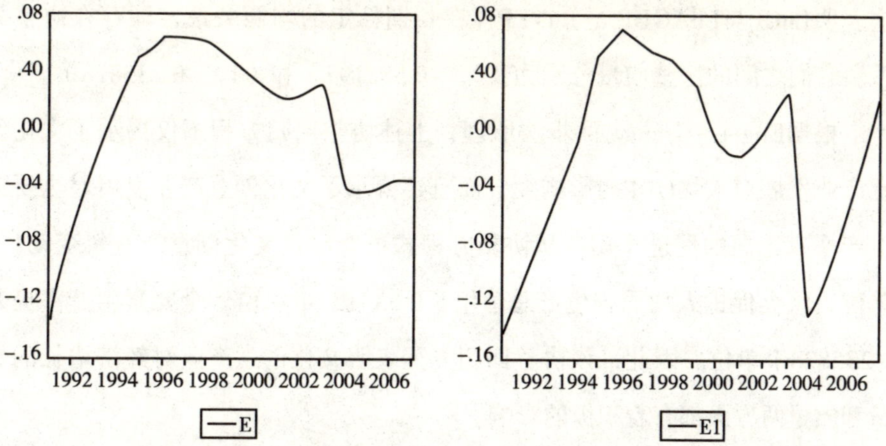

（a）人均GDP回归方程残差曲线　　（b）全要素生产率回归方程残差曲线

图6.2　回归方程残差曲线

表6.5　　残差序列*e*单位根的ADF检验表

变量	检验类型（C，T，K）	ADF检验值	显著性水平	临界值	AIC	DW	检验结果
ε_t	（0，0，3）	–2.433163**	1%	–2.717511	–3.470137	1.597963	*I*（0）
			5%	–1.964418			
			10%	–1.605603			
ξ_t	（0，0，1）	–2.851305	1%	–2.717511	–4.433118	1.879144	*I*（0）
			5%	–1.964418			
			10%	–1.605603			

注：标注***的变量在1%的水平上显著，标注**的变量在5%的水平上显著。

上述两个协整回归方程估计残差序列E、E1的取值如图6.2所示。对序列E、E1进行单位根检验，ADF检验宜采用表6.3不包含常数项和线性时间趋势项的（1）式检验方程。ADF检验结果见表6.5。从表6.5中可知，两者的*ADF*检验统计量分别为–2.433163、–2.851305，都小于显著性水平0.05时的临界值，因此可认为估计残差序列E、E1为平稳序列，即$\varepsilon \sim I(0)$，$\xi \sim I(0)$。

这表明$LnCI_t$与$LnAGDP_t$、LnTFP存在长期稳定的均衡关系，即存在协整关系。它们之间的协整向量分别为（1，-0.533197）和（1，-0.235828）。

根据Engel－Granger两步法原理，上述协整回归方程不仅揭示了文化创意产业发展对人均GDP的影响度，而且还揭示了文化创意产业发展对全要素生产率有正向的促进作用。从协整方程式可看出，文化创意产业每变动1个单位，将会促进人均国内生产总值增长0.533197个单位，全要素生产率提升0.235828个单位。因此，该协整回归方程表明文化创意产业对经济增长的数量和质量两方面都有着积极的影响。

3. 文化创意产业与经济增长的格兰杰因果检验

（1）检验方法

协整检验结果告诉我们变量之间是否存在长期的均衡关系，但这种关系是否构成因果关系还需要进一步验证。Granger（1969）和Sims（1972）提出的因果关系检验可解决此类问题，该检验是确定一个变量能否有助于预测另一个变量。Granger和Sims提出的因果关系检验法的基本思想如下：如果变量X有助于预测变量Y，即根据Y的过去值对Y进行自回归时，如果再加上X的过去值，能显著地增强回归的解释能力，则称X是Y的格兰杰原因（记为“$X \Rightarrow Y$”）；否则，称为非格兰杰原因（记为“$X \neq Y$”）。同时，Granger（1988）指出，如果变量之间是协整的，则至少存在一个方向上的Granger原因；在非协整情况下，任何原因的推断将都是无效的。变量X，Y之间格兰杰因果关系检验过程如下：

首先，检验零假设H_0：“X不是引起Y变化的原因”，对下列两个模型进行估计：

无限制条件回归：$Y_t=\sum_{i=1}^{p}\alpha_i Y_{t-i}+\sum_{i=1}^{p}\beta_i X_{t-i}+\mu_t$　　（6.15）

有限制条件回归：$Y_t=\sum_{i=1}^{p}\alpha_i Y_{t-i}+\mu_t$　　（6.16）

式中，μ_t为白噪声序列，满足均值为零、等方差且非自相关。p为滞后期数，α_i和β_i为待估系数。

然后用各回归的残差平方和计算F统计值，检验系数β_1，β_2，$\cdots$ β_p是否同时显著不为零。如果其中至少有一个显著地不为零，则拒绝“X不是引起Y变化的原因”的零假设，接受“X是引起Y发生变化的原因”。检验的统计量F值的计算公式如下：

$$F=\frac{\frac{RSS_0-RSS_1}{P}}{\frac{RSS_1}{t-2p-1}}\sim F(p,\ t-2p-1) \qquad (6.17)$$

（6.17）式中，RSS_0为有限制条件回归模型的回归平方和；RSS_1为无限制条件回归模型的回归平方和。根据显著性水平α查表得到F_α^*（P，$t-2p-1$），当$F>F_\alpha^*$时，则拒绝H_0，认为“X是引起Y变化的原因”。否则，则接受H_0，认为“X不是引起Y变化的原因”。

最后检验“Y不是引起X变化的原因”的零假设，进行同样的回归估计。检验时主要把模型（6.15）及模型（6.16）中的X变量与Y变量进行互换，其他方法与检验“X不是引起Y变化的原因”的零假设时完全相同。

（2）检验结果

上述协整分析告诉我们文化创意产业与人均GDP、全要素生产之间存在长期的均衡关系，但这种关系是否构成因果关系，还需要进一步验证。本书利用Granger因果检验来对它们之间的因果关系做进一步的验证分析。由于Granger因果关系检验对滞后的阶数非常敏感，本书采用依次滞后几阶，看结果是否具有同一性的方法。因果关系模型中的滞后期数取m=n，且滞后期数分别取1～3。最终得到文化创意产业与人均GDP、全要素生产率之间的Granger因果关系的检验结果（见表6.6）。

表6.6　　文化创意产业发展与经济增长之间的因果关系检验

滞后期	零假设	*F*值	*P*值	决策	因果关系结论
1	LnAGDP≠>LnCI	1.03398	0.32778	接受	LnAGDP≠>LnCI
	LnCI≠>LnAGDP	23.6886	0.00031	拒绝	LnCI⇒LnAGDP
2	LnAGDP≠>LnCI	0.63201	0.55149	接受	LnAGDP≠>LnCI
	LnCI≠>LnAGDP	8.32229	0.00745	拒绝	LnCI⇒LnAGDP
3	LnAGDP≠>LnCI	0.91655	0.48052	接受	LnAGDP≠>LnCI
	LnCI≠>LnAGDP	4.22087	0.5325	拒绝	LnCI⇒LnAGDP
1	LnTFP≠>LnCI	0.43368	0.52168	接受	LnTFP≠>LnCI
	LnCI≠>LnTFP	35.0769	0.0005	拒绝	LnCI⇒LnTFP
2	LnTFP≠>LnCI	0.66061	0.53769	接受	LnTFP≠>LnCI
	LnCI≠>LnTFP	7.77168	0.00920	拒绝	LnCI⇒LnTFP
3	LnTFP≠>LnCI	0.70601	0.57816	接受	LnTFP≠>LnCI
	LnCI≠>LnTFP	2.30512	0.16359	接受	LnCI⇒LnTFP

注：LnCI≠>LnAGDP表示“LnCI does not Granger Cause LnAGDP”；*p*值代表“LnCI does not Granger Cause LnAGDP”，即拒绝它犯第一类错误的概率。

由表6.6的检验结果可以看出，在滞后期为1～3时，至少在95%的置信水平下，我们可以认为文化创意产业产值是人均GDP的格兰杰原因。但是，人均GDP不是文化创意产业产值的格兰杰原因，即存在文化创意产业到人均GDP的单向因果关系。在滞后期为1～2时，至少在95%的置信水平下，文化创意产业产值是全要素生产率的格兰杰原因；在滞后期为3时，文化创意产业不再是全要素生产率的格兰杰原因。在滞后期为1～3时，全要素生产率均不是文化创意产业的格兰杰原因。因此，我们可得出结论：文化创意产业对人均GDP存在单向的因果关系，并且在滞后期较短时。同时，我国文化创意产业也是全要素增长率的原因。两者结合起来说明文化创意产业是影响经济增长水平和效率的重要因素。

4. 文化创意产业与经济增长的向量自回归模型

（1）向量自回归模型及其解释方法

为了说明文化创意产业影响经济增长的过程，我们采用非结构化的多方程模型，即向量自回归模型。结构建模方法（Structural Approach）利用经济理论来描述变量之间的关系，但经济理论往往不能为变量间的动态关系提供严格的定义，加之内生变量可能同时出现在方程的左右两边，使得估计和推论问题变得更为复杂化。为了解决这些问题，因此而产生了有关多变量建模的非结构方法。向量自回归模型就是这样一种非结构化的多方程模型。

向量自回归（VAR：Vector Autoregression）是Sims在1980年提出的使用模型中的所有当期变量对所有变量的若干滞后变量进行回归，用于相关时间序列系统的预测和随机扰动对变量系统的动态影响。它不带有任何事先约束条件，将每个变量均视为内生变量，避开了结构建模方法中需要对系统中每个内生变量关于所有变量滞后值函数的建模问题，它突出的一个核心问题是“让数据自己说话”。最一般的VAR模型的数学表达式为：

$$y_t = A_1 y_{t-1} + A_2 y_{t-2} + \cdots + A_p y_{t-p} + B_1 x_t + \cdots + B_r x_{t-r} + \varepsilon_t \tag{6.18}$$

（6.18）式中，y_t是m维内生变量向量，x_t是d维外生变量向量，A_1，A_2，…，A_p和B_1，B_2，…，B_r是待估计的参数矩阵，内生变量和外生变量分别有p阶和r阶滞后期。ε_t是随机扰动项，其同时刻的元素可以彼此相关，但不能与自身滞后值和模型右边的变量相关。

在向量自回归的基础上，我们可以脉冲响应函数和方差分解来对已建立起来的VAR模型做出解释。脉冲响应函数（IRF：Impulse Response Function）用于考察来自随机扰动项的一个标准差冲击对内生变量当前和未来取值的影响。在本书设置的模型中，我们分别考虑每一个变量作为因变量时，来自其他变量包括因变量自身的滞后值的一个标准差的随机扰动项所产生的影响，以及其影响的路径变化。以下是关于两变量的VAR（P）模型：

$$Y_t=\sum_{i=1}^{p}\alpha_{1i}Y_{t-i}+\sum_{j=1}^{r}\beta_{1j}X_{t-j}+\varepsilon_{1,t} \tag{6.19}$$

$$X_t=\sum_{i=1}^{p}\alpha_{2i}Y_{t-i}+\sum_{j=1}^{r}\beta_{2j}X_{t-j}+\varepsilon_{2,t} \tag{6.20}$$

（6.19）和（6.20）式中，随机扰动项ε_{1t}、ε_{2t}称为新息（Innovation）。由（6.19）和（6.20）式构成的VAR（P）模型中，如果新息ε_{1t}发生变化，不仅当前的Y值立即改变，而且还会通过当前的Y值影响到变量Y和X今后的取值。脉冲响应函数试图描述这些影响的轨迹，显示任意一个变量的扰动如何通过模型影响所有其他变量，最终又反馈到自身的过程。对脉冲响应函数的解释出现困难源于新息从来都不是完全非相关的。当新息相关时，它们有一个共同的组成部分，不能被任何特定的变量所识别。对此不太严格的方法是将共同的部分归于VAR（P）系统中的第一个变量（依照方程顺序）的随机扰动项。本书设置的模型中，ε_{1t}和ε_{2t}的共同组成部分归于ε_{1t}。所以，改变VAR（P）模型中的方程顺序可能会导致脉冲响应的很大不同。

考察VAR（P）模型时，还可以采用方差分解方法研究模型的动态特征。脉冲响应函数是追踪系统对一个内生变量的冲击效果，而方差分解则是将系统的预测均方误差分解成系统中各变量冲击所作的贡献，可考察VAR（P）系统中任意一个内生变量的预测均方误差的分解。其主要思想是，把系统中每个内生变量（共m个）的波动（k步预测均方误差）按其成因分解为与各方程新息相关联的m个组成部分，从而了解各新息对模型内生变量的相对重要性，即变量的贡献占总贡献的比例。比较这个相对重要性信息随时间的变化，就可以估计出该变量的作用时滞，还可估计出各变量效应的相对大小。

本部分的内容主要是在建立向量自回归模型的基础上，运用脉冲响应函数和方差分解来考察1991～2007年间文化创意产业通过怎样的过程影响经济增长，以及它们之间在时序上的交互影响。

（2）向量自回归模型

上文中Granger因果检验分析的是当经济增长对其自身滞后值进行回归时，如果把某一影响因素的滞后值加入进来能够显著地改善对经济增长的预期，则称该因素为经济增长的Granger原因。但Granger因果检验并没有给出构成因果关系的原因变量是多大程度上的原因，因此在前面Granger因果检验的基础上，我们将ΔLnAGDP，ΔLnTFP与ΔLnCI建立下面结构的VAR模型：

$$Y_t = \alpha + \sum_{i=1}^{p} \beta_i Y_{i-t} + U_t \tag{6.21}$$

其中，

$$Y_t = \begin{pmatrix} \Delta \mathrm{LnAGDP} \\ \Delta \mathrm{LnTFP} \\ \Delta \mathrm{LnCI} \end{pmatrix}, \quad \alpha = \begin{pmatrix} \alpha_1 \\ \alpha_2 \\ \alpha_3 \end{pmatrix}, \quad \beta = \begin{pmatrix} \beta_{11,i} & \beta_{12,i} & \beta_{13,i} \\ \beta_{21,i} & \beta_{22,i} & \beta_{23,i} \\ \beta_{31,i} & \beta_{32,i} & \beta_{33,i} \end{pmatrix},$$

$$U = \begin{pmatrix} U_{1t} \\ U_{2t} \\ U_{3t} \end{pmatrix}, \quad U_{it} \sim N(0,\ \sigma^2)$$

在实际应用中面临如何选择滞后阶数的问题，滞后阶数越大，越能完整反映模型的动态特征，但是滞后期越长，模型需估计参数越多，自由度越少，因此应在滞后期与自由度间寻求平衡。考虑到样本容量及LR、FPE、AIC、SC、HQ等准则，本书选择的最优滞后阶数为2。

经检验，模型所有的特征根都在单位圆以内，说明该VAR模型的结构是稳定的（见图6.3），满足脉冲响应和方差分解的前提条件。下面，在VAR模型的基础上运用脉冲响应和方差分解对文化创意产业与人均GDP、全要素生产率之间的关系进行进一步的分析。

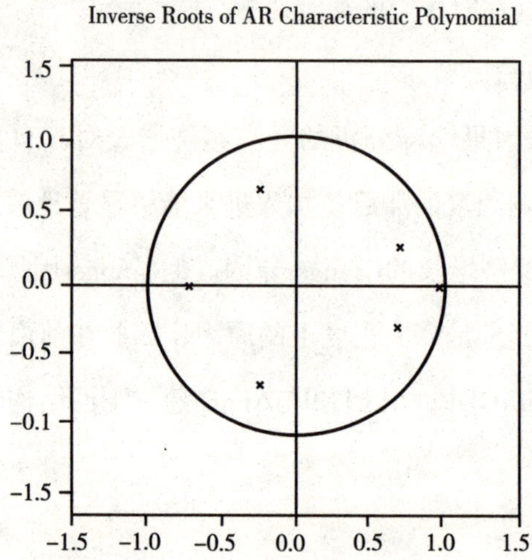

图6.3　VAR模型的稳定性检验

（3）脉冲响应函数

VAR模型的脉冲响应函数（impulse response function）可以反映来自随机扰动项的一个标准差冲击对内生变量当前值和未来值的影响，刻画内生变量对随机扰动的动态反应，显示任意变量的随机扰动（新息，innovation）如何通过模型影响其他变量，并反馈到自身的动态过程。如果随机扰动项存在相关性，他们将包含不与特定变量相联系的共同部分，通常将共同部分的效应归属于VAR系统中第一个出现的变量。

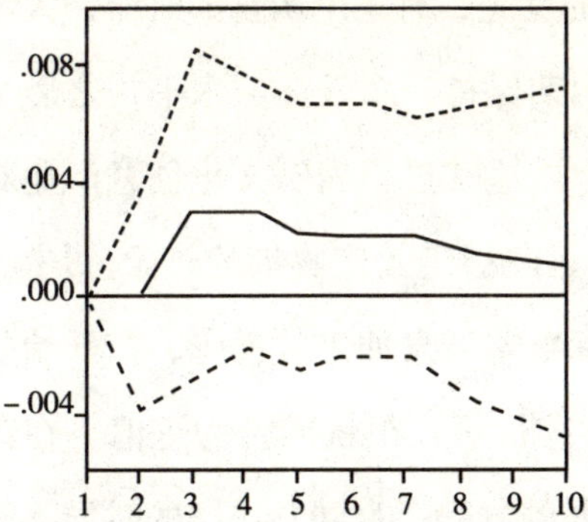

（a）ΔLnAGDP对ΔLnCI的脉冲响应

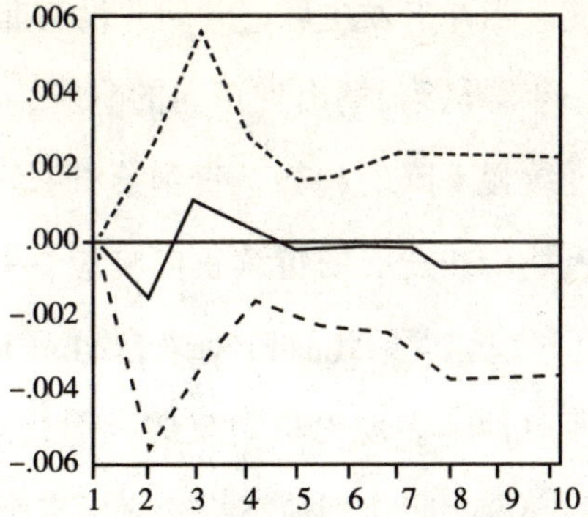

（b）ΔLnTFP对ΔLnCI的脉冲响应

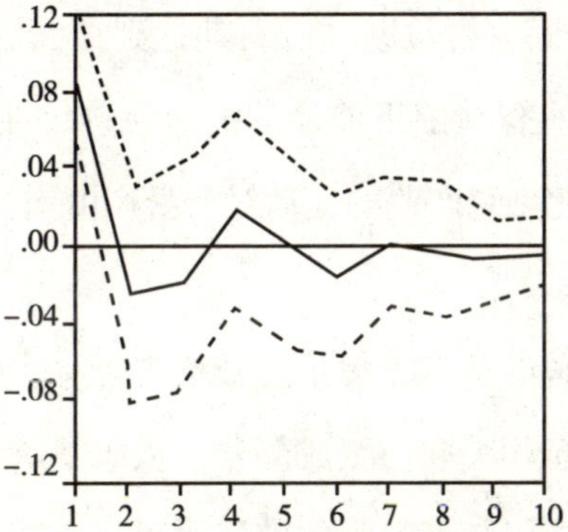

（c）ΔLnCI对自身的脉冲响应

图6.4　脉冲响应函数曲线

图6.4是基于VAR（2）和渐近解析法模拟的脉冲响应函数图。图中横轴表示冲击作用的滞后期数（单位：年），纵轴表示因变量对解释变量的响应程度。实线部分为响应函数的计算值，虚线为响应函数值加或减两倍标准差的置信带。

图6.4（a）显示的是ΔLnAGDP对来自ΔLnCI的一个标准差新息冲击的反

应。当冲击发生后，开始并没有非常明显的反应，有一个明显的时滞，大约一年，从第2期出现正向的响应，在第3、4期保持一个较高的水平，之后呈现缓慢下降的趋势，直到第8期才趋于平稳。这一过程表明文化创意产业对人均GDP发展的持续正向响应，并呈现向正向稳定效应收敛的迹象。图6.4（b）显示了ΔLnTFP对来自ΔLnCI的一个标准差新息冲击的反应，在开始阶段对冲击表现出负向反应，但这个过程持续很短，很快回升为正值，在第3～4期之间达到最高峰，之后有个快速减弱的过程，直到5～6期的时候逐渐趋于平稳，并且为负向响应。从两者的比较来看，文化创意产业对人均GDP带来的正向冲击比全要素生产率更为明显。图6.4（c）ΔLnCI对自身的一个标准差新息冲击立即有较强的反应，在第1期达到最大后开始回落，在第2期快速达到谷底，随后一直保持上下波动的响应轨迹，在第7期之后冲击减弱并逐渐消失。反映了文化创意产业的变动对自身产值增长影响的时效较长。

（4）方差分解

VAR模型方差分解的基本思想是把系统中每一个内生变量的变动按其成因分解为与各方程新息相关联的组成部分，从而了解各新息对模型内生变量的相对重要性。它考察了随着时间的推移源于某个特定新息所引起的方差占总方差百分比的变动情况，以此测算出各个冲击项自身对被解释变量独立的“贡献度”。本书利用方差分解技术分析文化创意产业对人均GDP和TFP的贡献率。方差分解的结果见表6.7。

表6.7　　ΔLnAGDP、ΔLnTFP方差分解

时期	ΔLnAGDP的方差分解			ΔLnTFP的方差分解		
	S.E.	ΔLnAGDP	ΔLnCI	S.E.	ΔLnTF	ΔLnCI
1	0.00622	100.00000	0.00000	0.00623	100.00000	0.00000
2	0.01011	99.95092	0.04908	0.00702	95.59018	4.40982

续表

时期	ΔLnAGDP的方差分解			ΔLnTFP的方差分解		
	S.E.	ΔLnAGDP	ΔLnCI	S.E.	ΔLnTF	ΔLnCI
3	0.01285	90.81917	9.18083	0.00746	94.41898	5.58102
4	0.01436	85.34174	14.65826	0.00764	94.45610	5.54390
5	0.01471	84.15538	15.84462	0.00771	94.42044	5.57956
6	0.01477	83.48569	16.51431	0.00774	94.46065	5.53935
7	0.01488	83.64397	16.35603	0.00775	94.45267	5.54733
8	0.01510	83.89625	16.10375	0.00776	94.46185	5.53815
9	0.01533	83.84067	16.15933	0.00776	94.46562	5.53438
10	0.01546	83.68055	16.31945	0.00776	94.46650	5.53350

表6.7中，第一列是预测期，S.E.中数据为变量ΔLnAGDP和ΔLnTFP的各期预测标准误差，这种预测误差是由于修正值的现在值或将来值的变化造成的。ΔLnAGDP列和ΔLnCI列分别表示以ΔLnAGDP和ΔLnCI为因变量的方程新息对各期预测误差的贡献度，每行结果相加是100。从表6.7可以看出，在第1期，ΔLnAGDP的所有变动均来自其本身的新息，之后不断降低，从第6期开始，基本维持在83.6%左右。ΔLnCI对ΔLnAGDP的影响在第6期最大，为16.514%，之后基本维持在16.1%左右，曲线也变得更为平稳［见图6.5（a）］。

在表6.7中，由ΔLnTFP的方差分解可知，ΔLnTFP在第1期只受自身波动的影响，ΔLnCI对预测误差的贡献度从第2期显现出来，此后呈现小幅增强态势，但从第3期开始，冲击影响趋于稳定，稳定在5.5%左右的水平，曲线也趋于平稳［见图6.5（b）］。ΔLnCI对ΔLnTFP的影响程度相比较ΔLnAGDP要小，这与我们上述的脉冲响应函数分析的结果基本上是一致的。

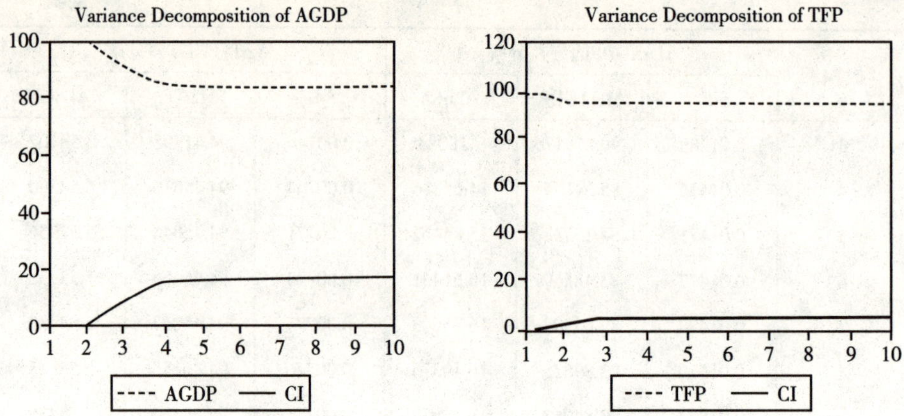

（a）　　　　（b）

图6.5　ΔLnAGDP、ΔLnTFP方差分解曲线

5. 结论

根据上述基于我国1991～2007年统计数据资料的定量实证分析，可得出以下几个结论：

①非平稳序列LnCI$_t$、LnGDP$_t$和LnTFP在经过一阶差分后平稳，均为一阶单整，即LnCI$_t$～I（1），LnGDP$_t$～I（1），LnTFP$_t$～I（1）。虽然LnCI$_t$、LnGDP$_t$和LnTFP时间序列都是非平稳序列，但前者与后两者之间的线性组合却是平稳的，皆存在协整关系，即文化创意产业分别与人均GDP、全要素生产率存在长期的均衡关系。协整回归方程表明，文化创意产业对两者有正向的促进作用。

②在格兰杰检验中，滞后1～3期的文化创意产业变化均是引起人均GDP变动的原因，说明文化创意产业对人均GDP的影响存在着较长的持续性。在滞后1～3期的检验中，1～2期的文化创意产业变化是引起全要素生产变动的原因，第3期两者间不存在因果关系。格兰杰因果关系检验清楚地表明，从

短期来看，存在着文化创意产业分别到人均GDP和全要素生产率的单向因果关系。

③基于VAR模型的脉冲响应函数显示，文化创意产业的一个标准差的冲击，对我国人均GDP呈显著的正响应，在长期内呈逐渐减弱的交互响应收敛迹象；相比较而言，它对全要素生产率的正响应并不明显。预测方差分解分析表明，文化创意产业对人均GDP的预测误差的贡献度在第4期后基本稳定在16%左右，即我国人均GDP的变化，大约有近16%左右的原因可以归结于文化创意产业；文化创意产业对全要素生产率的预测误差的贡献度在第3期后基本稳定在5%左右，相对影响较小。

因此，综合上述定量的实证分析，Granger因果检验、脉冲响应和方差分解也都验证了协整分析的结果。这说明我国文化创意产业对经济增长的动态影响比较大，并且存在一定的持续性。因此，在制定文化创意产业发展的政策上，应采取长期政策而非短期政策，力求避免其短期性行为，以保证其持久的正向效应。

三、文化创意产业对经济增长的综合影响：基于省域尺度的数据

1. 文化创意产业的综合评价

在前面的分析当中，我们主要从时间的角度验证了文化创意产业与经济增长之间的动态关系，并得出文化创意产业发展能有效促进增长的结论。然而，在不同地区的产业选择中并没有一个固定的模式，特别是不同的区域有着不同的资源禀赋和经济发展阶段。因此，这些区域文化创意产业的发展

表现出较大的差异性。尽管如此，我们仍然不能否认文化创意产业在区域经济增长中的贡献。区域经济增长的差异是现实存在的，在我国表现出明显的东、中、西的梯度特征，我们要考虑的是区域文化创意产业的发展与区域经济增长之间存在怎样的联系，在空间的角度上，它们之间是否存在一定的横向联系。这是本章所研究的主要内容。但是，在针对两者的关系研究上不能仅仅局限于定性的描述上面，必须对区域文化创意产业的发展状况和经济增长进行客观的评价。

同时，由前文可知，反映一个地区文化创意产业对经济增长的贡献不能仅仅局限于文化创意产业的产值。因为，它对经济增长的影响是多个层面和多个路径的，除了它对经济增长的直接贡献外，它还通过对人力资本、技术创新以及文化价值观的形成等方面对经济增长产生间接贡献。同时，人力资本、技术创新以及文化价值观本身也是影响文化创意产业发展的重要因素。因此，衡量文化创意产业对一个区域的经济增长影响的时候，必须首先建立一个反映文化创意产业发展状况的综合性指标。通过这个综合性指标与区域经济增长建立联系，这样才能从空间尺度揭示出区域中文化创意产业的发展与区域经济增长差异的真实的关联性。为此，我们构建一个能够反映文化创意产业发展状况的综合性评价指标——文化创意指数。

（1）文化创意产业的综合评价方法

近些年来，不少学者和学术机构致力于创意指数研究与开发，并用于测度文化创意产业发展状况。其中值得关注的研究有：联合国社会发展研究所和教科文组织的《针对文化和发展的全球性报告：建立文化数据和指数》（1997年），贝克（Baeker）的《地区文化发展的衡量和指数》（2002年），Florida《创意阶层起飞》中建立全球创意指数，Florida与Tinagli合著《创意时代的欧洲》中的欧洲创意指数，香港中文大学文化政策研究中心的香港创意指数，Kreidler主持硅谷文化启动项目中的创意社区指数，上海创意产业中心的上海城市创意指数。此外，Porter的创新指数以及瑞士洛桑IMD的竞争力指数也可作为测度创意产业发展状况的辅助方法。这些创意指数大都运用了人类学、社会学和经济学等多学科知识，涉及文化多样性、创造力、社区、全球化、文化参与、文化价值观、技术创新、研发和高科技等诸多领域。在已有的指数当中，又以欧洲创意指数、香港创意指数以及上海创意指数最具有代表性。

表6.8 欧洲创意指数评价方法

指数	测量指标
欧洲创意指数	各人才、技术和宽容指数综合的得分除以最大得分的比值
欧洲人才指数	创意阶层指数：创意从业人员占全部地区从业人员的比例 人力资本指数：24~64岁持有学士学位及以上学位的人员比例 科学人才指数：每千人中科学研究人员和工程师人员比例
欧洲科技指数	创新指数：每万人拥有专利数 高科技创新指数：每万人拥有高科技专利数 研发指数：研发支出占国内生产总值的比例
欧洲宽容指数	态度指数：度量对少数族群的宽容态度比重 价值指数：度量一个国家或地区中人们不同取向的价值观（比如宗教、民族主义、对婚姻的看法、对权威的看法等） 自我表达指数：度量对自我表达、生活质量、民主、信任、休闲、娱乐和文化的态度

资料来源：Florida and Tinagli.Europe in the Creative Age, 2004, 42-44。

Florida（2002）在《创意阶层的崛起》一书中提出发展创意经济3T准则，即技术（Technology）、人才（Talent）和宽容（Tolerance），认为创意产业发达的地方往往创意人才集聚，高科技产业集中，环境宽松舒适。与之相对应，Florida构建了科技指数、人才指数和宽容指数3个方面内容用于评价地区创意产业发展情况，并以此评价结果用于制定政策的参考依据。基于3T准则Florida和Tinagli（2004）在《创意时代的欧洲》报告中构建了欧洲创意指数（ECI），包括欧洲人才指数、欧洲技术指数和欧洲宽容指数，并对欧洲14国和美国进行了对比分析。尽管该指数的基本框架是3T准则，但是具体指数内容与作者最早提出的创意指数还是存在一些重要差异。其中人才指数增加了科学人才分指数，技术指数增加了R&D分指数，而宽容指数变动最大，不再由波西米亚指数、人口混居住指数和同性恋指数组合而成，而是由态度分指数、价值分指数和自我表达分指数构成。宽容指数的分指数虽然不同，但都是衡量环境开放、文化多样等宽容特征的。

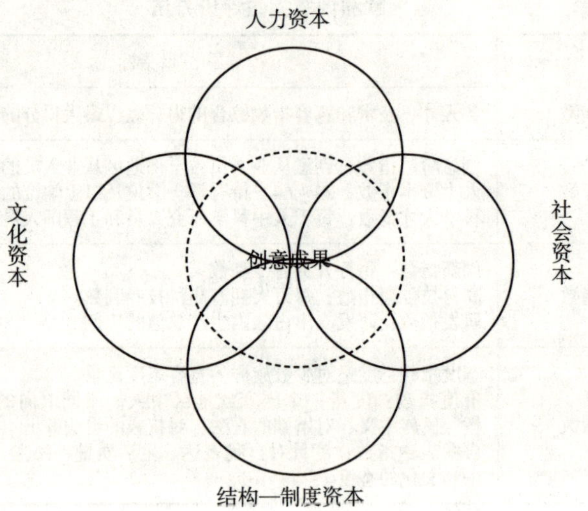

图6.6 "5C"模型图示

表6.9　香港创意指数的指标选取

指数	测量指标
创意成果指数	创意产业的经济贡献、就业人数、交易额，中小企业创业精神，电子商务经济贡献，商业领域创造性能力，与申请专利有关的创新活动，创意部门和文化艺术领域的创新活动
结构—制度指数	法律制度、言论自由、信息和通讯技术的基础设施建设、社会和文化基础建设

续表

指数	测量指标
人力资本指数	用研发支出和用于教育的公共支出来测度，研究人员的多寡和拥有高等学历人口数量，离境人数和移民人口比例
社会资本指数	一般性信任，制度性信任，互惠原则，合作性，对人权态度，自我表达，社会活动参与度，企业和个人捐赠，社会部门在社会福利上的支出等
文化资本指数	文化领域中的公共支出和企业捐赠，家庭在选定的文化产品和服务领域的支出，人们对于创意的态度、对艺术教育和人权保护方面的重视程度

香港创意指数是由香港中文大学文化政策研究中心于2004年创建，该指数用于评价香港创意产业发展状况及其决定因素。香港创意指数共有5个方面指数构成：创意成果（manifestation of creativity）、结构—制度资本（structural/institution capital）、人力资本（human capital）、社会资本（social capital）和文化资本（cultural capital）。这5个指数构成“5C”模型（见图6.6），其中4种资本的互动是决定创意成果和创意产业成长的主要因素。创新能力是社会行动者（socialactor）的内部过程。换言之，个人、私企、公共机构都可以运用自己的技能、知识和资源，并花费时间在不同形式的创意活动中。这就形成了香港创意指数研究者们的基本观点，即创意是一个社会过程，它因价值观、规范、实践、“社会资本”和“文化资本”的结构以及“人力资本”的发展等因素而发展，并受其制约。当创意能力被嵌入到上述3种资本形式的背景下，它的表达将受到硬件、机制、市场、社会能力、人的可获得性（简言“结构/制度资本”）的促进或制约。这些不同的资本形式的累积效应和相互影响就是可以衡量的“创意成果/产出”，它包括经济产出、激励性活动和任何其他形式的创意产品、服务和成就。香港创意指数评价指标分5个方面，共计88个指标（见表6.9）。

在我国，最早出现的创意产业发展状况评价的体系是上海创意产业研究中心于2006年公布的上海城市创意指数（SHCI），该指数的制定参考欧洲创意指数和香港创意指数体系，又结合中国国情和上海特点，是内地首个城市创意指数。上海创意指数涵盖产业规模、科技研发、文化环境、人力资源和社会环境5个方面指数，共计33个分指标。具体包括以下几个方面：

① 产业规模指数包括创意产业增加值占全市增加值的比重和人均GDP两个分指标。

② 科技研发指数体现了一个城市的创新能力，包括研发经费占GDP比重、高技术产业拥有自主知识产权产品实现产值占GDP比值等6个分指标。

③ 文化环境指数包括家庭文化消费占全部消费的比例、公共图书馆每百万人拥有数、艺术表演场所每百万人拥有数、博物馆和纪念馆每百万人拥有数等9个指标。良好的文化环境能够使新思想不断产生，从而提高社会创造力。

④ 人力资源指数包括新增劳动人均受教育年限、高等教育毛入学率、人均高等学校在校生学生数等7个指标。人力资源层次越高、流动性越强就越有助于社会的文化交流、技术转移和知识的传播，越有利于产生新的产业。

⑤ 社会环境指数包括全社会劳动生产率、社会安全指数、人均城市基础设施建设投资额等9个指标。

欧洲创意指数和香港创意指数的提出都具有开创性意义，它们都有许多优点，能够根据相应的地域特征因地制宜地设置文化创意产业的发展指标，但是它们同样有其不足之处。欧洲创意指数计算出了创意阶层作为社会重要组成部分的级别，却没有阐释创意产业或者说文化创意产业价值的级别。然而，这些日新月异的产业部门对创意经济的形成至关重要。因此，它们在国民经济中的位置应当适时地反映到创意指数之中，从而更好地揭示创意部门在一个社会中的经济和社会文化参数。

而香港创意指数则已将以上方面运用到了指数体系的建设中。香港创意指数的研究促发了周围地区和城市关于创意部门和文化创意产业的研究，如在最近一项名为《新加坡创意产业的经济贡献》的报告中，新加坡贸易工业部部长提出了基准方案来对澳大利亚、中国香港、新加坡、英国和美国的创意能力进行比较。

总体来说，香港创意指数是一个大概念指数，不仅涵盖了创意产业的相关环节，在创意供给、创意需求和创意分配方面都有附属的具体指标，用以衡量一个城市创意产业对经济的贡献。与此同时，该创意指数把创意产业当作一个非常特殊的行业看待，而不是仅仅当作商品社会中的一般产业来处理。该指数涵盖了从法律体系、言论自由、国际惯例、社会和文化的基础结构到研发、教育、人力资本和规范与价值、文化参与等一系列关涉社会基础和公众利益的指标。从这个意义而言，香港创意指数无疑为亚洲研究城市创意行业提供了一个可供参考的、较为科学全面的方法（分析）体系。

虽然上海创意指数相对来说更适合作为评价中国文化创意产业发展的标准，但是它的局限性在于它是以上海这样的大城市中文化创意产业的发展为研究对象，体现出浓厚的城市特征，如果放到更广的区域范围中并不一定合适。因此，本书试图建立与中国区域经济发展相一致并具有更为广泛适用性的文化创意指数。

（2）评价指标选取

综合考虑欧洲创意指数、香港创意指数、上海创意指数以及其他方法对文化创意产业发展评价指标，将文化创意指数分解为产业规模指数、人力资本指数、创新指数、文化资本指数四个组成部分。因此，本书指标选取与设计也是从这四个方面展开。产业规模指数是指文化创意产业自身现阶段的发展情况及其在国民经济体系中的地位。我们选择产业投入、产业产出及产业消费三个二级指标说明产业规模指数。同时，每个二级指标有若干个三级指标来反映（见表6.10）。

表6.10　　　　产业规模指数的指标选取

	产业投入指标I_1	产业产出指标I_2	文化消费指标I_3
评价指标	每万人文化从业人员I_{11} 每万人文化研究部门总人数I_{12} 每万人文化专业技术人员数I_{13} 年度文化创意产业实际投资I_{14} 年度政府文化投入I_{15} 经营机构注册资金I_{16}	文化创意产业增加值I_{21} 文化创意产业增加值占全国的比重I_{22} 文化创意产业增加值增长率I_{23} 文化创意产业总产出I_{24} 文化部门增加值I_{25}	人均消费I_{31} 人均文化消费I_{32} 每万人移动电话数I_{33} 每万人互联网上网人数I_{34} 有线电视入户率I_{35}

按照经济学者对人力资本的一般认识，人力资本包含人自身具有的教育水平、知识能力和人力资本存量投资等几个方面。为了使人力资本更好地反映文化创意产业发展情况，我们选择人力资本投资、现有人力资源状况（高素质人次数量）和文化创意产业人力资本结构三个维度进行说明，每个维度下面的指标如表6.11所示。

表6.11　　　　人力资本指数的指标选取

	人力资本投入H_1	人力资本状况H_2	人力资本结构H_3
评价指标	人均教育经费支出H_{11} 人均教育事业费支出H_{12} 教育经费占GDP比重H_{13} 教育事业费占GDP比重H_{14} 高等学校数量H_{15}	每十万人口高中阶段平均在校生H_{21} 每十万人口高等学校平均在校生H_{22} 普通高等学校教职工数量H_{23} 普通高等学校师生比H_{24} 企事业单位专业技术人员数H_{25}	信息传输、计算机服务和软件业从业人数H_{31} 科学研究、技术服务业从业人数H_{32} 教育从业人数H_{33} 文化、体育和娱乐业从业人数H_{34}

创新是文化创意产业的重要特征，文化创意产品的生产过程也是创新形成的过程。一个地区创新能力越强，文化创意产业的发展就会越快；同样，文化创意产业的发展也会大大提升一个地区的创新能力。因此，两者是相互影响、互为一体的关系。创新能力指数是反映文化创意产业的重要指标，为此我们从创新投入、创新产出水平两个方面说明创新能力指数，具体的指标

如表6.12所示。

表6.12　　　　创新能力指数的指标选取

	创新投入N_1	创新产出N_2
评价指标	每万人高技术产业科技机构N_{11} 人均科技经费支出N_{12} 每万人科技活动人员数N_{13} 每万人R&D从业人数N_{14} 科学家与工程师数占总人口比重N_{15} 高等学校科技经费N_{16}	三大检索收录的科技论文数N_{21} 发明申请授权数N_{22} 实用新型申请授权数N_{23} 外观设计申请授权数N_{24} 技术市场成交额占GDP比重N_{25} 技术市场技术流向地域N_{26}

文化创意产业具有文化和创新的二向性特征[139]（韩顺法，2009），如果说创新是它的典型特征的话，文化属性则是它的基本特征。因此，文化资本可以看作文化创意产业发展的基础条件，在一定程度上反映了文化创意产业发展水平和发展潜力。文化资本是以财富的形式具体表现出来的、作为人类劳动成果的文化价值的积累，是包括文化能力、文化产品、文化制度在内的文化资源的总和[140]（金相郁，2009）。文化资本指数是反映一个地区文化资本拥有量的指标，我们用资源性文化资本、产品性文化资本和价值观文化资本三个类别进行说明，详细指标如表6.13所示。

表6.13　　　　文化资本指数的指标选取

	资源性文化资本C_1	产品性文化资本C_2	价值观文化资本（开放性、包容性、信誉等）C_3
评价指标	每万人重点文物保护单位数C_{11} 文化藏品数C_{12} 公共图书馆机构数C_{13} 人均公共图书馆总藏书C_{14} 群众文化事业机构C_{15} 文化馆机构$C1_6$ 文化站机构数C_{17} 博物馆数$C1_8$	广播剧电视剧数量C_{21} 报纸种类C_{22} 平均期印数C_{23} 期刊种类C_{24} 期刊总印数C_{25} 录音录像制品C_{26} 出版图书C_{27}	外国留学生C_{31} 报刊发行数C_{32} 邮电业务量C_{33} 接待入境人数$C3_4$ 产品质量等级品率C_{35}

（3）数据说明与文化创意指数的评估

为正确评价区域文化创意产业的发展，本书选取我国31个省（直辖市、自治区）2006年的横截面数据作为样本。所有基础数据皆来自国家有关统计部门正式公布的资料，主要包括2007年度的《中国统计年鉴》《中国区域统计年鉴》《中国文化文物统计年鉴》《中国文物年鉴》《中国第三产业统计年鉴》《2007年：中国文化创意产业发展报告》《中国科技统计年鉴》及各省区统计年鉴。依据所有基础数据，运用SPSS15.0分别对产业规模指数、人力资本指数、创新能力指数、文化资本指数进行评估。

表6.14　　　　KMO 和 Bartlett 的检验

取样足够度的 Kaiser-Meyer-Olkin 度量		0.795
Bartlett 的球形检验	近似卡方	749.292
	df	120
	Sig.	0.000

① 产业规模指数评估。进行因子分析需要对样本数据进行KMO（它是一个用于比较观测相关系数值与偏相关系数值的指标）以及Bartlett球形检验，以确定样本数据是否满足因子分析条件。经过检验，产业规模指数的KMO检验值为0.795（大于0.6），Bartlett球形检验的Approx.Chi-Square为749.292，卡方统计值的显著性概率是0.000，说明数据适合做因子分析。

利用SPSS软件计算因子共同度，指标变量与因子之间具有较强的相关关系，因子能够充分反映样本指标的信息量，进行因子分析的效果显著。确定因子个数时，选取主成分的特征值大于1的那些因子，并且按照因子分析的原则，所选取的主因子对方差解释的累计达到80%以上。结果显示，相关矩阵的前3个特征值大于1的因子对方差解释的累计百分比为85.055%，如表6.15所示，满足设定的条件，因此选取3个公因子。

表6.15　　产业规模指数的总方差分解

成分	初始特征值			提取平方和载入			旋转平方和载入		
	合计	方差的贡献率（%）	累积贡献率（%）	合计	方差的贡献率（%）	累积贡献率（%）	合计	方差的贡献率（%）	累积贡献率（%）
1	9.345	58.408	58.408	9.345	58.408	58.408	6.353	39.706	39.706
2	3.252	20.327	78.735	3.252	20.327	78.735	6.167	38.542	78.248
3	1.011	6.319	85.055	1.011	6.319	85.055	1.089	6.807	85.055
4	0.686	4.291	89.345						
5	0.528	3.300	92.645						
6	0.389	2.430	95.075						
7	0.278	1.738	96.813						
8	0.179	1.121	97.935						
9	0.105	0.655	98.589						
10	0.095	0.595	99.184						
11	0.051	0.317	99.501						
12	0.036	0.224	99.725						
13	0.022	0.138	99.863						
14	0.012	0.074	99.938						
15	0.007	0.043	99.980						
16	0.003	0.020	100.000						

注：提取方法为主成分分析。

以“方差极大化”为准则进行因子正交旋转，从而得到方差极大化后的因子载荷矩阵，同时旋转后其总体因子的方差累积贡献率是不变的，即3个因子的总体方差累积贡献率还是85.055%，根据旋转后的因子载荷矩阵可以得到明确经济意义的主公共因子，如表6.15所示。

根据旋转后的区域产业规模指数的公共因子载荷矩阵（见表6.16），发现对I_1正面影响比较大的指标有6个，分别为年度文化创意产业实际投资、年度政府文化投入、经营机构注册资金、文化创意产业增加值、文化创意产业总产值、文化部门增加值，这些指标主要反映了一个地区文化创意产业资金投入和实际产出的水平，因此，可以将I_1定义为“产业资金投入—产出因子”；对I_2正面影响较大的包括人均消费、人均文化消费、每万人移动电话数、每万人互联网上网人数、有线电视入户率、每万人文化从业人员数、每万人文化研究部门人数以及每万人文化从业专业技术人员8个指标，它们反映了一个地区的文化消费能力以及文化从业人员状况，这些是拉动文化创意产业发展的关键因素，因此，将I_2定义为“产业发展的拉动因子”；对I_3正面影响的指标是文化创意产业增加值增长率，是反映文化创意产业发展速率的指标，因此，将I_3定义为“文化创意产业发展速率因子”。

表6.16　　旋转后的产业规模指数（X_1）公共因子载荷矩阵

	公共因子		
	I_1	I_2	I_3
每万人文化从业人员数	0.348	0.870	–0.145
每万人文化研究部门人数	–0.220	0.798	–0.248
每万人文化从业专业技术人员	–0.307	0.784	0.068
年度文化创意产业实际投资	0.965	0.086	0.014
年度政府文化投入	0.867	0.276	0.052
经营机构注册资金	0.933	0.199	0.020
文化创意产业增加值	0.949	0.196	0.016
增加值占GDP的百分比	0.336	0.664	0.121
文化创意产业增加值增长率	0.078	–0.099	0.949
文化创意产业总产值	0.943	0.281	–0.088
文化部门增加值	0.737	0.164	0.263
人均消费	0.512	0.820	–0.011

续表

	公共因子		
	I_1	I_2	I_3
人均文化消费	0.486	0.818	0.018
每万人移动电话数	0.383	0.872	–0.058
每万人互联网上网人数	0.398	0.871	0.006
有线电视入户率	0.531	0.761	–0.053

注：提取方法为主成分分析法，具有 Kaiser 标准化的正交旋转法（旋转在4次迭代后收敛）。

从表6.15可以看出，公共因子I_1对区域产业规模指数的贡献最大，旋转后的方差贡献率数值为39.706%；其次是产业发展的拉动因子，旋转后的方差贡献率数值为38.542%；文化创意产业发展速率因子的方差贡献率最小，仅为6.807%。这表明衡量一个区域的产业规模指数较为重要的因素是产业资本投入—产出因子和产业发展拉动因子。

根据运算结果中的因子得分系数矩阵，可以得到产业规模指数公共因子的原始变量的因子得分函数，根据因子得分函数计算出这3个公共因子的具体得分，对得到的因子得分进行加权计算，得到各区域的产业规模指数的综合得分。

各个公因子权重的计算公式如下：

$$I_n=\frac{\text{因子方差贡献率}}{\text{总累积方差贡献率}}\times 100\% \tag{6.22}$$

根据上式及表6.15的数据，可以计算得到I_1、I_2、I_3的权重分别为46.683%、45.314%及8.001%。那么，区域产业规模指数的综合得分计算公式可以表示为：

$$X_1=0.46683I_1+0.45314I_2+0.08001I_3 \tag{6.23}$$

根据上式可以得出31个省（直辖市、自治区）的产业规模指数的综合标准化得分值，如表6.17所示。综合得分前5位的排名是上海、广东、北京、浙江、江苏。

表6.17　　各区域产业规模指数的因子得分及综合得分

地区	I_1	I_2	I_3	加权综合得分I	排名
北京	−1.10926	4.08161	0.92882	1.41	3
天津	−0.82902	1.17441	0.35239	0.17	8
河北	−0.39569	−0.28247	3.1766	−0.06	15
山西	−0.12091	−0.09758	2.04567	0.06	9
内蒙古	−0.58551	−0.25951	−0.66409	−0.44	24
辽宁	0.32157	−0.42715	−0.12706	−0.05	13
吉林	−0.4515	−0.08541	−0.07404	−0.26	18
黑龙江	−0.25483	−0.54339	−0.38845	−0.4	22
上海	1.86998	2.4574	−1.12891	1.9	1
江苏	1.67	−0.36872	0.69678	0.67	5
浙江	1.7439	0.61191	−0.65733	1.04	4
安徽	−0.10377	−0.72321	0.56907	−0.33	20
福建	0.15853	0.10165	−0.69061	0.06	10
江西	0.29838	−0.8414	−0.52096	−0.28	19
山东	0.67984	−0.32732	0.24542	0.19	7
河南	−0.06525	−0.64554	−0.16792	−0.34	21
湖北	0.06013	−0.42107	−0.75716	−0.22	17
湖南	0.03104	−0.26061	0.6108	−0.05	14
广东	2.95876	0.23847	−0.64806	1.44	2
广西	−0.18994	−0.58918	−0.60604	−0.4	23
海南	−1.10728	0.05743	−0.26517	−0.51	26
重庆	−0.39558	0.07539	1.34716	−0.04	12
四川	1.24888	−0.9432	1.62547	0.29	6

续表

地区	I_1	I_2	I_3	加权综合得分I	排名
贵州	−0.46818	−0.909	−0.63078	−0.68	30
云南	0.21551	−0.52303	−0.02091	−0.14	16
西藏	−1.30802	−0.23362	−1.11939	−0.81	31
陕西	−0.2199	0.28377	−0.32032	0	11
甘肃	−0.74121	−0.29172	−0.99771	−0.56	27
青海	−1.09215	−0.13859	−0.72731	−0.63	29
宁夏	−1.15427	0.14241	−1.10974	−0.56	28
新疆	−0.66424	−0.31274	0.02379	−0.45	25

② 人力资本指数评估。区域人力资本指数的KMO检验值为0.712，Bartlett球形检验的Approx.Chi-Square为506.182。统计值的显著性概率是0.000，说明数据适合做因子分析。

通过对区域人力资本指数评估指标值的统计分析，从原始数据中提取了两个公共因子（两个公共因子的特征值、方差贡献率如表6.18所示），这两个公共因子可以解释81.058%的总变差。经过3次旋转后得到公共因子载荷矩阵。

表6.18　人力资本指数（X_2）的方差贡献分解

成分	初始特征值			旋转平方和载入		
	合计	方差的贡献率（%）	累积贡献率（%）	合计	方差的贡献率（%）	累积贡献率（%）
1	5.833	53.030	53.030	4.951	45.013	45.013
2	3.083	28.028	81.058	3.965	36.045	81.058

注：提取方法为主成分分析法。

表6.19　　旋转后的人力资本指数（X_2）公共因子载荷矩阵

	公共因子	
	H_1	H_2
人均教育经费支出	0.944	0.208
人均教育事业经费支出	0.947	0.073
每万人高等学校数	0.962	–0.027
每十万人口高中阶段平均在校生	–0.053	0.559
每十万人口高等学校平均在校生	0.860	0.333
普通高等学校教职工数量	0.096	0.940
每万人企事业单位专业技术人员数	0.619	–0.311
信息传输、计算机服务和软件业	0.534	0.753
科学研究、技术服务业	0.663	0.696
教育	–0.412	0.868
文化、体育和娱乐	0.456	0.841

注：提取方法为主成分分析法，具有Kaiser标准化的正交旋转法（旋转在3次迭代后收敛）。

根据旋转后的区域人力资本指数的公共因子载荷矩阵（见表6.19），发现对H_1正面影响比较大的指标有5个，分别为人均教育经费支出、人均教育事业经费支出、每万人高等学校数、每十万人口高等学校平均在校生以及每万人企事业单位专业技术人员数，这些指标主要反映了一个地区人力资本的投入和实际产出的水平，因此，可以将H_1定义为“人力资本投入—产出因子”；对H_2正面影响较大的包括每十万人口高中阶段平均在校生，信息传输、计算机服务和软件业从业人员，科学研究、技术服务业从业人员，教育人员，文化、体育和娱乐人员指标，它们反映了一个地区的人力资本在文化创意产业中的配置结构状况，因此，将H_2定义为“人力资本结构因子”。

从表6.18可以看出，公共因子H_1对区域人力资本指数的贡献最大，旋转后的方差贡献率数值为45.013%，这表明衡量一个区域的人力资本指数较为重要的因素是人力资本投入—产出因子；人力资本结构因子旋转后的方差贡献率数值也较高，为36.045%。

根据区域人力资本指数的因子得分系数矩阵，可以得到区域人力资本公共因子的原始变量的因子得分函数，根据因子得分函数计算出这两个公共因子的具体得分（见表6.20），对得到的因子得分进行加权计算得到各区域的人力资本综合得分。

根据各个因子权重的计算公式和表6.18的数据，计算得到H_1、H_2的权重分别为55.532%、44.468%，因此区域关系资本综合得分的计算公式为：

$$X_2 = 0.55532H_1 + 0.44468H_2 \qquad (6.24)$$

由此公式，能够计算出31个省（直辖市、自治区）的人力资本指数综合得分值，如表6.20所示。

表6.20 各区域人力资本指数的因子得分及综合得分

地区	H_1	H_2	综合得分	排名	地区	H_1	H_2	综合得分	排名
北京	4.32	1.75	3.18	1	湖北	–0.39	1.07	0.26	5
天津	0.93	–0.70	0.20	9	湖南	–0.56	0.55	–0.07	15
河北	–0.66	0.78	–0.02	12	广东	–0.33	1.85	0.64	3
山西	0.02	–0.15	–0.06	14	广西	–0.54	–0.27	–0.42	24
内蒙古	0.00	–0.69	–0.31	20	海南	–0.12	–1.36	–0.67	30
辽宁	0.16	0.27	0.21	7	重庆	–0.39	–0.38	–0.39	23
吉林	0.25	–0.50	–0.09	17	四川	–0.84	0.87	–0.08	16
黑龙江	0.10	–0.19	–0.03	13	贵州	–0.66	–0.81	–0.72	31
上海	2.15	–0.42	1.00	2	云南	–0.47	–0.53	–0.49	26
江苏	–0.44	1.43	0.39	4	西藏	0.45	–1.84	–0.57	28
浙江	–0.01	0.46	0.20	10	陕西	–0.01	0.53	0.23	6

续表

地区	H_1	H_2	综合得分	排名	地区	H_1	H_2	综合得分	排名
安徽	-0.80	0.27	-0.32	21	甘肃	-0.34	-0.66	-0.48	25
福建	-0.24	-0.09	-0.17	18	青海	0.12	-1.63	-0.66	29
江西	-0.47	0.11	-0.21	19	宁夏	0.28	-1.52	-0.52	27
山东	-0.69	1.35	0.21	8	新疆	0.17	-0.98	-0.34	22
河南	-0.97	1.41	0.09	11					

③ 创新能力指数评估。区域创新能力指数的KMO检验值为0.808，Bartlett球形检验的Approx.Chi-Square为833.667。统计值的显著性概率是0.000，说明数据适合做因子分析。

表6.21　　创新能力指数（X_3）的方差贡献分解　　单位：%

成分	初始特征值			旋转平方和载入		
	合计	方差的贡献率	累积贡献率	合计	方差的贡献率	累积 贡献率
1	8.945	74.545	74.545	5.672	47.264	47.264
2	2.155	17.958	92.503	5.429	45.240	92.503

注：提取方法为主成分分析法。

通过对区域创新能力指数评估指标值的统计分析，从原始数据中提取了两个公共因子（两个公共因子的特征值、方差贡献率如表6.21所示），这两个因子可以解释高达92.503%的总变差，其解释能力非常强。经过3次旋转后得到公共因子载荷矩阵。

表6.22　　旋转后的创新能力指数（X_3）公共因子载荷矩阵

	因子	
	N_1	N_2
每万人高技术产业科技机构数	0.716	0.512
R&D从业人员	0.167	0.914
科技经费筹集总额	0.774	0.592

续表

	因子	
	N_1	N_2
高等学校科技经费	0.435	0.870
从事科技活动人员	0.435	0.868
科学家与工程师数	0.456	0.857
国外主要检索工具收录	0.921	0.342
发明	0.843	0.459
实用新型	0.970	0.148
外观设计	0.984	-0.010
技术市场成交额	0.162	0.954
技术市场技术流向地域	0.304	0.915

注：提取方法为主成分分析法，具有Kaiser标准化的正交旋转法（旋转在3次迭代后收敛）。

根据旋转后的区域创新能力指数的公共因子载荷矩阵（见表6.22），发现对N_1正面影响较大的指标主要涵盖了国外主要检索工具收录、发明专利、实用新型专利、外观设计专利等指标，这些指标主要反映了一个地区创新成果数量多少，因此，可以将N_1定义为“创新产出因子”；对N_2正面影响较大的指标有6个，分别为R&D从业人员、高等学校科技经费、从事科技活动人员、科学家与工程师数、技术市场成交额以及技术市场技术流向地域，前4个指标反映了一个地区的创新投入情况，后面2个指标反映了一个地区对创新成果的吸收能力或重视程度，因此，将N_2定义为“创新的投入和吸收因子”。

从表6.21可以看出，公共因子N_1对区域创新能力指数的贡献最大，旋转后的方差贡献率数值为47.264%；另外，创新的投入和吸收因子旋转后的方差贡献率数值也较高，为45.240%。这表明这两个公共因子很好地衡量了一个区域的创新能力指数。

根据区域创新能力指数的因子得分系数矩阵，可以得到区域创新能力指数公共因子的原始变量的因子得分函数，根据因子得分函数计算出这两个公共因子的具体得分（见表6.23），对得到的因子得分进行加权计算得到各区域的创新能力指数综合得分。

根据各个因子权重的计算公式和（6.21）式及表6.21的数据，经计算得到N_1、N_2的权重分别为51.095%、48.907%，因此区域关系资本综合得分的计算公式为：

$$X_3 = 0.51095N_1 + 0.48907N_2 \quad (6.25)$$

根据此式，我们能够计算出31个省（直辖市、自治区）的创新能力指数的综合得分值，如表6.23所示。

表6.23　　各区域创新能力指数的因子得分及综合得分

地区	N_1	N_2	综合得分	排名	地区	N_1	N_2	综合得分	排名
北京	−0.17672	4.78998	2.25	1	湖北	−0.01891	0.21254	0.09	9
天津	0.03627	0.02579	0.03	11	湖南	−0.20259	−0.05004	−0.13	13
河北	−0.22859	−0.24681	−0.24	15	广东	3.55224	−0.71931	1.46	2
山西	−0.38723	−0.25065	−0.32	20	广西	−0.55292	−0.38344	−0.47	23
内蒙古	−0.65759	−0.39307	−0.53	26	海南	−0.75271	−0.47876	−0.62	28
辽宁	0.1724	0.14063	0.16	7	重庆	−0.36166	−0.17005	−0.27	18
吉林	−0.42309	−0.17001	−0.3	19	四川	−0.07519	0.39469	0.15	8
黑龙江	−0.33081	−0.05431	−0.2	14	贵州	−0.55592	−0.48446	−0.52	25
上海	0.66365	1.74684	1.19	4	云南	−0.60016	−0.34963	−0.48	24
江苏	2.19285	0.18585	1.21	3	西藏	−0.78953	−0.54336	−0.67	31
浙江	2.0392	−0.41229	0.84	5	陕西	−0.36043	0.53816	0.08	10
安徽	−0.38632	−0.10348	−0.25	16	甘肃	−0.65566	−0.25691	−0.46	22
福建	−0.07738	−0.43465	−0.25	17	青海	−0.73756	−0.52827	−0.64	30
江西	−0.49158	−0.34908	−0.42	21	宁夏	−0.70177	−0.5388	−0.62	29

续表

地区	N_1	N_2	综合得分	排名	地区	N_1	N_2	综合得分	排名
山东	1.48109	−0.43564	0.54	6	新疆	−0.67495	−0.4478	−0.56	27
河南	0.06157	−0.23367	−0.08	12					

④ 文化资本指数的评估。区域创新能力指数的KMO检验值为0.671，Bartlett球形检验的Approx.Chi-Square为817.233。统计值的显著性概率是0.000，检验结果说明指标数据适合做因子分析。

表6.24 文化资本指数（X_4）的方差贡献分解

成分	初始特征值			旋转平方和载入		
	合计	方差的贡献率 %	累积贡献率 %	合计	方差的贡献率 %	累积贡献率 %
1	7.911	37.672	37.672	5.587	26.607	26.607
2	4.875	23.212	60.884	4.457	21.223	47.830
3	1.812	8.629	69.512	3.347	15.936	63.766
4	1.426	6.789	76.301	2.461	11.718	75.485
5	1.151	5.481	81.782	1.322	6.297	81.782

注：提取方法为主成分分析法。

通过对区域文化资本指数评估指标值的统计分析，从原始数据中提取了5个公共因子（5个公共因子的特征值、方差贡献率如表6.24所示），这5个因子可以解释81.782%的总变差，其解释能力非常强。经过6次旋转后得到公共因子载荷矩阵。

表6.25 旋转后的文化资本指数（X_4）公共因子载荷矩阵

	成分				
	C_1	C_2	C_3	C_4	C_5
每万人全国重点文物保护单位	−0.352	−0.439	0.052	0.301	−0.488
文化藏品数	0.439	0.098	0.317	0.724	−0.092

续表

	成分				
	C_1	C_2	C_3	C_4	C_5
公共图书馆机构数	0.914	0.070	0.175	–0.065	0.032
人均公共图书馆总藏书	–0.567	0.675	–0.085	0.115	0.056
群众文化事业机构	0.937	0.051	0.027	0.084	0.086
文化馆机构	0.946	0.034	0.109	–0.006	–0.036
文化站机构数	0.928	0.051	0.020	0.091	0.094
博物馆数	0.553	0.121	0.624	0.259	0.145
图书出版种类	–0.028	0.898	0.076	0.328	0.075
儿童读物种类	0.090	0.404	–0.136	0.655	0.325
期刊出版种类	0.253	0.854	0.216	0.211	0.006
期刊平均期印数	0.224	0.751	0.355	0.108	0.055
报纸种类	0.532	0.605	0.328	0.126	–0.152
报纸平均期印数	0.344	0.202	0.551	0.301	–0.260
广播电视剧数量	0.113	0.110	0.906	–0.058	0.065
录像录音制品	–0.090	0.743	0.459	0.088	0.135
外国留学生毕业数	–0.436	0.241	0.659	0.077	0.017
每万人邮电业务量	–0.454	0.472	0.486	0.461	0.114
报刊发行数	0.389	0.494	0.396	0.588	0.108
接待入境人数	–0.001	0.306	0.861	0.115	0.110
产品质量优等品率	0.011	0.059	0.159	0.173	0.877

注：提取方法为主成分分析法，具有Kaiser标准化的正交旋转法（旋转在6次迭代后收敛）。

根据旋转后的区域文化资本指数的公共因子载荷矩阵（见表6.25），发现对C_1正面影响较大的指标主要涵盖了公共图书馆机构数、群众文化事业机构、文化馆机构、文化站机构数、博物馆数量等指标，这些指标主要反映了一个地区文化基础设施建设的状况，因此，可以将C_1定义为“文化基础设施因子”；对C_2正面影响较大的指标主要包括人均公共图书馆总藏书、图书出版种类、儿童读物种类、期刊出版种类、期刊平均期印数、报纸种类、报刊发行数、录像录音制品等指标，这7个指标主要反映了一个地区的文化产品数量多少的情况，因此，将C_2定义为“文化产品因子”；对C_3贡献较大的指标主要有外国留学生毕业数、每万人邮电业务量、接待入境人数、广播电视剧数量，这些指标代表了一个地区内的人们与其他地区交流的密切程度和开放程度，是人们价值观的反映，因此，将C_3定义为“文化交流因子”；对C_4贡献较大的指标主要包括每万人全国重点文物保护单位、文化藏品数两个因素，这两个指标反映了一个地区的历史文化底蕴和文化资源的丰富度，因此，将C_4定义为“文化遗存因子”；对C_5有较大影响的指标有产品质量优等品率，其因子载荷为0.877，它反映了一个地区在经济活动中的诚信状况，因此，将C_5定义为“文化诚信因子”。

表6.26　　各区域文化资本指数的因子得分及综合得分

地区	C_1	C_2	C_3	C_4	C_5	综合得分	排名
北京	−2.00578	−0.59356	0.26113	3.38724	0.02066	0.27	10
天津	−1.40166	0.5738	−0.48485	−0.60628	−0.21974	−0.51	27
河北	1.11303	−0.44479	0.205	−0.31898	0.12927	0.25	11
山西	0.61376	−0.87618	1.03599	0.58807	−2.28654	0.08	13
内蒙古	0.03133	−0.52069	−0.40322	−0.14113	0.66233	−0.17	22
辽宁	0.40748	0.86332	−0.56504	−0.29229	0.27038	0.23	12
吉林	−0.44031	0.48329	−0.85443	−0.1399	0.11514	−0.2	23
黑龙江	0.14981	0.33325	−0.06846	−0.82198	−0.72675	−0.05	18
上海	−1.76169	4.14745	−0.26398	0.17362	0.00023	0.48	5
江苏	0.66789	0.49859	0.43366	1.91494	0.04139	0.71	3
浙江	0.34223	0.27905	−0.31668	2.39078	0.51698	0.5	4
安徽	0.46397	−0.14035	−0.67025	0.10073	0.15245	0.01	16
福建	−0.38357	−0.86037	1.33102	−0.23077	1.56082	0	17

续表

地区	C_1	C_2	C_3	C_4	C_5	综合得分	排名
江西	0.23616	−0.74983	−0.10057	−0.00296	2.43953	0.05	14
山东	0.98288	0.50517	0.1201	−0.02017	−0.03271	0.47	6
河南	1.65979	−0.20872	−0.25544	0.71798	−0.95658	0.47	7
湖北	0.52989	0.71889	0.12664	−0.10911	0.35273	0.4	8
湖南	1.07649	0.11941	−0.18057	−0.26059	0.54489	0.35	9
广东	0.16481	0.70443	4.72519	−0.68091	0.28309	1.08	1
广西	−0.04506	0.44973	−0.34465	−0.83409	−0.31506	−0.11	20
海南	−1.31759	−1.18791	−0.0865	−0.56135	2.20253	−0.66	28
重庆	−0.55221	−0.19004	−0.43279	−0.75353	−0.7436	−0.48	26
四川	2.20843	0.34248	−1.04061	0.66411	0.75767	0.76	2
贵州	0.01146	−0.6254	−0.53439	−0.97797	0.39573	−0.37	25
云南	0.46584	−0.33906	−0.26206	−0.80662	0.00455	−0.1	19
西藏	−1.4741	−1.8473	0.11338	0.44948	−1.88978	−1.02	31
陕西	0.51652	−0.26012	−0.25571	0.28775	−0.62192	0.04	15
甘肃	0.15644	−0.12506	−0.30088	−0.66668	−0.93902	−0.21	24
青海	−1.04876	−0.76612	−0.39636	−0.77527	−0.261	−0.75	29
宁夏	−1.42678	−0.59996	−0.49162	−0.7454	0.09322	−0.82	30
新疆	0.05931	0.3166	−0.04302	−0.92872	−1.55087	−0.16	21

从表6.24可以看出，公共因子C_1对区域文化资本指数的贡献最大，旋转后的方差贡献率数值为26.207%；这表明文化产品公共因子是衡量了一个区域的文化资本指数的最重要指标。其次是公共因子C_2，它对区域文化资本指数的贡献率为21.223%；公共因子C_3、C_4对区域文化资本指数的贡献也较大，其数值分别为15.936%、11.718%；另外，公共因子C_5旋转后的方差贡献率数值最小，仅为6.297%。

根据区域文化资本指数的因子得分系数矩阵，可以得到区域文化资本指数公共因子的原始变量的因子得分函数，根据因子得分函数计算出这5个公共因子的具体得分（见表6.26），对得到的因子得分进行加权计算得到各区域的创新能力指数综合得分。

根据各个因子权重的计算公式和表6.24的数据，经计算得到C_1、C_2、C_3、C_4、C_5的权重分别为32.534%、25.951%、19.486%、14.328%、7.700%，因此区域关系资本综合得分的计算公式为：

$$X_4 = 0.32534C_1 + 0.25951C_2 + 0.19486C_3 + 0.14328C_4 + 0.077C_5 \quad (6.26)$$

根据此式，我们能够计算出31个省（直辖市、自治区）的文化资本指数的综合得分值，如表6.26所示。

⑤ 文化创意指数的综合得分。上文通过实证检验的探索性因子分析已经计算出了全国31个省（直辖市、自治区）的产业规模指数、人力资本指数、创新能力指数和文化资本指数的综合得分，在此基础上，我们将各区域的产业规模指数、人力资本指数、创新能力指数和文化资本指数的综合得分相加即可得到相应区域的文化创意指数估值水平，如表6.27所示。文化创意指数的综合得分可以大致反映出各个地区文化创意产业发展的现实状况。结果表明，我国文化创意产业发展较好的地区主要集中在东部沿海的经济发达省区，而西部省区文化创意产业发展还相对落后。

表6.27　各区域文化创意指数的综合得分与排名

地区	得分	排名	地区	得分	排名	地区	得分	排名
北京	7.11	1	安徽	−0.89	20	四川	1.12	7
天津	−0.11	14	福建	−0.36	16	贵州	−2.29	27
河北	−0.07	13	江西	−0.86	19	云南	−1.21	22
山西	−0.24	15	山东	1.41	6	西藏	−3.07	31

续表

地区	得分	排名	地区	得分	排名	地区	得分	排名
内蒙古	-1.45	24	河南	0.14	11	陕西	0.35	10
辽宁	0.55	8	湖北	0.53	9	甘肃	-1.71	26
吉林	-0.85	18	湖南	0.1	12	青海	-2.68	30
黑龙江	-0.68	17	广东	4.62	2	宁夏	-2.52	29
上海	4.57	3	广西	-1.4	23	新疆	-1.51	25
江苏	2.98	4	海南	-2.46	28			
浙江	2.58	5	重庆	-1.18	21			

2. 区域文化创意产业对区域经济增长影响的实证分析

本书的分析主要涉及两个变量，一个是本书重点研究的文化创意产业发展，一个是区域经济增长水平。文化创意产业发展状况所对应的指标数据依据前文的文化创意指数计算得出，而对于区域经济增长水平，本书用各个区域的人均国内生产总值来表示。

（1）我国区域经济增长状况

改革开放以来，我国区域经济得到了快速的发展，但从空间尺度上看，经济的增长是极其不均衡的，其中最明显的特征表现为东、中、西部各省区的梯度性差异，东部省区发展速度最快，其次是中部省区，西部省区发展一直较慢。在很长的时期内，我国区域经济增长的收敛现象仍然不明显，甚至差距有进一步扩大的趋势。具体来看，以2006年全国31个省（直辖市、自治区）的人均GDP情况进行说明，如图6.7所示。以上海、北京、江苏、天津、广东、浙江、山东等为代表的东部省区的人均GDP明显高于中西部地区各省区。

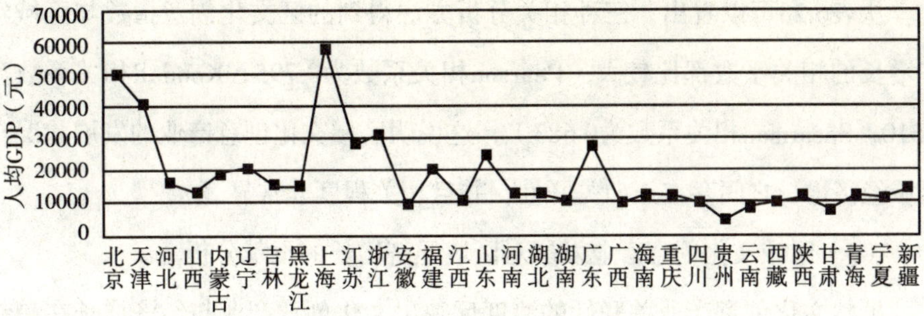

图6.7　2006年各省区经济增长水平

（2）区域文化创意产业发展与区域经济增长的相关分析

为了研究区域文化创意产业发展与区域经济增长的关系，首先，我们使用前面反映文化创意产业发展状况的评价指标即文化创意指数与各地区经济增长进行相关性分析；然后，再运用回归分析研究区文化创意产业对区域经济增长的贡献度。

分别运用皮尔逊相关分析方法、肯德尔相关分析方法和斯皮尔曼相关分析方法对区域文化创意指数和区域人均GDP进行相关分析，表6.28给出了三种相关分析的相关系数矩阵。

表6.28　　　区域文化创意指数与区域经济增长的相关系数矩阵

皮尔逊相关分析	相关系数	0.795（**）
	显著性水平（双尾t检验）	0.000
	样本容量	31
肯德尔相关分析	相关系数	0.510（**）
	显著性水平（双尾t检验）	0.000
	样本容量	31
斯皮尔曼相关分析	相关系数	0.683（**）
	显著性水平（双尾t检验）	0.000
	样本容量	31

注：**在置信度（双测）为0.01时，相关性是显著的。

从表6.28可以看出，三种相关分析方法得到的区文化创意指数与区域经济增长的相关系数都比较大（Pearson相关系数为0.795，Kendall相关系数为0.510，Spearman相关系数为0.683），这说明区域文化创意产业的发展状况与区域经济增长之间存在正向关联性，并且相关程度非常显著。

（3）区域文化创意产业发展对区域经济增长的贡献分析

虽然文化创意产业关联性的测度反映出文化创意产业与经济增长在趋势上的内在一致性，但还不能说明文化创意产业的发展能在多大程度上影响区域经济增长。为了说明这个问题，我们必须将反映文化创意产业发展状况的相关指标纳入经济增长理论的范畴，运用经济增长模型测算文化创意产业对经济增长的实际贡献。

在关于投入要素与经济增长关系的实证研究中，普遍采用Cobb-Douglas生产函数形式，鉴于我们所要研究的是文化创意投入对经济总产出的影响，而传统的柯布—道格拉斯生产函数只反映了劳动力和资本对经济产出所发挥的作用。所以，在这里我们将文化创意投入水平作为影响产出水平的独立变量之一，与劳动力和资本共同构成Cobb-Douglas生产函数，其形式为：

$$Y=AL^{\alpha}K^{\beta}V^{\gamma} \tag{6.27}$$

其中，Y为经济总产出水平，L、K、V分别代表经济增长所投入的劳动力、物质资本和文化创意要素，α，β，γ分别代表劳动力、物质资本和创意要素的产出弹性。其中，需要说明的是A的设置，由于不存在时间序列的对比，为简化起见，本书将A设置为1。综上所述，本书分析模型的形式为：对上式两边取自然对数变化后，建立回归方程：

$$\ln Y_i=A+\alpha\ln L_i+\beta\ln K_i+\gamma\ln V_i+\xi_i \tag{6.28}$$

ξ_i为随机扰动项，服从E（ξ_i）=0的正态分布。为了有效测度文化创意产业对经济增长的拉动作用，数据选取2006年28个省区（除西藏、海南和重庆）的截面数据。为使计量结果尽量准确，统计数据选取方法如下：① 以2006年当年价格各地区的人均国内生产总值作为衡量经济增长水平的指标。② 劳动投入L以社会从业人员数度量（单位：万人）。③ 物质资本K的衡量相对复杂，由于我国没有真实资本存量的统计数据，本书主要采用国际上通常使用的永续盘存法进行计算，公式为：$K_t=(1-\delta)K_{t-1}+I_t$，其中，$K_t$和$I_t$分别表示T期的资本存量和新增投资，$\delta$为几何折旧率，根据相关研究并结合我国的具体实际，假设为9.6%。基期的资本存量，本书借用霍尔和琼斯（1999）所采用的方法：$K_0=I_0/(g+\delta)$，I_0为基期的投资，g为投资的年平均增长率[141]。④ 文化创意产业发展对区域经济增长的实际贡献测量，可以用文化创意的投入带来的经济产出来衡量，用文化创意指数作为统计量来反映文化创意要素V的投入。按照上述条件，首先将所有数据标准化处理，消除不同量纲的影响，然后将数据整理后通过EViews5.0，运用OLS方法对回归方程进行估算，回归结果如表6.29所示。

表6.29　回归结果分析

	OLS分析结果			
解释变量	C	lnL	lnK	lnV
回归系数	–0.2910***	–0.5730***	0.1398*	0.6935***
t统计值	–3.6375	–3.1807	1.3609	5.3400
R^2（R）	0.9517（0.9807）			
F	33.8494			

注：表中*与***分别表示在10%和1%的显著性水平上显著。

表6.30　LM（BG）自相关检验

被解释变量	e_t		LM = TR^2 = 1.3645	
解释变量	e_{t-1}	ln$L$	ln$K$	ln$V$
回归系数	–0.9468	–1.3954	0.7149	1.7793

续表

t统计值	−0.5425	−0.3923	0.3653	0.3992
R^2	0.0487			

从总体上来讲，回归方程的可决系数以及修正可决系数都在95%以上；模型整体通过了F–检验，回归方程的拟合优度较高。而且各变量的t统计量值也较大，分别在1%和5%的显著性水平下显著，方程可以整体通过显著性检验。因此，整个回归方程的检验结果还是非常理想的。为观察方程是否存在自相关，我们对估计结果做了LM（BG）检验，该检验辅助回归式的结果如表6.30所示。由LM自相关检验可知，$LM=TR^2=1.3645$。查表得到$\chi_{0.05(1)}=3.841>LM$，表明模型能够通过自相关检验，即模型不存在一阶自相关。

根据回归方程结果可以得知，对人均国民生产总值贡献最大的是文化创意要素，它的产出弹性为0.6935，这说明我国各地区文化创意要素对区域经济增长有正向的促进作用，在其他要素不发生变化的情况下，文化创意要素每增加一个百分点投入，人均GDP平均产出增加0.6935%，其贡献程度较大。回归结果显示，资本存量的投入对人均GDP的产出弹性为0.2910，对区域人均产出的增加有着正向的贡献，但小于文化创意要素的产出弹性。另外，劳动投入对人均GDP的贡献是负值，其产出弹性为−0.5730，这似乎与常识不符。其原因在于，当经济发展到一定阶段后，劳动力作为一种投入要素在边际报酬递减的规律下，随着投入数量的增加而带来GDP的增加的幅度不断下降，从而使人均GDP（GDP/L）出现不断降低的趋势，结果导致劳动投入与人均GDP之间产生负相关关系。这同时说明我国现阶段区域经济发展中人均GDP的增加已经不再仅仅取决于劳动投入的增减，它的决定因素已经转移到劳动人口文化素质水平的增加上来，即个人文化创意方面的积累。

3. 结论

根据本章运用因子分析、相关分析以及多元回归分析计量方法的实证结果，得出以下几个方面的结论：

① 运用探索性因子分析方法，计算出全国31个省（直辖市、自治区）的区域文化创意指数以及文化产业规模指数、文化人力资本指数、文化创新能力指数、文化资本指数四个分指数。结果表明，我国区域文化创意指数及各分指数在空间分布上极不均衡，得分较高的省区多数集中在东部地区，还有中西部一些文化发达的省区。一方面，反映出我国文化创意产业的空间分异状况受到综合因素的影响；另一方面，反映出我国文化创意产业发展在空间格局上仍然不够协调。

② 通过评估得到的31个省（直辖市、自治区）的区域文化创意指数水平与经济发展水平（人均GDP）的相关分析，发现区域文化创意指数与区域经济发展是正相关的，而且相关系数较高，说明区域文化创意产业的状况与区域经济的发展状况有着紧密的联系，或者说发展文化创意产业可以带动区域经济的发展。

③ 通过对文化创意指数与区域经济增长进行了多元回归分析，结果发现，区域文化创意指数每提高1%，区域经济经济增长（人均GDP）将提高0.6935%。在改进的Cobb-Douglas生产函数中，文化创意作为独立的内生变量加入到模型中，对人均GDP产出的贡献度已经超越了其他要素，说明现阶段文化创意要素的投入特别是文化创意产业的发展正成为影响区域经济增长水平的关键因素。因此，在未来经济发展的过程中，不能再忽视文化创意产业所带来的影响，而是应把它作为国民经济的支柱性产业进行培育。

四、本章小结

本章为说明文化创意产业对经济增长的实际贡献，运用了我国的各年份的时间序列数据和省域尺度的截面数据，从动态和静态两个方面进行了实证分析。在文化创意产业与经济增长的动态关系上，实证结果表明文化创意产业分别与人均GDP、全要素生产率存在长期的均衡关系，存在着文化创意产业分别到人均GDP和全要素生产率的单向因果关系。向量自回归模型也验证了我国文化创意产业对经济增长动态影响比较大的结论。在文化创意产业与经济增长关系的静态研究中，根据前人研究成果设计了一套评价文化创意产业发展状况的指标体系，根据这套指标体系运用探索性因子分析方法对区域文化创意产业的发展进行了评估。然后运用相关分析和回归分析两种方法对区域文化创意指数与区域经济增长的关系进行了实证研究。以往的研究都只能从定性的角度去推测这一影响的存在，而本书以实证结果支持了这种推测。结果告诉我们，在经济实践中仍不能轻视文化创意产业在区域经济增长中所发挥的重要作用。

第七章

文化创意产业促进我国国民经济发展的对策

文化创意产业是20世纪90年代英国伦敦等老工业城市为克服落后制造业能耗大、污染大、附加值低而重点发展的新兴产业。这一成功的经验，很快被世界其他发达地区借鉴，像纽约，日本，我国香港、台湾地区等。随之，全世界正在兴起一股文化创意产业发展浪潮，加速了经济“再结构”进程。发展文化创意产业是我国经济在新时代背景下内在的必然选择，大力发展文化创意产业不但利于文化的大发展、大繁荣，而且对产业结构升级和经济发展方式转变有着重要的意义。目前，我国经济正处于全面调整的关键时期，为文化创意产业的发展提供了良好机遇。我国的经济管理部门，应该在指导思想上扭转一些传统的认识。

首先，应该改变“中国是一个资源贫乏国家”的传统观念。因为仅从自然资源的角度看，中国是一个人均占有资源极度贫乏的国家，但是从人文资源的角度看，我们具有五千年不间断发展的文明史，极其丰富的文化遗存物与极具特色的文化风俗，这些文化资源将会越来越具有经济开发的价值。我国是世界上独一无二的资源大国。仅仅以旅游产业为例，中国的历史文化古迹越来越成为国际性的旅游吸引物，其潜在价值无法估量。在“新经济”时代，中国将再一次有资格成为“资源大国”。

其次，应该改变单纯从“物质生产”角度评价我国的经济发展水平的传统观念。因为仅仅从物质产品的总量的角度已经无法估价出一个国家的经济发展水准。就一些传统产业而言（特别是已经出现生产能力过剩的产业），应该以“下游化”的观点重新设计未来的发展，而对于那些代表发展方向的高科技产业，应该逐渐转变为以文化内容作为其价值主体来加以估价。例如，在传统的通讯业中，开放性的“接入”与“服务”将日益取代服务手段，成为产业发展的最大增长点。

最后，应该改变对文化创作、传播、接受活动的“非生产性”的看法。由于许多产业将越来越依靠文化符号为其生产附加价值，文化活动从创作、制作、传播、到接受都已经具有越来越大的经济价值，其依赖于国家支持的“事业”性质将越来越淡化，国家再也无须通过财政拨款，以“事业单位”的管理方式对其加以限制。在这个时候，如果说还需要国家的积极作用的话，那么应该是一种“产业政策”性质的支持，即促使从事文化工作的个人与单位尽快地与市场链接。要而言之，是形成“造血机制”，而不是继续“输血”。

因此，根据前文对文化创意产业的理论分析及其他影响国民经济发展的机理研究，针对我国的现状，本书提出了文化创意产业促进国民经济发展的若干对策。

一、文化创意产业对产业结构影响的政策启示

从文化创意产业对产业结构影响的机理及其实证分析的研究中可以看

出，文化创意产业无论是产业产值还是在产业结构体系中的地位都有了大幅度的提高。它本身符合未来产业结构调整升级的方向，更为重要的是它的发展会加速产业结构高级化的进程，并成为改变产业结构现状以及引导产业结构演化的重要要素。现实最重要的是，我们如何提升文化创意产业的地位，让其真正融合整个产业结构体系之中，从而发挥它的带动作用。

1. 文化创意产业适宜作为国民经济的支柱产业进行培育

由前文的研究可知，文化创意产业在我国国民经济体系中占有重要的地位。在新的经济发展阶段，把文化创意产业作为我国国民经济发展的支持产业是大势所趋。具体原因在于，一是和第一、第二产业相比，文化创意产业对自然资源和能源的消耗较低，同时，文化产品在生产和消费过程中，基本上不会对自然环境造成不良影响。在资源相对短缺、环境污染较重的情况下，发展文化创意产业是必由之路、明智之举。二是文化创意产业市场需求强、发展潜力大。经验表明，人均GDP超过3000美元，人们消费结构就会出现明显变化，物质消费的比重会逐渐减少，精神文化消费的比重会不断增加。随着我国经济的不断发展，精神文化产品的需求会越来越大，文化创意产业的发展潜力会逐步显现。三是文化创意产业易与新技术对接，具有较强的创新应变能力。从内容上看，文化创意产业是最强调创新的产业；从形式和载体上看，文化创意产业本身会随着新技术的运用、新消费习惯的出现自发地创新求变。四是文化创意产业进入门槛低，吸纳劳动力能力强。文化创意产业既适合于大规模、现代化、拥有高新技术设备的企业，同时可以接纳个体化、小规模、依靠个人创作和传统技艺发展的市场主体。因此，文化创意产业具有广泛吸纳各类社会劳动力的特点和优势。五是文化创意产业经济回报高，受益时间长。文化产品一旦受到人们的认可和消费者的追捧，就会获得较高的经济回报。同时，优秀文化产品的价值不会随着时间的推移有所减少，反而会随着时间的流逝实现不断的增值，并丰富人们的精神生活。

需要强调的是，在我国目前的统计体系中，文化创意产业在国民经济中的比重较低，税收贡献少，但应当认识到，这很大程度上是由于文化创意产业统计体系的不完善，而且数据滞后、缺乏科学性，低估了文化创意产业对GDP增长贡献率以及对GDP增长拉动率。因此，并不能简单地从尚待完善的统计数据中得出文化创意产业在国民经济体系中不重要的结论，事实上，文化创意产业更大的作用体现在对调整产业结构、促进传统产业升级、带动其他产业的发展以及改善经济增长质量上面。

在经济发展到一定阶段后，刺激消费、扩大内需会成为经济增长的基本立足点和长期发展策略。就文化消费而言，它在国民需求中占有相当的份额，具有极大的市场潜力，是一个不容忽视的消费领域。国际经验表明，当人均GDP超过3000美元时，文化消费会快速增长；当人均GDP接近或超过5000美元时，文化消费则会进入“井喷时代”。我国居民人均GDP已超过5000美元，居民文化消费快速增长，消费结构也发生了重大变化。以电影市场为例，从2002年到2012年，我国电影票房总额平均每年增长39%。电影市场的持续井喷，从一个侧面反映出国内文化消费的巨大潜力。不过，当前我国居民平均文化消费只占家庭消费的7%左右，而美国或西欧地区文化消费占家庭消费的30%左右，相比发达国家我国文化消费仍有较大的提升空间。今后，扩大文化消费将是我国扩大内需的重要组成部分；增加文化消费总量，提高文化消费水平，将是我国文化创意产业发展的内生动力。

文化创意产业作为一种新的经济形态正在快速崛起，其经济潜力为众多国家所认同。在发达国家中，文化创意产业已经成为支柱产业，其增长率普遍高于经济总量的增长率，文化创意产业甚至成为经济复苏的新希望。在一些发展中国家，文化创意产业在国民经济总产值中的份额正在增加，朝着支柱产业的方向发展。我国文化创意产业已进入黄金发展期，文化创意产业增加值逐年提升。近年来，中国文化创意产业增加值年均增长速度超过20%，在国民经济中影响力初步显现。在世界范围内，各个国家对文化创意产业的称谓和统计的侧重点不同，但大同小异。与发达国家相比，我国文化创意产业增加值占国内生产总值的比例还比较低，离成为国民经济支柱性产业的基本要求还有一定距离。差距的存在恰恰反映出我国文化创意产业发展的巨大增长潜力和上升空间。可以预见，在文化消费的拉动下，我国文化创意产业的经济贡献会持续增加。

另外，我国还将单独和联合有关部门制定更多的扶持文化创意产业发展的意见，一系列的政策的出台对文化创意产业的发展提供强有力的支撑。在此背景下，文化创意产业作为支柱产业所具有的特点和优势得到进一步凸显。可以说，我国文化建设处在历史上最好的一个时期，文化创意产业的建设将迎来一个新的高峰，文化创意产业作为国家和地区支柱产业的条件已经成熟。

2. 创新文化创意产业组织模式，融入产业结构体系

当今社会，文化创意产业的发展并不仅是个人或单个企业的行为，而是知识和社会文化传播与产业发展形态及社会运作方式的创新，需要集体的互动和企业的地理集聚，形成集群化的环境。文化创意产业特别强调创造性和技术性，易于带来外部经济性，且产业关联度强，本身具有集聚优势和集聚倾向。从模块化理论出发分析集群的组织结构调整、产业升级、技术创新等问题已成为理论界研究的热点。青木昌彦指出，模块化将是产业集群进一步发展的重要方向[142]。模块化集群是指大量的模块供应商和系统集成商集聚于

某一特定的地理空间，共同从事模块化产品或服务的设计、制造和整合。产业集群模块化以业务模块和价值创造能力来重组集群内部的组织结构。模块化集群中存在大量生产同类模块的企业，通过不同企业模块之间的竞争、协作和不断创新，获得了更强的竞争优势。

文化创意产业基地的建设是我国文化创意产业集聚化发展的必经阶段，产业基地的功能主要有两项：第一项就是要发挥这种集聚效应；第二项就是发挥孵化的功能。在建设文化创意产业基地的过程中，应该充分利用文化创意产业模块化集聚的特征，结合不同区域具备的模块优势，有针对性的、有计划、有步骤地推动文化创意产业的集聚化发展，并且与其他产业集群的建设结合起来，发挥文化创意产业附加值高的优势，与传统产业的发展形成良好的互动。文化创意产业基地建设使众多有关联性的企业聚集在一起，共享生产要素，开展企业合作，从而产生互补效应，降低企业生产成本，也有利于形成激励企业持续创新的发展环境，促进区域产业整体创新能力的提升。

目前，需要建立现代的产业创新、示范、孵化基地，真正发挥其产品创作、技术研发、产业化试验和推广的作用。针对目前我国文化创意产业基地建设中资源浪费严重、经济效益低下、低水平重复建设和同质竞争情况比较严重等问题，要着手建立和完善一批高起点、规模化、代表国家水准和未来发展方向的文化创意产业基地，比如动漫、游戏、电影、电视剧等基地。以此为全社会提供高端的服务平台，提升创作创新能力和制作加工水平，发挥引领示范作用。

同时，我国还应着手构建文化创意产业的产业网络。首先把文化创意产业纵向一体化产业链进行分离，然后重新对价值模块进行组合，使它们通过经济、社会等联系，凭借专业分工和资源互补，在要素投入、生产制造和技术合作等方面进行互动，从而形成正式或非正式的互惠性往来的价值传递关系。产业网络提供了网络内不同节点互动的平台，节省了成员组织间的交易成本，加快了组织间信息流通和学习速度，增强了企业竞争力。它是一种介于市场与企业之间的资源配置方式。在这一点上，产业网络与产业集群是有区别的，一般集群强调范围经济和规模经济以及由于企业集聚而形成的本地化社会网络，是从地理空间角度做的界定，而产业网络则没有此限制。因此，文化创意产业可以借助产业网络这个概念，得以将文化创意产业的外部价值创造和内部价值创造都统合在一个框架之下，既可以借助外部力量发展自身，又可以反过来扩大自身的影响力。

与其他产业相比，文化创意产业有着不同的特点，因为文化创意产业是松散性的多关联的产业组织，各价值模块之间彼此的独立性强，系统内部很难存在一个企业充当系统集成商的角色进行模块系统设计，多数各模块的企业与企业之间是竞争合作的关系。尽管它们彼此间的竞争广泛存在，但合作是关键。未来文化创意产业的竞争不是某个模块的竞争或某个企业的竞争，而主要表现为整体产业价值链的竞争，每个价值创造环节在产业价值链中的位置都极其重要。因此，建立各价值模块间良好的协作机制是产业发展所关心的问题，特别是建立共同遵守的规则。因此，组建产业联盟是当今文化创意产业发展的必然要求。产业联盟的出现，是文化创意产业市场竞争环境日益复杂情况下企业寻求自身快速发展的需要，也是各类市场主体联合创新发展的产物。产业联盟的存在有利于政府和市场联起手来，形成有效的创新政策，有助于在一个区域里形成创新环境、提高创新效率。产业联盟能在某一领域形成较大的合力和影响力，不但能为成员企业带来新的客户、市场和信息，也有助于企业专注于自身核心业务的开拓。如海淀区管委会与中关村高新技术企业协会联合发起成立了“中关村数字电视增长业务产业联盟”，其宗旨是融合海淀众多内容创意企业（动漫、游戏、多媒体等）的资源，在数字电视双向互动平台上进行价值增值内容移植，加强增值内容的交流与合作，从而提升海淀区的创新能力和创意产业的市场影响力，增强从事数字电视增值业务的中关村企业的整体竞争优势。像这种类型的产业联盟应给予大力支持，并将这种组织模式向全国推广开来。

二、文化创意产业的产业关联及其政策启示

文化创意产业自身的特性决定了它的发展必然与众多的其他产业发生紧密的投入产出关系，而且他们之间的投入产出关系并不是简单的价值转移关系，文化创意产业的特殊性就在于它的价值增值效应。因此，在新的时代背景下，文化创意产业与其他产业的融合会进一步加强，并对传统产业升级有着重要的意义。

1. 通过产业融合拓展文化创意产业的发展空间

新兴文化业态实际上是文化与科技融合的产业形态。文化与科技的融合主要体现为文化创意产业与信息产业的结合，这一趋势使文化创意产业的发展具备了广阔前景。当前，我国已经决定加快推进电信网、广播电视网和互联网三网融合[①]。推进三网融合对于促进信息产业和文化创意产业发展具有重要意义，同时，意味着两者的产业融合时代全面到来。三网融合并不意味着电信网、计算机网和有线电视网三大网络的物理合一，而主要是指高层业务应用的融合，表现为技术上趋向一致，网络层上可以实现互联互通，形成

① 2010年1月13日国务院总理温家宝主持召开国务院常务会议，决定加快推进电信网、广播电视网和互联网三网融合，并制定了三网融合的工作重点。

无缝覆盖，业务层上互相渗透和交叉，应用层上趋向使用统一的IP协议，在经营上互相竞争、互相合作，朝着向人类提供多样化、多媒体化、个性化服务的同一目标逐渐交汇在一起，行业管制和政策方面也逐渐趋向统一。

目前，三网融合技术层面的障碍已经基本消除。三网融合久拖未决的原因有：三大网络不同部门、公司之间的利益冲突；通信界、计算机界与有线电视界在观念上的差别较大；各种标准之间和各种结构之间不兼容、甚至缺乏共同的技术语言，这导致了三网融合没有得到实质性的发展。同时，三网融合后的运营主体必须在获得行政机关的许可后才可开展业务，并且受行政机关对相关技术标准、传输渠道和传播方式的监管和审查。行政机关和部门的规章和规定的效率比较低，仅限于本部门的范围，也形成了条条框框的分割。按照现行法律制度，我国未来业务将要面对包括工业和信息化部、新闻出版广电总局、文化部、工商管理总局等多个行政管理部门。由于每一个部门有各自的管理制度，因此对新业务的管理存在很多冲突和漏洞。这些问题都是影响文化创意产业进一步发展的障碍。

目前，我国已基本具备进一步开展三网融合的技术条件、网络基础和市场空间，加快推进三网融合已进入关键时期。因此，要着眼长远，统筹规划，确定合理、先进、适用的技术路线，加快建立适应三网融合的国家标准体系，促进网络建设、业务应用、产业发展、监督管理等各项工作协调发展，探索建立符合我国国情的三网融合模式。通过三网融合促进信息和文化创意产业发展，提高国民经济和社会信息化水平，满足人民群众日益多样的生产、生活服务需求，拉动国内消费，形成新的经济增长点。

2. 把文化创意产业发展与传统产业升级衔接起来

从国内外的经验看，文化创意产业的发展能起“领头羊”的作用。没有文化内容，旅游、娱乐、餐饮等诸多子行业都会大为逊色；没有文化内容，工业产品的需求和附加值也明显减少。文化创意和科技创新是传统产业升级的两大引擎，科技创新在于改变产品和服务的功能结构，提高产品的使用价值；文化创意则在于向产品和服务注入文化创意元素，如观念、艺术、情感和品位等，为消费者提供与众不同的体验，从而提升产品和服务的精神价值。在这两个方面，文化创意产业都能发挥自身的独特作用，为了更好地使文化创意产业与其他产业形成互动，需建立以下几个方面对策：

① 建立以精神产品为中心的产业链，促进精神产品向传统产业的扩散、转化，发挥文化创意产业的影响力。精神产品越来越成为主导未来产业结构的变动与演化方向的重要因素，因此，应该充分发挥精神产品生产的导向作用，加快精神成果向生产力的转化速度和绩效。通过精神产品的扩散带动产业的升级与更新，从而使一部分产业率先向精神经济阶段跃迁。提高精神产品影响力的关键是建立以精神产品为中心的价值扩散与转化的产业价值链。对消费者来说，形成由精神产品的生产结合消费者需求的纵向产业链；对生产者来说，形成由不同产业和部门相互融合形成的横向价值链，加大精神产品的授权管理，发展授权行业，在产业链的价值通道上协调好精神产品生产、扩散、传播、转化和消费的关系。

② 在精神经济时代，产业发展不但要重视技术创新成果的应用，而且还要重视文化内涵的提升。技术和文化关系到自主品牌的建立，品牌离不开技术支撑，更离不开精神的注入，特别是民族文化特色，其背后是消费者的认知、认同。世界上的自主品牌中，大约有一半来自技术研发，另一半是靠文化内涵而形成的，如法国香水、意大利领带、美国的卡通形象等各种名牌。它们的科技含量并不高，但在文化内容支持下却形成了工业产权。我国产业转型的最大障碍之一是缺少形成世界品牌的文化生态。以奢侈品为例，我国

品牌缺少的不是技术而是长期的品牌文化积淀、贵族气质等精神内容，这显然与我国古老而又丰富的文化不相匹配。而且现代科学技术日新月异，更替速度不断加快，相应产品的生命周期不断缩短；相反，文化和艺术的生命力更加持久，融入文化特色产品的生命周期将会延长。所以，加强文化对传统产业的渗透力度，有助于将我国文化上的优势延伸到传统产业。

随着生活水平的提高，人们的消费观念由原来单纯的物质功能消费上升为蕴含精神文化的品牌消费，而导致一个知名品牌的商品即使成本与一般商品相差不多情况下，它们的价格却相差几倍、几十倍甚至上百倍。文化创意为陷入技术同质化困境的产品市场注入了一股新鲜的力量，它们在创造差异的同时也创造了利润。因此，大力发展文化创意产业，使文化创意产业与传统产业协同发展，将更多的文化、创意元素注入普通产品之中，提高产品的价值和竞争力。如果能把我国文化上的优势转到制造业上，我国完全可以设计出自己的“芭比娃娃”，变“中国制造”为“中国创造”，摆脱“为他人作嫁衣裳”的尴尬境地。因此，中国创造，除了需要中国技术，还需要中国创意。

目前，虽然文化创意产业直接产值不高，但它渗透力强，波及效应也大。在我国，它的作用强调的还不够，增长的空间还很大。我国文化创意产业的首要任务就是要把大量的“中国制造”产品变为“中国创造”产品，实现“制造大国”向“创造强国”的转变。

三、文化创意产业影响经济增长的政策启示

由文化创意产业影响经济增长的路径分析以及文化创意产业对经济增长

贡献的实证研究可以知道，文化创意产业是一个特殊的新兴产业，它自身的发展固然能够促进经济增长，但更大的作用却体现在它对经济增长的引致效应上。它可以通过人力资本塑造、技术创新、文化价值观等多个生产要素影响经济增长，因此，它的发展有着明显的外部性，并且是转变经济发展方式的有效手段。另外，它对经济增长影响的综合性也决定了它自身发展影响因素的复杂性，所以，它的发展需要建立在良好的发展环境之上。

1. 塑造良好的文化创意产业发展环境

产业的发展是一个复杂、动态的过程，存在于一个开放的环境中，除了受各国不同的历史、文化、政治、经济、社会和发展时机的影响外，也结合了人力、资金、技术、产能等方面的学习、累积和创新。这些因素环环相扣，构成产业发展的系统结构。在一定的社会环境下，文化创意产业发展同样离不开资源、人力、资金、科技等生产要素的支撑。只是与传统产业相比，文化创意产业依赖的资源不再是矿产资源，而是精神文化资源；同时，对人力资本、智慧、创造力等因素的依赖性更大。因此，为了加快文化创意产业的发展，必须根据它自身的特征，建立起一套政策和措施促进产业的发展。

① 提高精神生产者的素质，培育文化创意人才。人力资本是影响文化创意产业发展最为重要的因素，也是产业核心竞争力形成的载体。所以说，文化创意产业的发展归根结底取决于人的素质，在于合格的文化创意人才，这是产业发展的基石。发展文化创意产业，首先要注重对文化创意人才的培养。为此，政府可以采取以下措施，包括完善人才管理系统，利用高等院校培养专门人才，支持高等院校与文化企业合作创设人才培养基地，鼓励开展国际交流和培训，大力培养文化高级管理人才、艺术人才、文化经纪人才、

文化科技创新等方面的专门人才。同时，设立文化创意产业发展突出贡献奖，对文化创意产业发展做出特殊贡献的集体和个人给予表彰和奖励，以形成有效的文化创意生产激励机制。当然，培养过程离不开企业和社会在人才工作过程中进一步培训。这也就要求企业要给创意人才一定的成长期，使从事文化创意产业的人逐渐强化自身的创新思考能力。

另外，还要塑造适宜文化创意人才生存的人文环境，致力于创意阶层崛起是政府积极扶持文化创意产业高瞻远瞩的战略举措。良好的人文环境包括人文精神、社会的宽松范围、技术创新、生活质量等，好的人文环境，不仅能大力激发生产者的生产热情，使他们自身的潜力得以充分挖掘，而且能够吸引社会上更多的人加入创意生产者队伍，从而扩大创意人才的规模。

② 增强文化资源的开发与利用能力。文化资源，是一种特殊资源，指的是特定时代、地域人群的文化资料的天然来源，它包括历史资源、民俗资源、知识资源、信息资源等。文化资源蕴藏在历史文化传统之中，存在于社会文化现状之中，融入到整个物质生产、精神生产的创造过程之中。我国是一个具有悠久历史的多民族大国，拥有着灿烂的物质文明和精神文明，中华民族文化博大精深，源远流长，这是我国文化创意产业发展的首要资源和重要基础。目前，我国缺少的不是文化资源，而是将文化资源向文化资本转化的能力。文化由资源转化为资本的环节和途径中最为关键的是创意，还要有人力资本、商业模式、专业人才，以及对市场未来潜力的把握和预测，包括当地政府、社会、财政上是不是能形成一种支撑，等等，这些方面加在一起才能把文化资源转化为生产力资源，转化成文化资本，带来经济效益。

在加大文化资源开发与利用的过程中，确立发展中华民族文化的本土路线十分重要。既要保护我国众多的历史古迹和文化遗产，又要珍惜、保护、吸收、继承我国优秀的传统文化。同时，还要爱护和保护多民族文化的原生态和多样性，注重多民族文化的独特价值，追求多民族文化的生态平衡。并大力推进民族文化创新工作，加大制度创新力度，加快构建文化传播体系，弘扬中华民族传统文化对全人类的独特贡献。

③ 加大财政投入力度，建立文化创意产业投融资平台。在我国，政府主导是文化创意产业发展的较好模式。一方面，政府直接对公益性的文化领域提供财政支持，完善我国公共文化服务体系。政府通过对公益性文化领域的投入，确立了整个文化创意产业发展的基础，使它的增长空间更大；另一方面，政府应完善文化市场体系，研究探索通过建立“文化创意产业发展基金”“文化创意产业创业投资基金”“文化创意产业风险投资基金”等方式，吸引更多社会资本参与文化创意产业发展，逐步建立多元化、社会化、公共化的投融资服务体系，打破产业融资难的问题。同时，还要积极的引导配套的社会资金及产业资金，引入风险投资或私募股权投资，私募股权融资等，它们不但能够为文化创意企业带来资金，还可能给企业带来管理、技术、市场和其他需要的专业技能。

对于处在产业化初期、技术含量较高、市场前景较好的创意型中小企业可以积极利用创新基金及信托公司、风险投资公司发放的专项基金谋求发展。鼓励我国有条件的文化创意企业应积极申请上市融资，对于那些尚不具备进入主板市场的文化企业来说，可通过中小企业板、二板市场进行融资。在建立完善的资本市场的基础上，进一步创新产业的投融资方式，比如知识产权资产证券化是金融资本与知识资本的一种有效结合，是以金融技术为依托，以知识产权的信用为担保，以证券化为载体的融资方式[150]。它具有融资成本低、实施难度小，不影响知识产权权属和融资风险小等优势，是发展文化创意产业的有利工具。

④ 重视精神产品的知识产权保护，建立合理的知识产权制度。文化创意

产业以精神产品为生产对象，是知识、技术密集的产业，其中孕育了大量的新作品、新技术、新设计或新思想，需要版权、商标、专利、商业秘密等知识产权制度的保驾护航。因此，知识产权对于提升精神产品的商业价值，确保相关产业的持续发展具有重要意义。同时，合理的知识产权制度将极大激发公民从事科学研究和艺术创作的热情，调动全社会的创造能力。所以，它是产业升级换代、建设集约型社会的重大制度保障。

中国文化创意产业高速增长，既蕴涵了知识产权是促进经济发展的战略性资源，是促进经济发展的基本性保证这一特征，也凸显了知识产权制度对推动世界文明进步的作用。在未来文化创意产业的发展过程中，要更充分地挖掘知识产权价值，特别是版权价值，继续完善版权相关的法律法规，强化知识产权在经济、科技、文化建设中的重要作用，通过政府、社会和企业的共同努力，大力促进版权及其他知识产权创造，加强版权的保护和管理工作，鼓励和支持市场主体积极应用包括版权在内的知识产权并促进其产业化，使之成为撬动文化创意产业的一个坚实的支点。

2. 发挥文化创意产业外部性，转变我国经济发展方式

文化创意产业发展对国民经济的持续增长和产业结构高度化有巨大影响。我国虽然幅员辽阔，资源丰富，但是人口众多。因此，以大量消耗资源和破坏生态平衡为代价的经济增长方式无益于国民经济的持续稳定增长和产业结构的高度化。而文化创意产业无论从生产还是消费的角度都属于转变经济发展方式的良好选择。从生产的角度看，文化创意产业很少消耗自然资源，属于有代表性的“无烟工业”。尤其进入数字化时代后，数字化制作、存储方式为电影、电视等产业的制作、发行节约了大量成本和资源；网络虚拟图书馆、无纸图书、无纸读物的大量问世，减少了对纸张的消耗，从而减

少了造纸业带来的污染。文化创意产业所需要大量投入的资源是可循环利用和可再生的文化资源。我国拥有五千年的悠久历史，文化底蕴深厚，文化资源丰富，充分利用我国的文化资源优势，可以将昨日的文化转变成今日的经济。大力发展文化创意产业，是促进产业结构高级化的必要途径。从消费角度看，大多数文化产品的消费属于精神性消费品，因此在消费过程中所消耗的资源也相对较少，且很多文化消费品是可以循环利用的，比如报纸、杂志、图书、光盘等文化产品可多人同时或先后使用；雕塑、壁画、绘画等艺术作品可无数次展出和供人欣赏。最重要的是，人们在消费文化产品的同时会得到精神上的满足，产生心灵的碰撞，提升人的素质，有益于人类知识与文化的延续和发扬。文化创意产业外部效应明显，对人力资本、文化价值观、技术创新等要素的形成有着积极效应。

在当今社会，精神产品的生产将成为整个社会生产的重要因素，它越来越多地控制着物质生产的内容、效率、水平，以至引导着物质生产的发展方向。因此，在国民经济计划中，必须把精神产品生产放到突出位置，大力发展文化创意产业，加快发展以创新为特征的精神经济。将科学研究、教育、出版、艺术等文化创意产业作为基础产业来抓，加大投资力度，制定“科教兴国战略”。与此同时，塑造和完善国家创新体系，推进创新战略，由科技进步促进劳动生产率提高，以便有目的地推进产业结构的调整和升级，转变经济发展方式。

3. 加强文化走出去战略，改变产品的出口结构

推动经济增长的三驾马车是出口需求、投资和消费需求。总体来看，我国对外贸出口的依存度极强。而事实上，中国的大量出口贸易是以廉价劳动、资源的大量消耗和微薄的利润为代价的。例如：芭比娃娃在美国的零

售价是9.9美元，但在芭比娃娃最大的产地珠三角地区，中国企业生产一个芭比娃娃却只能获得0.35美元加工费。中国已然成为世界最大的“原料加工国”，但中国从中获得的利润却微乎其微。另外，中国对外文化交流和传播则处于严重的入超地位，2005年中国图书进出口贸易的比例则是10：1，对欧美逆差更高达100：1。2000年到2004年，中国进口影片4332部，出口影片则屈指可数。“文化入超”与“经济出超”形成十分强烈的对比。这些数据清楚的告诉我们，我国产业结构存在极大不平衡，物质产品的过剩和精神文化产品的短缺造成了供需矛盾突出。在金融危机发生后，外部需求的减少影响到我国传统商品的出口。但近10年来，中国文化产品和服务出口一直呈上升趋势，而且随着中国国际地位和对外影响力的不断提升，世界各国对中国文化的关注越来越多了。中国文化产品和服务出口，可以成为新的对外贸易的增长点。因此，我国必须大力发展文化创意产业，改善出口结构，实施文化“走出去”战略。

实施文化“走出去”战略，要坚持“政府和民间并举”的方针，除此之外，重点加快文化企业“走出去”。借鉴和利用国际通行的商业模式和渠道，加强对“两个市场、两种资源”的统筹协调、政府推动与企业市场化运作的统筹协调、对外文化交流与对外文化贸易的统筹协调。我国要进一步完善促进文化产品进出口和文化服务出口的资金补助、出口奖励、税收减免等政策，鼓励中国的文化企业在境外兴办实体，推动海外文化阵地的本土化。

四、文化创意产业促进国民经济转型升级的政策建议

① 重视文化创意产业在国民经济转型升级中的主导地位。当前，对文

化及文化创意产业的认识存在两个误区。一是认为科技是促进产业转型升级的主体，文化是无关紧要的；二是认为文化创意产业产值小，不具备主导性作用。事实上，文化和科技对于经济来讲，如“车之双轮，鸟之双翼”。缺少了科技的经济是落后的，缺少了文化的经济则是没有灵魂的。没有文化创意产业就缺少影响力，没有文化创意产业就缺少品牌传播渠道。此外，对文化创意产业的认识不能仅仅停留在其产值的经济贡献率上，文化创意产业所产生的综合效益才应该受重视。以我国电影为例，2012年中国电影总票房为170.73亿元，对GDP贡献非常小，但影响却很大。当下，我国只有从上至下转变观念，重视文化创意产业的主导地位，经济转型升级才能从文化上找出路，政策举措才会更大气。

② 树立文化自信，弘扬中国主旋律，把文化创意产业作为“中国梦”的孵化器。发展文化创意产业的一个必要前提是文化自信。没有文化自信，文化创意产业的战略意义就无从谈起。中国自古以来就是一个文化大国，在文化的发展方面有着雄厚的根基。我们应该拥有足够的文化自信。在文化创作上，尤其鼓励能够反映当代中国人精神风貌、优良品质的文艺作品，弘扬出当代中国的主旋律。一方面激发本国人民的精气神；另一方面要让世界人民了解当代中国，亲近中国。美国人有“美国梦”，“美国梦”激励着多少代美国人奋斗前行。在美国经济最糟糕的1929年，以百老汇和好莱坞为代表的演艺、影视业却成为萧条时期的经济增长点。更为重要的是，它们也成为普通美国人精神与梦想的救助站与孵化器。中国人有自己的“中国梦”，当然也要有自己强大的文化创意产业，把文化创意产业作为“中国梦”的孵化器，增强中国经济发展的精神动力。

③ 做好顶层制度设计，从法律或政策上保障文化创意产业发展。虽然我国制定了“文化强国”发展战略，明确了“推动文化创意产业成为国民经济

支柱性产业”的战略目标，但战略的实施和制度机制保障上还存在着很大的不足，致使很多地方发展文化创意产业时或者浮于表面，或者胡乱发展。要改变这种局面，必须从顶层做好制度设计。首先，在组织制度设计上要尽快成立跨部门（宣传部、工信部、文化部、商务部、新闻出版广电、旅游、体育等）的文化体制改革与发展委员会（类似文化领域的国家发改委或韩国的文化振兴院），统筹文化领域的重大发展计划、重大项目，制定文化政策；其次，建议尽快构建《文化强国发展战略纲要》、《文化创意产业发展战略纲要》，体现出国家重点工作方向和目标，体现出国家阶段性的工作重心；再次，推动文化法律法规建设，建立国家层面的《文化创意产业促进法》、《文化事业促进法》，在《文物保护法》基础上，制定涉及范围更广的《文化资源保护法》，修订《著作权法》，完善知识产权保护方面的法律法规；最后，制定分行业（诸如电影、中医、动漫等）的振兴发展规划，明确指导思想、原则、目标、路径、任务和措施，做出全方位的阐述和支撑。

④ 引导文化创意产业与传统产业、高科技产业深度融合。为引导文化创意产业与传统产业的融合，国家应着手开展“文化与经济融合示范城市”建设，对入选城市给以政策和资金上的扶持；开展国家级、省级“文化与经济融合”示范企业、试点企业，引导传统产业通过文化元素提升产品附加值和品牌形象；在传统产业（服装、纺织、陶瓷、旅游等）集聚区建立相配套的文化创意产业集群；把实体产业作为文化传播的载体，鼓励其他产业把自身作为文化创意产业来发展。通过政策引导，建立文化主导经济转型升级的价值观。

在与高科技产业融合方面，完善国家文化科技创新扶持政策和文化科技企业认定工作，每年把文化科技重大项目纳入国家相关科技发展规划和计划，支持开展文化科技创新。文化科技类企业符合相关条件的，按规定享受高新技术企业税收优惠政策和现行有关鼓励企业技术创新和科技进步的税收优惠政策。支持科研机构和科技企业技术成果向文化企业转移，建立产学研合作机制，支持文化企业提升科技研发和技术集成应用能力。

⑤ 鼓励国内企业将更多资金投入文化建设，制定相应税收优惠政策。国际上，几乎所有的美、日、韩一流大型企业（通用、索尼、三星等）都以各种形式支持、参与文化活动，将此视为改善企业形象的重要举措。我国也应大力倡导非文化类企业关心、支持文化建设，因为它既能为文化创意产业和文化事业发展提供更多的资金，还能提升企业的品牌形象，履行社会责任，达到双方共赢的效果。参与文化建设方式很多，包括广告宣传、赞助艺术团体、图书馆或者成立文化公益基金。由于文化赞助在中国是一种新现象，制度设计不健全、技术支撑落后的问题尤为明显，使得文化赞助的管理、运营还处于一个比较无序的状态中。因此，我国应该出台针对文化赞助方面的具体条文，制定非文化类企业文化发展资金备案制度，根据不同层次的赞助行为给予不同程度的税收优惠，以此构建多层次的文化赞助格局，引导企业重视品牌建设。

⑥ 大力推进文化贸易，让文化输出引导商品输出。在世界上，要形成一股像“韩流”那样由中国文化引发的“中流”。首先，我国应加强海外文化贸易宣传平台建设，依托中国驻外使领馆，建设多层次的文化推广中心，协助中国文化商品在所在国的宣传和推广工作；其次，选择文化创意产业发达城市，把其列为文化经济特区或文化保税区，用全方位政策支持文化出口贸易；再次，重点支持具有实用功能和中国特色的文化商品或行业作为文化贸易的排头兵，如饮食文化创意产业、中医药文化创意产业、服饰文化创意产业、工艺美术业等，并实行出口退税制度；第四，走出国门的文艺作品应注重文化创新，不能仅仅停留在“啃老”层面，通过当代题材的作品让世界了

解当代中国；第五，重视文化标准建设，在发展文化创意产业特别是参与国际竞争时，应加强“中国标准”，突显中国特色，加强“中国标准”为国际受众认知的程度，并在海内外举行各类颁奖活动；第六，加强国际间的文化交流活动，重视外国人到华进行文化、教育交流、学习，为对中华文化有贡献的海内外友人颁发“特别贡献奖”。

⑦ 加强文化创意产业的宏观管理，引导文化创意产业健康发展。在文化创意产业领域，政府应该尽可能地放松管制和审批，充分发挥市场配置资源的基础作用，激发广大人民群众的活力，可以说，文化创意产业发展的根本动力在民间。所以，政府只需做好文化创意产业的宏观管理工作，给予文化创意产业强大的政策和资金支持，塑造文化发展的宽松环境。另外，文化的产业化立足点要在传播、继承上下工夫，而不是纯粹为了商业利益而忘记文化本身的价值与意义。在具体运营过程中，这就需要“文化商人”怀揣高度的文化传承情操和民族情怀，关注社会公益；同时，政府部门更要全力扶持文化创意产业，形成一个良性互动，共荣共进的局面。就文化企业来说，政府设立文化领域的“最佳社会效益奖”，对那些取得良好社会效益的文化作品和企业给予奖励，并且对其收入在税收上给予一定比例的优惠；对那些社会效益差的文化行业或作品，要高税收，提高门槛，抑制其发展。就创作人员来说，政府应设立“国家文化成就奖”，由国家领导人亲自颁发，通过模范、典型人物的塑造来引导先进文化发展方向。

⑧ 鼓励文化创意产业与金融业融合创新，健全文化产权交易市场。文化创意产业与金融业融合创新能有效解决我国文化创意产业融资难的问题。积极鼓励版权质押贷款、版权信托、版权产业链金融、版权金融衍生品、艺术品银行、文化投资基金等文化金融业态发展，允许电影、动画等文化产权持有人通过资产证券化的手段和途径进行社会融资，引导民间资金投入文化

创意产业。从完善我国文化创意产业投融资以及健全多层次资本市场体系的角度看，文化产权交易市场的出现为文化创意产业与资本市场的对接提供了重要平台。健全的文化产权交易能改变文化要素流动难的问题。我国文化产权交易与金融融合的制度建设、结构设计、运行机制等方面仍不成熟，各地文交所仍处于不规范发展中。为此，政府应通过整合监管职能，建立统一文化产权交易制度和监管制度，进一步完善文化产权交易规范和规则，并制定相关促进政策；另外，还要着手完善担保、鉴定、评估、保险等中介服务市场。

五、本章小结

目前，我国文化创意产业的发展还存在一定的盲目性，其关键原因在于没有充分认识清楚文化创意产业的性质以及在国民经济体系中的地位。同时，现阶段文化创意产业的发展过于强调它本身，而忽视它的间接作用，从而无法实现它对国民经济发展应有的功能。本书从定性和定量两个方面，论证了文化创意产业影响国民经济发展的内在机理，分析了文化创意产业在现阶段经济发展过程中所发挥的重要作用。这为我们进一步的政策分析提供了方向性的指导意见。本章内容在前文分析的基础上，从文化创意产业对产业结构的影响、产业关联以及对经济增长 影响三个方面得出了若干启示，试图把文化创意产业与整个国民经济的发展融合在一起，以充分发挥文化创意产业在我国现阶段经济发展中的重要作用。

第八章
结论与展望

一、主要结论

本书以文化创意产业为研究对象，主要考虑了现阶段文化创意产业对国民经济发展的影响。为了说明这个问题，首先对文化创意产业的本质属性及其内涵进行了界定，然后从它对经济结构调整、传统产业发展、经济增长三个方面的影响进行了理论性探索，以说明文化创意产业对国民经济发展影响的机理。与此同时，运用灰色关联、产业结构超前系数、投入产出分析、偏回归路径分析、协整、因子分析等研究方法，分别对上述问题进行了实证研究。在此基础上，最后提出了我国如何通过发展文化创意产业促进国民经济发展的若干对策。通过研究，本书得出以下主要结论：

① 文化创意产业是国民经济体系中较为特殊的新兴行业，主要表现在它对国民经济发展的影响更加重要和复杂。文化创意产业是生产力发展到较高程度和消费结构达到较高层次的产物，是物质经济发展阶段向精神经济发展阶段转变的必然结果。从本质上看，文化创意产业是以精神产品的生产为中心，通过知识产权的开发使精神产品进一步传播、扩散和应用，并创造财富

和增加就业的一系列经济活动的部门。根据所提供精神产品的功能和演化状态我们把文化创意产业分为消费型文化创意产业和生产型文化创意产业，而且这两种产业类型同文化创意产业化和产业文化化的双重过程相对应。文化创意产业以创新和创造为核心，强调知识、文化与经济的融合，注重提高产品的文化和精神内涵，强调知识、智慧与灵感的作用，它具有文化和创新的二向性特征，以及高渗透性、规模报酬递增、外部性和高附加值性等特征。正因为如此，使它在国民经济体系中有着重要的地位，它不但自身能够促进经济增长、产业结构高级化，而且还可以通过提升经济增长质量、优化经济结构、促进传统产业升级、带动其他产业发展等功能促进国民经济的发展。

② 在产业结构上，文化创意产业的发展一方面有利于转变经济发展的方式，另一方面对产业结构优化有着积极的影响。文化创意产业的蓬勃发展，预示着经济发展已经进入了新的阶段。在这个阶段，经济增长所依赖的要素投入在数量和结构上有所调整，资源、土地、资本等传统生产要素对经济增长的贡献逐渐退居次要位置，而以创新为特征的知识、技术、文化等精神生产要素成为决定着现代产业的演进与经济增长的关键因素。同时，在消费结构上也从以物质产品消费为主上升到以精神产品消费为主，对物质资源的消耗大大降低。所以，文化创意产业的发展有力地推动了经济发展方式的转变。文化创意产业在整个产业结构体系中地位非常特殊，传统的分类方法把文化创意产业归类为第三产业，依据这种方法我们把文化创意产业与传统三次产业之间的关系进行了实证分析，结果表明，文化创意产业与第三产业的关系最为紧密，其次是第二产业，这说明文化创意产业的发展能够促进产业结构高级化。事实上，文化创意产业已经与传统三次产业之间发生了融合，并位于产业价值链的高端位置，它从横向上整合了纵向划分传统产业结构，是现代产业结构演化的先导产业，产业结构超前系数说明了产业演化的这一

趋势。

③ 文化创意产业与其他产业有着广泛的产业关联性。具体来看，文化创意产业的关联结构包括纵向产业链的关联以及产业融合的关联两种类型。运用投入产出法，结合2005年中国42部门投入产出表的数据，我们对我国文化创意产业的产业关联和波及效应进行了定量分析。实证数据结果表明，文化创意产业与许多产业存在着密切的前向或后向的投入产出关系，特别是第二产业中的知识、技术和文化密集型的制造业，以及知识密集型服务业。根据文化创意产业中间需求和中间投入状况，按照钱纳里、渡边等经济学家的产业划分方法，可以得知，现阶段我国文化创意产业属于中间产品型产业，即中间需求率和中间投入率都大于50%的行业。文化创意产业不但对下游产业有较强的渗透性，而且对上游产业也有较大的带动能力。总体上，仍然偏重于生产型文化创意产业类型。根据我国文化创意产业的影响力系数和感应度系数，能够发现该产业在国民经济中的逆向波及效应和顺向波及效应都比较明显，适宜作为主导产业进行培育。另外，文化创意产业并不仅仅表现在对其他产业的带动、产业波及效应上，更重要的是文化创意产业的价值创造功能，它在提高传统产业的附加值，加速传统产业的创新，推进传统产业升级方面有着重要的贡献。

④ 现实当中，人们在考虑文化创意产业对经济增长作用的时候，往往从单一的角度进行思考，即文化创意产业自身对经济增长的直接影响。事实上，它对经济增长的贡献远不仅如此，它能够通过创新机制、扩散（溢出）机制和转化机制，带来技术创新、提升知识和文化的传播速度、增强知识的溢出效应、扩大知识存量、形成人力资本、塑造人的文化价值观等，而这些因素正是新经济背景下影响经济增长的重要因素。文化创意产业与这些影响因素的耦合与关联，大大扩展了它对经济增长的影响路径。为此，本书拟定

了影响经济增长的1个直接路径和3个间接路径，并运用PLS路径分析进行了验证性分析，结果表明，文化创意产业与经济增长、技术创新能力、人力资本状况、文化价值观的路径系数都较大，分别为0.215（t=1.713）、0.835（t=18.649）、0.725（t=13.750）、0.434（t=2.930），说明了文化创意产业的发展对经济增长、人力资本状况、技术创新能力的提升以及文化价值观的形成有着显著的促进作用。由此进一步得出，文化创意产业对经济增长的直接影响效应为0.215，间接影响效应为0.563，总效应的数值为0.781，结果验证了本书所提出的研究假设。总之，文化创意产业促进经济增长功能更大的体现在其引致效应上面。

⑤ 为进一步说明文化创意产业对经济增长的实际贡献，本书运用中国的时间序列数据和省域尺度的截面数据，从动态和静态两个方面进行了实证说明。在文化创意产业对经济增长的动态研究中，选取的自变量为1991～2007年文化创意产业的实际产值，选取人均GDP和全要素生产率为因变量，人均GDP为经济增长的数量指标，全要素增长率为经济增长的质量指标，然后对所有实际数值以1990年为基期进行平减，实证结果表明文化创意产业分别与人均GDP、全要素生产率存在长期的均衡关系。格兰杰因果关系检验表明，在短期存在着文化创意产业分别到人均GDP和全要素生产率的单向因果关系。文化创意产业与经济增长的向量自回归模型也都验证了协整分析的结果。这说明我国文化创意产业对经济增长的动态影响比较大。同时，文化创意产业对我国经济增长的影响具有一定的持续性。因此，在制定文化创意产业发展的政策上，应采取长期政策而非短期政策，不要急功近利。在文化创意产业与经济增长关系的静态研究中，本书首先构建了文化创意指数，以此反映文化创意产业发展状况的指标。然后，对省域尺度的文化创意产业发展的状况运用因子分析进行了综合性评价。并在此基础上，运用相关分析和回

归分析两种方法，对区域文化创意指数与区域经济增长的关系进行了实证研究。结果表明，区域文化创意产业的发展状况与区域经济增长之间存在正向关联性，并且相关程度非常显著。在其他要素不发生变化的情况下，文化创意指数每增加一个百分点投入，对人均GDP平均产出增加0.6935%，其贡献非常明显。说明区域文化创意产业的状况与区域经济的发展状况有着紧密的联系，或者说发展文化创意产业可以带动区域经济的发展。

二、主要创新

本书从多个角度探讨了文化创意产业对国民经济发展的影响，建立了较为系统的研究思路和框架，从理论和实证两个方面对关键问题进行了分析，并且在此基础上得出了一些有意义的研究结论。具体而言，主要创新包括以下几点：

① 运用精神经济的观点对文化创意产业做了系统的理论分析。本书首先分析了反映文化创意产业背景的精神经济发展阶段，认为以精神产品生产和消费为主导的精神经济代表了文化创意产业的经济属性。从这个角度把文化创意产业界定为以精神产品的生产为中心，通过知识产权的开发使精神产品进一步传播、扩散和应用，并创造财富和增加就业的一系列经济活动的部门。该界定凸显了精神产品在文化创意产业中的核心地位。同时，依据精神产品用途或功能，把文化创意产业分为消费型和生产型两个类别。在结构组成上，它的产业部门分别归类为文化创意生产、文化创意传播、文化创意扩散三个部分。另外，根据精神产品的特征，对文化创意产业的经济属性和特征进行了说明。

② 明确了文化创意产业在产业结构演变中的特殊地位和作用。本书一方面指出发展文化创意产业有利于产业结构高级化；另一方面指出文化创意产业位于产业价值链的高端位置。在产业融合背景下它可以创造性的解构传统产业体系，并且对传统产业有明显的价值增值效应。从产业价值链的角度看，文化创意产业是对传统纵向产业价值链分割后横向融合的结果。根据产业融合的特征，本书按照产品自身存在的精神、物质、服务和生态生产的四种价值生成关系，演化为文化创意产业、服务产业、物质产业和生态产业四种现代产业类型，并且说明了它们与传统产业的关系。其中，文化创意产业处于新产业结构体系中的核心地位，并位于传统产业价值链的高端，它对传统产业结构的演化和升级有着重要的促进作用。基于此，本书对文化创意产业促进传统产业升级的三种途径做出了详尽说明。

③ 在研究文化创意产业对经济增长影响时运用了多维的综合视角。本书突破了原有的仅局限于文化创意产业自身经济贡献的单一维度的研究思路，深入地揭示了文化创意产业对经济增长的潜在作用。提出了文化创意产业影响经济增长的三种作用机制，即创新机制、扩散（溢出）机制、转化机制，归纳出文化创意产业影响经济增长的一条直接路径和三条间接路径，并运用PLS路径分析方法验证了起初提出的概念模型，得出了有意义的研究结论。

④ 构建区域文化创意产业的综合评价体系，并应用于与区域经济增长关系的研究之中。本书根据欧洲创意指数、香港创意指数以及上海创意指数，结合我国的实际情况，提出了综合评价我国区域文化创意产业发展的指标——文化创意指数，文化创意指数包括产业规模指数、人力资本指数、创新指数、文化资本指数四个组成部分。在我国省域尺度截面数据的基础上，运用因子分析方法对文化创意指数进行了评价，并对各省区的文化创意指数综合得分与经济增长数据进行相关分析和回归分析，实证说明了文化创意产

业对区域经济增长的贡献。

三、研究不足和展望

本书对文化创意产业与国民经济发展的关系进行了探索性研究。尽管在研究过程中，笔者查阅了大量的文献，收集了大量的文化创意产业的有关数据，并对其进行了处理，得出了一些结论。但就本书来说，研究内容仍有诸多不足之处，主要表现在：① 我国有关文化创意产业的统计工作相对于它的发展仍处于滞后状态，现有资料中没有明确的文化创意产业统计数据。本书主要根据相关研究及其对文化创意产业的界定，选取相关行业的数据进行说明，大致反映它的内在规律，使研究的精确性受到一些影响，这也是存在的一个客观障碍。② 本书尽可能地从理论角度把握和解释文化创意产业与经济发展的关系，但这仅仅是一次尝试，其理论深度和研究方法还有待于以后研究的进一步完善。

文化创意产业是一个新兴的行业，当下主流经济学界对它的关注还不多，导致其研究基础非常薄弱，特别是文化创意产业的经济属性方面。我国拥有丰富的文化资源和众多的高素质人才，为文化创意产业的发展奠定了良好基础，未来我国文化创意产业的发展前景极为广阔。本书只是做了探索性研究，希望它能起到抛砖引玉的作用，让更多的同仁加入到这个行业的研究之中，共同为推进我国文化创意产业的发展做出努力。

参考文献

[1] DCMS. Creative Britain–New Talents for the New Economy[R]. 2004

[2] 日下公人，范作申译. 新文化创意产业论[M]. 北京：东方出版社，1989：162

[3] 约瑟夫·S. 奈，门洪华译，硬权力与软权力[M]. 北京：北京大学出版社，2005：7

[4] 苑洁. 当代西方文化创意产业理论研究概述[J]. 马克思主义与现实. 2004，1：98–106

[5] Gamham Nicholas. Toward a theory of cultural materialism. Journal of Communication, 1983a spring：314–29

[6] 国家统计局关于印发《文化及相关产业分类》的通知[EB/OL]. http：//www.stats. gov. cn/tjbz/hyflbz/xgwj/t20040518_402154090. htm, 2004–05–18

[7] 贾斯汀·奥康纳. 欧洲的文化创意产业和文化政策，转引自林拓等：《世界文化创意产业发展前沿报告》. 北京：社会科学文献出版社，2004：11–12

[8] 花建. 创新融合集聚：文化创意产业、信息技术与城市空间三者间的互动趋势[J]. 社会科学. 2006，6：43–49

[9] 施惟达. 从文化创意产业到创意产业[J]. 学术探索. 2009，5：25–26

[10] Richard E. Caves. Creative Industries: Contract Between Art&Commerce[M]. Cambridge: Harvard Unversity Press, 2000. 1–454

[11] Scott AJ: The cultural Economy of cities [M], London: SAGE Publications, 2000: 20–87

[12] 汪明强，沈山. 创意产业与国际艺术授权[J]. 文化研究. 2004，6：141–149

[13] 曹海峰. 消费文化理论与创意产业的勃兴[J]. 中国社会科学院研究生院学报. 2007, 2：135–138

[14] 李魁. 基于创新视角的创意产业与创意经济发展研究[J]. 兰州学刊. 2007，11：45–51

[15] 解学芳, 臧志彭. 科技创新协同下的创意产业发展机理研究[J]. 山西财经大学学报. 2007，9：44–49

[16] Roodhouse, Simon. Have the Cultural Industries a Role to Play in Regional Regeneration and a Nation's Wealth?. Brisbane, Queensland University of Technology, July, 2001

[17] 斯图亚特·坎宁安. 从文化创意产业到创意产业：理论、产业和政策的涵义. 世界文化创意产业发展前沿报告. 社会科学文献出版社，2004

[18] John Howkins. The Creative Economy: How People Make Money from Ideas[M]. London: the PenguPress, 2001. 4

[19] 王志成，谢佩洪等. 城市发展创意产业的影响因素分析及实证研究[J]. 中国工业经济，2007，8：49–56

[20] 厉无畏, 王慧敏. 创意产业促进经济增长方式转变[J]. 中国工业经济. 2006，11：5–13

[21] 荣跃明. 超越文化创意产业：创意产业的本质与特征[J]. 毛泽东邓小平理论研究. 2004，5：18–24

[22] 陈溪. 创意产业与价值链调整 [J]. 金融经济（理论版）. 2006，6：12–19

[23] 管宁. 创意产业及其组织形式[J]. 东南学术. 2008，6

[24] 罗兵，温思美. 文化创意产业与创意产业概念的外延与内涵比较研究[J]. 甘肃社会科学. 2006，5：117-119

[25] 胡惠林. 对创意产业和文化创意产业作为政策性概念的思考[J]. 学术探索. 2009，5：33-34

[26] 刘轶. 我国文化创意产业研究范式的分野与反思[J]. 现代传播. 2007，1：108-111

[27] 厉无畏. 创意产业导论. 上海：学林出版社[M]，2006：6

[28] 叶辛，栩大申. 创意上海：2006上海文化发展蓝皮书. 北京：社会科学文献出版社，2006：162

[29] 赵继敏. 文化创意产业的地理学研究进展[J]. 地理科学进展. 2009，7：503-510

[30] 祁述裕. 文化创意产业还是文化创意产业[J]. 学术探索. 2009，5：29-30

[31] 张晓明等. 2005年：中国文化创意产业发展报告. 北京：社会科学文献出版社，2005：26

[32] 王琳. 经济增长模式的转变与发展文化创意产业的政府策略[J]. 国家行政学院学报，2006，5：59-62

[33] 胡晓鹏. 基于资本属性的文化创意产业研究[J]. 中国工业经济. 2006，12

[34] 金元浦. 文化创意产业的多种概念辨析[J]. 同济大学学报（社会科学版）. 2009，1：47-48

[35] 邢华. 文化创意产业价值链整合及其发展路径探析[J]. 经济管理. 2009，2：27-41

[36] 单世联. 本自同根生，相煎何太急：论文化创意产业和创意产业[J]. 学术探索. 2009，5：31-32

[37] Jones, P. et al. Creative industries. Management Research News. 2004，27：

134–141

[38] 吕方. 世界文化发展与英国创意产业[J]. 世界经济与政治论坛. 2007，6：106–110

[39] 冯之浚. 变“头脑创新”为“现实财富”[J]. 科学学与科学技术管理. 2006，9：5–12

[40] 胡彬. 创意产业价值创造的内在机理与政策导向[J]. 中国工业经济. 2007，5：22–30

[41] 荣跃明. 文化创意产业：形态演变、产业基础和时代特征[J]. 社会科学. 2005，9：176–182

[42] 李洪琴. 文化创意产业对城市竞争力的作用[J]. 前沿. 2009，6：75–78

[43] 吕方. 发展文化创意产业与江苏产业结构调整的战略选择[J]. 学海. 2005，4：179–181

[44] 胡惠林. 论文化创意产业的属性与运动规律[J]. 上海交通大学学报（哲学社会科学版）. 2007，4：5–13

[45] 冯子标. 文化产品、文化创意产业与经济发展的关系[J]. 山西师大学报（社会科学版）. 2008, 3：91–95

[46] 张艳辉. 上海市创意产业关联效应的实证分析[J]. 中国软科学. 2008，3：63–72

[47] 罗玲玲. 创意产业兴起的条件及思考[J]. 自然辩证法研究. 2008，1：51–56

[48] 张京成，刘光宇. 创意产业的特点及两种存在方式[J]. 北京社会科学. 2007，4：3–7

[49] 胡彬. 创意产业促进城市发展的内容与途径[J]. 城市问题. 2007，7：2–6

[50] 厉无畏，王忠如. 创意产业：城市发展新引擎[M]. 上海：上海社会科学院出版社，2005：65

[51] 厉无畏. 创意产业价值创造机制与产业组织模式[J]. 学术月刊. 2007，8：78-82

[52] 朱相远. 文化创意产业的兴起与分类[J]. 数据. 2006，5：16-17

[53] Scott, A. J. Creative cities： conceptual issues and policy questions. Journal of Urban Affairs 2006, 28：1-17

[54] 王志成，谢佩洪等. 城市发展创意产业的影响因素分析及实证研究[J]. 中国工业经济. 2007，8：49-56

[55] 潘瑾. 基于价值链分析的创意产业知识产权保护方法与途径探讨[J]. 知识产权. 2006，2：30-33

[56] 邓达. 创意产业的核心价值与知识产权[J]. 管理世界. 2006，8：146-147

[57] 白远. 文化创意产业释义与产业发展条件[N]. 中国经济时报. 2007，2，2

[58] R. Florida. The Rise of Creative Class[M]. NewYork：Basic，2002，46，68-69

[59] 李斯特. 政治经济学的国民体系[M]. 北京：商务印书馆，1983

[60] 马克思恩格斯全集（第42卷）. 北京：人民出版社，1979：121

[61] 马克思恩格斯选集（第1卷）. 北京：人民出版社，1995：152

[62] 熊彼特. 经济发展理论[M]. 北京：商务印书馆，1990

[63] 布迪厄著，包亚明译. 文化资本与社会炼金术[M]. 上海：上海人民出版社，1997：21-45

[64] 李向民. 精神经济[M]. 北京：新华出版社，1999：99-113

[65] 刘诗白. 论现代文化生产[J]. 经济学家. 2005，1：4-16

[66] 单世联. 现代性与文化工业[M]. 广州：广东人民出版社，1997

[67] 谢名家等. 文化创意产业的时代审视[M]. 北京：人民出版社. 2002：6

[68] 威廉·A·哈维兰，瞿铁鹏，张钰译. 文化人类学（第十版）[M]. 上海：上海科学院出版，2006

[69] Amabile, Creativity in context. [M]. Westview Press, Boulder, 1996.

[70] Barron, Putting creativity to work. In: Sternberg RJ (ed) The nature of creativity: contemporarypsychological perspectives. [C]. Cambridge University Press, 1988

[71] 蔡荣生. 国内外发展文化创意产业的政策研究[J]. 中国软科学. 2009，8：78-84

[72] 杨公朴，夏大慰. 现代产业经济学[M]. 上海：上海财经大学出版社，2005：302

[73] 林泰，董立人. 精神产品及其分类[J]. 清华大学学报（哲学社会科学版），2005，5：5-11

[74] 成乔明. 精神经济时代的到来与政府政策[J]. 中国工业经济，2005，3：37-42

[75] 李向民，王晨著. 文化创意产业：变革中的文化[M]. 北京：经济科学出版社，2005

[76] 李向民，王晨. 创意、文化创意产业与精神经济[J]. 2006年：中国文化创意产业发展报告 [R]. 北京：社会科学文献出版社，2006

[77] 匡导球. 突破"瓶颈"制约 推动文化创意产业发展[J]. 江苏社会科学. 2006, 6：228-232

[78] Romer, Paul M. Increasing Returnsand Long-run Growth[J]. Journal of Political Economy, 1986（94）

[79] 龚迎春. 论优化经济结构的标准与路径选择[J]. 商业时代. 2009, 23：4-5

[80] Romer, Paul M: Two Strategies for Economic Development: Using Ideas and Producing Ideas[R]. In Proceedings of the World Bank Annual Conference on Development Economics. 1992.

[81] 迈克尔·波特著，李明轩译. 国家竞争优势[M]. 北京：华夏出版社. 2002

[82] 龚仰军. 产业结构研究[M]. 上海：上海财经大学出版社，2002

[83] 库次涅茨. 各国的经济增长[M]. 北京：商务印书馆，1985

[84] 钱纳里. 工业化和经济增长的比较研究[M]. 上海：上海三联书店，1988

[85] 罗斯托. 经济成长的阶段（中译本）[M]. 北京：商务印书馆，1985

[86] 邓聚龙. 灰预测与灰决策[M]. 武汉：华中科技大学出版社，2002

[87] 韩顺法. 基于产业融合的产业类型演变及划分研究[J]. 中国工业经济，2009，12：66–75

[88] 胡建绩. 产业发展学[M]. 上海：上海财经大学出版社，2005

[89] 刘思华. 创建五次产业分类法，推动21世纪中国产业结构的战略性调整[J]. 生态经济. 2000, 6：5–12

[90] 张曾芳. 文化创意产业的兴起与我国文化创意产业的发展[J]. 唯实. 2002，11：69–73

[91] 林民盾，杜曙光. 产业融合：横向产业研究[J]. 中国工业经济. 2006，2：30–36

[92] 周振华. 信息化与产业融合[M]. 上海：上海人民出版社，2003： 21

[93] 靖学青. 上海产业升级测度及评析[J]. 上海经济研究. 2008，6：53–59

[94] 高燕. 产业升级的测定及制约因素分析[J]. 统计研究. 2006，4：47–50

[95] 郁义鸿，管锡展. 产业链纵向控制与经济规制[M]. 上海： 复旦大学出版社, 2006

[96] 李靖，魏后凯. 基于产业链的中国工业园区集群化战略[J]. 经济经纬, 2007, 2：18–25

[97] 杨永忠. 创意产业经济学[M]. 福建：福建人民出版社. 2009：230

[98] 植草益. 信息通信业的产业融合[J]. 中国工业经济，2001，2：3–6

[99] 周振华. 信息化与产业融合[M]. 上海：上海人民出版社，2003

[100] 厉无畏. 创意产业导论[M]. 上海：学林出版社，2006

[101] 郝渊晓，张洁. 文化创意产业对城市竞争力的作用机理研究[J]. 西安邮电学院学报. 2009，7：110-115

[102] 胡晓鹏. 从分工到模块化!经济系统演进的思考[J]. 中国工业经济. 2006，2：5-11

[103] 李平，狄辉. 产业价值链模块化重构的价值决定研究[J]. 中国工业经济，2006，9：8-12

[104] Romer, Paul M. Increasing Returnsand Long-run Growth[J]. Journal of Political Economy, 1986 (94)

[105] Leontief W W. Quantitative input and output relations in economics of United States. Review of Economic Statistics, 1936, 8(3)： 105-125

[106] 杨来科. 马克思的人力资本理论[J]. 商学论坛. 1996，2

[107] 杨柳新. 人的时间价值与经济发展——马克思价值理论与人力资本[J]. 北京大学学报（哲社版）. 2002，5：20-24

[108] 杰拉尔德・迈耶，约瑟夫・斯蒂格利茨. 发展经济学前沿未来展望[C]. 北京：中国财政经济出版社. 2003：72

[109] 罗伯特・J.巴罗著，李剑译. 经济增长的决定因素[M]. 北京：中国人民大学出版社，2004：22-30

[110] 加里・贝克尔著，李杰等译. 口味的经济学分析[M]. 北京：首都经济贸易大学出版社，2000：1-5

[111] 吕方. 世界文化发展与英国创意产业[J]. 世界经济与政治论坛. 2007，6：106-110

[112] 王林，顾江. 文化创意产业发展与区域经济增长[J]. 中南财经政法大学学报. 2009，2：84-88

[113] Beyers, W. B. Culture, Services and Regional Development[J]. Service Industries Journal, 2002, (22)：4–34

[114] Dominic Power. Cultural Industries in Sweden：An Assessment of Their Place in the Swedish Economy[J]. E–conomic Geography, 2002, 78（2）：103–127

[115] Kibbe, B. Creative Workers, Cultural Industries and Technology in the United States[C] //Cultural Industries: A Challenge for the Future of Culture. Paris: UNESCO, 1982: 120–135

[116] Allen J. Scott. Cultural–products Industries and Urban Economic Development[J]. Urban Affairs Review, 2004,（39）：461–490

[117] 查尔斯·琼斯著，舒元等译. 经济增长导论[M]. 北京：北京大学出版社，2005

[118] 张晓明, 胡惠林, 章建刚. 中国文化创意产业发展报告[M]. 北京：社会科学文献出版社，2007

[119] 韩顺法，李向民. 经济增长的新范式：精神资本视角[J]. 南京社会科学. 2009，3：555–560

[120] 陈宪. 文化创意产业成为未来经济增长的重要要素[N]. 文汇报. 2008–09–21

[121] 刘友金. 创意产业理论的兴起与发展[J]. 经济学动态. 2008, 12：95–99

[122] 冯子标. 文化产品、文化创意产业与经济发展的关系[J]. 山西师大学报（社会科学版）. 2008, 3：91–95

[123] FAGERBERG, J. A Technology and international differences in growth rates[J]. Journal of Economic Literature, 1994, 32：1147–1179

[124] 马克斯·韦伯. 新教伦理与资本主义精神[M]. 西安：陕西师范大学出版社，2002：6–18

[125] 庄子银. 企业家精神、持续技术创新和长期经济增长的微观机制[J]. 世界经

济. 2005，12：32–40

[126] 陈昆亭，周炎. 富国之路：长期经济增长的一致理论[J]，经济研究. 2008，2：19–32

[127] 鲁传一，李子奈. 企业家精神与经济增长理论[J]. 清华大学学报（哲学社会科学版）. 2000, 3：43

[128] 道格拉斯 · C. 诺斯. 经济史中的结构与变迁[M]. 上海：上海三联书店，1991：51–60

[129] Jöreskog K G, Sörbom D. LISREL 8 User's Reference Guide[M]. Chicago: Scientific Software International, 1996

[130] Chin W W. PLS–Graph User's Guide[M]. C T Bauer College of Business, University of Houston, USA, 2001

[131] LohmLoller J B. Latent Variables Path Modeling with Partial Least Square [M]. Physica–Verlag, Heildelberg, 1989.

[132] West S G, Finch J F, Curran P J. Structural equation models with non–normal variables: problems and remedies[C] //Hoyle R H. Structural Equation Modeling. Thousand Oaks, CA, 1995：56–75

[133] McDonald R P, Ho M R. Principles and practices in reporting structural equation analysis[J]. Psychological Methods, 2002, 7：64–82.

[134] 王惠文，付凌晖. PLS路径模型在建立综合评价指数中的应用[J]. 系统工程理论与实践，2004，24（10）：80–85.

[135] 廖颖林. 构成型顾客满意模型的偏最小二乘路径建模及其应用[J]. 数理统计与管理. 2009，1：89–96

[136] 邹树梁等. 基于PLS路径模型的区域商品房顾客满意度研究[J]. 商业研究. 2008, 5：49–53

[137] Fornell, C. and Larcker, D. F.（1981），“Evaluating structural equation models with unobservable variables and measurement error”，Journal of Marketing Research, 18（Feb.），39–50

[138] 易丹辉. 数据分析与EViews应用[M]. 北京：中国统计出版社，2002：100–148

[139] 韩顺法. 创新与文化决定的创意产业价值分析[J]. 科学学研究. 2008，S2：133–139

[140] 金相郁. 文化资本与区域经济发展的关系研究[J]. 统计研究. 2009，2：28–32

[141] 李瑞锋. 我国农村教育发展与农村经济增长的实证研究[J]. 财经问题研究，2007，4：92–96

[142] 青木昌彦. 模块时代：新产业结构的本质[M]. 上海：上海远东出版社，2003

[143] 范柏乃，蓝志勇. 公共管理研究方法与定量分析[M]. 北京：科学出版社. 2008：230–280